新編國際商法

彭景 卓武揚 著

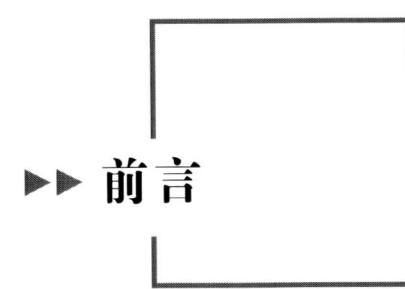

前言

　　本書立足於本專科人才培養要求，以國際商法基礎知識和應用能力的培養為定位進行編寫。本書在總結國際商法教學改革的基礎上，結合司法實踐的經驗，重點闡述了國際商法導論（第一章）、國際商事主體法（第一章至第四章）、國際商事行為法（第五章至第十章）、國際知識產權法（第十一章）、國際商事仲裁（第十二章）五個方面的內容。通過本課程的學習，學生能掌握國際商法的理論知識，增強法律意識，並能夠運用自己所學的法律知識觀察、分析、處理有關實際問題。

　　目前市場上關於國際商法的教材不勝枚舉，其中不乏優秀教材，而這些也正是本教材編寫的重要參考。但相較而言，本書無論在內容的選擇還是編寫體例上也有自己的獨特之處。具體如下：

　　1. 內容充實、通俗易懂

　　本書更契合非法學專業學生的學習需求，也比較適合沒有法律基礎的相關人士的閱讀和學習。首先，本書在內容選擇上不僅包括傳統國際商法的內容，也適當增加了中國涉外商事活動相關法律的介紹。其次，本書在表述方式上盡可能採用了清晰而又通俗易懂的語言，並融入教學和研究中的一些成果，以圖、表等方式對關聯知識點進行比較和補充，更易於學生準確把握國際商法的基本知識點。

　　2. 體系合理、實踐性強

　　本書立足課程教學「必需、夠用、實用」的基本要求，各章內容包括了五個模塊：「本章提要」起到總領該章內容的作用；「本章思考」起到復習檢測的作用；「資料卡」起到補充拓展的作用；「溫故知新」起到及時溫習的作用；「案例分析」起到鞏固運用

的作用。各個模塊共同作用，能激發學生的學習興趣，增強其法律意識，培養其法律思維。

　　本書在編寫過程中，參閱了大量文獻，借鑑了眾多專家、學者的學術觀點，同時得到了出版社的大力支持和幫助，在此表示深深的感謝。

　　隨著全球經濟一體化，國際貿易的飛速發展，國際商法也在不斷發展、完善，書中難免還存在諸多不足和疏漏之處，殷切希望學界同仁和廣大讀者提出寶貴意見，不吝賜教！

編者

目錄

1 / **第一章　國際商法導論**
　　第一節　國際商法概述 ··（1）
　　第二節　國際商法的淵源 ··（4）
　　第三節　大陸法系和英美法系概述 ··（6）

13 / **第二章　合夥企業法與個人獨資企業法**
　　第一節　概述 ··（13）
　　第二節　合夥企業法 ··（16）
　　第三節　個人獨資企業法 ··（28）

33 / **第三章　外商投資法**
　　第一節　概述 ··（33）
　　第二節　外商投資法基本法律制度 ··（36）

43 / **第四章　公司法**
　　第一節　概述 ··（43）
　　第二節　有限責任公司 ··（45）
　　第三節　股份有限責任公司 ··（52）
　　第四節　公司的其他基本法律制度 ··（58）

63／ 第五章　合同法

　　第一節　概述 ……………………………………………………（63）
　　第二節　合同的訂立 ……………………………………………（68）
　　第三節　合同的效力 ……………………………………………（75）
　　第四節　合同的履行 ……………………………………………（79）
　　第五節　合同的擔保與保全 ……………………………………（82）
　　第六節　合同的變更和轉讓 ……………………………………（86）
　　第七節　合同權利義務的終止 …………………………………（90）
　　第八節　合同的責任 ……………………………………………（94）

100／ 第六章　國際貨物買賣法

　　第一節　概述 …………………………………………………（100）
　　第二節　買賣雙方的義務 ……………………………………（107）
　　第三節　買賣雙方違約的救濟方法 …………………………（111）
　　第四節　貨物所有權與風險的轉移 …………………………（116）

119／ 第七章　國際貨物運輸與保險法

　　第一節　概述 …………………………………………………（119）
　　第二節　國際海上貨物運輸法 ………………………………（122）
　　第三節　其他國際貨物運輸法 ………………………………（129）
　　第四節　海上貨物運輸保險 …………………………………（134）

144／ 第八章　產品責任法

　　第一節　概述 …………………………………………………（144）
　　第二節　美國的產品責任法 …………………………………（146）
　　第三節　歐洲各國的產品責任法 ……………………………（151）
　　第四節　中國的產品責任法 …………………………………（152）

161/ 第九章　國際商事代理法

第一節　概述 ………………………………………………………… （161）
第二節　國際商事代理法的統一 …………………………………… （165）
第三節　中國的代理法律制度 ……………………………………… （168）

178/ 第十章　國際票據法

第一節　票據與票據法概述 ………………………………………… （178）
第二節　票據法律關係 ……………………………………………… （182）
第三節　票據行為 …………………………………………………… （184）
第四節　中國的票據法律制度 ……………………………………… （186）

193/ 第十一章　國際知識產權法

第一節　概述 ………………………………………………………… （193）
第二節　保護知識產權的國際公約 ………………………………… （196）
第三節　專利法 ……………………………………………………… （201）
第四節　商標法 ……………………………………………………… （212）
第五節　著作權法 …………………………………………………… （222）

231/ 第十二章　國際商事仲裁

第一節　概述 ………………………………………………………… （231）
第二節　國際商事仲裁機構與協議 ………………………………… （235）
第三節　國際商事仲裁裁決的承認與執行 ………………………… （238）
第四節　中國的仲裁立法與仲裁機構 ……………………………… （240）

第一章 國際商法導論

■本章要點

1. 國際商法的含義與發展
2. 國際商法的淵源
3. 中國商事法律規範的立法現狀
4. 大陸法系的特徵與形成
5. 英美法系的特徵與形成
6. 兩大法系的比較與發展趨勢

第一節 國際商法概述

一、國際商法的含義

國際商法（international commercial law），通常是指調整國際商事交易主體在其交易過程中所形成的各類商事法律關係的法律規範的總稱。值得一提的是，國際商法是一個不斷發展的概念，因此為了進一步理解該概念，尚需明確以下三點：

（1）國際商法源於傳統商法，但其調整範圍更為豐富。傳統的商法以貨物買賣為中心，主要包括公司法、票據法、海商法、保險法等，但隨著國際經濟貿易的發展和商事交易的多樣化、複雜化，在國際貿易方面出現了許多新的領域，比如國際技術轉讓、知識產權轉讓、國際投資、國際融資、國際服務貿易等。本書出於對課程安排的考慮，並未涵蓋當前所有的國際商事活動。

（2）國際商法中的主體。國際商法中的「國際」不再只指「國家與國家之間」，而是「跨越國界」（transnational）。目前從事國際商事交易的主體主要是私法主體，如公司、企業，而不是公法主體。其中由於經濟全球化的原因，跨國公司在國際商事交

易活動中的地位和作用在不斷增加，成為主體中的核心組成部分。

（3）國際商法的調整方法是直接調整法。國際商法直接規定國際商事主體在國際商事關係中的權利與義務，這一點是國際商法與國際私法的重要區別。

二、國際商法的產生與發展

國際商法與商法雖然不同，但在歷史發展上卻有著緊密聯繫，可以說都是伴隨著商品經濟的產生和發展而逐漸發展起來的，大致經歷了四個發展階段。

1. 古羅馬法階段

早在古羅馬時期，就出現了具有商法性質的法律規範，羅馬法在市民法之外發展出了調整羅馬公民與非羅馬公民之間以及非羅馬公民相互之間的貿易和其他關係的萬民法。但當時的商法並未獨立出來，商事性質的法律規範包含在羅馬法私法的內容之中。

2. 「商人習慣法」階段

根據多數法學專家的觀點，真正作為一項專門法律的國際商法是產生於歐洲中世紀的「商人習慣法」(law merchant)。11～15 世紀，隨著歐洲地中海沿岸城市的國家商事交往活動迅速增多，當時的封建法和寺院法越來越成為國際貿易發展的障礙。在這種情形下，義大利的佛羅倫薩等地首先出現了保護商人利益的商人行會組織——merchant guild，組織中的商人從封建領主那裡買來了自治權，開始自己設置特殊法庭，採用各種商事習慣來解決商事糾紛，逐漸形成了能夠適應商事活動的規制，「商人習慣法」因而得名。後來隨著航海貿易的發展逐步擴大到西班牙、法國、荷蘭、德國及英國等地。經過幾百年的沿用與發展，在中世紀地中海沿岸形成了較為系統的國際商事規則，現代商法的許多制度也源於這些規制，如誠實信用原則、商事合夥制度、商事代理制度、保險制度、海商制度等。

3. 國際商法本土化階段

17 世紀以後，隨著歐洲中央集權國家日益強大，國家主權也被極大地強化了。各國開始注重商事立法，紛紛採用各種形式將商法納入本國的國內法，在這一階段，商法具有國家的強制性特點，失去了原有的跨國性。例如，法國路易十四於 1673 年頒布的《商事條例》和 1681 年頒布的《海事條例》，成為歐洲最早的商事單行立法，為各大陸法國家的商法典制定奠定了基礎。拿破崙於 1807 年頒布的《法國商法典》是近代資本主義國家的第一部商法典，並為荷蘭、比利時、希臘、土耳其、西班牙、葡萄牙等國相繼效仿。1897 年德國頒布的《德國商法典》也對許多國家有較大的影響。

值得注意的是，由於各國在處理涉外商事案件時，仍在一定程度上參考並適用「商人習慣法」，因此使其仍具有一定的國際性特徵，並為這些國家商法典的制定以及現代國際商法的產生奠定了基礎。

4. 現代國際商法的迅速發展階段

第二次世界大戰以後，特別是 20 世紀 60 年代以後，國際商法的發展進入了新的歷史階段。在這一階段，國際商法的國際性和統一性的價值和意義重新得到確認，其原因主要是在這一時期，各國之間的經貿關係日益密切，經濟全球化的趨勢日益明顯，各國之間的相互依賴程度大大增強，在客觀上要求建立一套調整國際經濟貿易關係的統一的商法。另一方面，由於各國在經貿往來中也逐漸形成了一些普遍遵循的貿易慣

例和習慣做法，使得各國的貿易做法日趨接近，從而為商法的統一創造了有利條件，並不斷取得突破性進展。比如：國際商會（ICC）制定的《國際貿易術語解釋通則》《跟單信用證統一慣例》，聯合國國際貿易法委員會（UNCITRAL）主持制定的《聯合國國際貨物銷售合同公約》（1980 年），《聯合國國際貿易法委員會仲裁規則》（1976 年），國際統一私法協會（UNIDROIT）主持制定的《國際商事合同通則》（1994 年）等，都是這一時期國際貿易法統一的突出成就。這些法規重新迴歸了國際商法的本質屬性，即跨國性與統一性。

三、國際商法與其他相關法律部門的關係

1. 國際商法與國際公法

（1）區別。國際公法調整國家、國際組織之間的政治、軍事、外交、經濟關係，其主體是國家、國際組織、類似國家的政治實體，法律淵源主要表現為國際條約、國際慣例等實體法規範，其傳統內容包括和平法、爭議法、戰爭法、中立法四大部分，第二次世界大戰以後又增加了條約法、外交使節法、海洋法等分支部門。國際商法調整國際經濟和商事交易關係，其主體是自然人、法人等商事組織，其法律淵源除了國際條約、國際慣例等實體規範，還包括各國國內法規範、程序法規範、衝突法規範等。

（2）聯繫。國際商法是國際法的一個法律部門，因此國際公法的一些基本原則（國家主權、國家及其財產豁免、條約必守等）也調整國際商事法律關係。國際條約及習慣法規制中調整商事行為的規範應屬國際商法範疇。

2. 國際商法與國際私法

（1）區別。國際私法的典型特徵是其調整方法主要為間接調整，僅僅指出適用什麼樣的法律，而不直接規定必須如何解決某一問題，因此國際私法又稱為「衝突法」。在內容上，國際私法主要調整涉外民事關係，主要包括統一實體法規範、國際民事訴訟和仲裁等程序性規範。而國際商法則以直接調整方法為主，其內容以實體規範為主，既包括國際實體規範，也包括國內實體規範。

（2）聯繫。二者的主體均為自然人、法人或其他經濟組織，均調整涉外法律關係，具有較強的私法特徵。

3. 國際商法與國際經濟法

（1）區別。國際經濟法是國際公法的分支，其主體是國家、國際組織及其具有獨立國際法律人格的其他實體；調整主體之間公法層面的國際經濟關係；法律淵源由關於國際經濟交往的國際條約、習慣法規則等國際法規範、各國涉外經濟法規等國內法規範構成；強調國家、國際社會對國際經濟活動的干預，屬於強行性法律規範，具有公法特徵。國際商法的主體則是從事商事交易的自然人、法人等商事組織；調整商事主體之間私法層面的商事交易行為；法律淵源以國際商事條約及習慣法規則、主要國家的國內商事法律為主；強調意思自治，屬於任意性法律規範。

（2）聯繫。二者均調整國際經濟交往關係，聯繫密切，互為補充，並非涇渭分明。

第二節　國際商法的淵源

一、國際商法淵源的概念

國際商法的淵源是指國際商法賴以產生和發展的依據及其表現形式。一般認為，其淵源包括三種形式：國際（商事）條約、國際（商事）慣例及各國的相關立法。

二、國際商法的淵源

（一）國際（商事）條約

國際商法的主要淵源之一就是各國締結的有關國際商業與貿易的條約或公約。這類條約或公約的締約主體是國家或類似於國家的政治實體，國家與自然人、法人及其他實體間就商事活動達成的協議。

作為國際商法淵源的國際條約主要包括兩類：一是國際商事公約，二是含有商事條款的一般國際條約。從數量上來看，以前者為主，其內容廣泛且通常參加方較為普遍，包括國際商事實體法、國際商事程序法以及國際商事衝突法。

資料卡 1.1

作為國際商法淵源的主要國際公約

1. 調整國際貨物買賣關係的國際公約

1964 年《國際貨物買賣合同成立統一法公約》
1964 年《國際貨物買賣統一法公約》
1974 年《聯合國國際貨物買賣時效期期限公約》
1980 年《聯合國國際貨物買賣銷售合同公約》
1985 年《國際貨物買賣合同適用法律公約》

2. 調整國際貨物運輸關係的國際公約

1924 年《統一提單的若干法律規則的國際公約》（海牙規則）
1968 年《關於修改統一提單的若干法律規則的國際公約的議定書》（維斯比規則）
1978 年《聯合國海上貨物運輸公約》（漢堡規則）
1929 年《統一國際航空運輸某些規則的公約》（華沙公約）
1955 年《海牙議定書》
1980 年《聯合國國際貨物多時聯運公約》

3. 調整國際貿易支付的國際公約

1930 年《日內瓦統一匯票本票法公約》
1931 年《日內瓦統一支票法公約》
1987 年《聯合國國際匯票和國際本票公約》

4. 調整產品責任的國際公約

1977 年《關於產品責任的法律適用公約》

5. 調整代理關係的國際公約
1983 年《國際貨物銷售代理公約》
6. 調整知識產權的國際公約
1883 年《保護工業產權巴黎公約》
1886 年《保護文學和藝術作品伯爾尼公約》
1891 年《商標國際註冊馬德里協定》
1952 年《世界版權公約》
1970 年《專利合作條約》
1994 年《與貿易有關的知識產權協定》
1996 年《世界知識產權組織版權條約》
7. 調整商事爭議的國際公約
1923 年《日內瓦仲裁條款協定書》
1927 年《關於執行外國仲裁裁決的公約》
1958 年《承認與執行外國仲裁裁決公約》
1985 年《國際商事仲裁示範法》

(二) 國際商事慣例

國際商事慣例是在國際交往中經過反覆使用逐漸形成的，並為各國普遍承認和遵守的交易行為規範。值得一提的是，國際商事慣例最初是以不成文的形式出現，但現在許多重要的國際商事慣例已經由一些國際組織編纂成文，為交往提供了極大的便利。

與國際條約不同的是，國際商事慣例不當然具有法律約束力，國際商事交易當事人可以依據「意思自治」原則全部或部分地選擇適用。但是，當事人一經選擇適用，則構成對當事人具有約束力的法律規範，受訴法院或仲裁機構可據此解釋當事人之間的合同，或作為解決其糾紛的準據法。

資料卡 1.2

作為國際商法淵源的主要國際商事慣例

頒布時間	國際商事慣例名稱
2000 年、2010 年	《國際貿易術語解釋通則》
2007 年	《跟單信用證統一慣例》修訂本（UCP600）
2004 年	《國際商事合同通則》
1932 年	《華沙——牛津規則》
1975 年	《聯合運輸單證統一規則》

(三) 關於國際商事交易的國內法規範

由於國際商事交往關係的多樣性和複雜性，以及相關國際條約和慣例的滯後性，僅憑現有的國際條約和慣例仍不足以滿足實踐中的需求，在處理某些國際商事糾紛時，還需借助法律衝突規則的指引，適用有關國家的國內法加以解決。可以說，各國有關商事交易的國內法是國際商法在國際法淵源方面的重要補充。

資料卡 1.3

中國頒布的主要商事法律規範

	頒布時間	法律名稱
總則性	1986 年	《中華人民共和國民法通則》
商事主體	1993 年	《中華人民共和國公司法》
	1997 年	《中華人民共和國合夥企業法》
	1999 年	《中華人民共和國個人獨資企業法》
	2019 年	《中華人民共和外商投資法》
商事交易行為	1992 年	《中華人民共和國海商法》
	1993 年	《中華人民共和國反不正當競爭法》
	1993 年	《中華人民共和國產品質量法》
	1995 年	《中華人民共和國票據法》
知識產權	1984 年	《中華人民共和國專利法》
	1982 年	《中華人民共和國商標法》
	1990 年	《中華人民共和國作權法》
商事救濟	1991 年	《中華人民共和國民事訴訟法》
	1994 年	《中華人民共和國仲裁法》

溫故知新

下列選項中屬於國際商法淵源的有（　　）。
A. 各國締結的有關國際商業與貿易的條約或公約是國際商法的重要淵源
B. 國際商事慣例雖然不具有強制的法律效力，但也是國際商法的淵源之一
C. 各國有關商事的國內立法是國際商法淵源的一個重要補充
D. 法院的商事判例

【參考答案】ABC

第三節　大陸法系和英美法系概述

　　國際商法發源於歐洲，其內容深受大陸法系和英美法系兩大法系的影響。因此要研究國際商法，有必要先瞭解兩大法系。學者們一般認為，當代世界主要法系有大陸法系，英美法系和社會主義法系（以蘇聯、東歐社會主義國家為代表）。前兩個法系是在西方國家形成、發展起來的，具有濃厚的商品經濟或市場經濟的特徵，對現代國際商法影響很大。

一、大陸法系

大陸法系（Civil Law System），又稱羅馬法系、民法法系、成文法系，是指以羅馬法為基礎，以法國民法典和德國民法典為典型代表，包括許多模仿它們而制定的其他國家的法律的總稱。

（一）大陸法系的分佈

大陸法系形成於 13 世紀的西歐，歐洲大陸國家多屬於該法系，如瑞士、義大利、比利時、盧森堡、荷蘭、西班牙、葡萄牙等，除西歐外，還有曾是法國、德國、葡萄牙、荷蘭等國殖民地的國家及其他原因受其影響的國家和地區。如非洲的埃塞俄比亞、南非、津巴布韋等；亞洲的日本、泰國、土耳其、中國（除香港外）等；加拿大的魁北克省、美國的路易斯安那州、英國的蘇格蘭等。

（二）大陸法系的形成與發展

大陸法系直接源於羅馬法。羅馬法是指羅馬奴隸制國家從公元前 6 世紀羅馬國家形成到東羅馬帝國滅亡時期的全部法律。今天人們考察到的羅馬法主要是公元前 5 世紀羅馬最早的成文法——《十二銅表法》和公元 6 世紀東羅馬帝國皇帝查士丁尼編纂的《國法大全》，具體包括四部法律匯編，即《學說匯編》《法學階梯》《查士丁尼法典》《新律》。該法集羅馬法之大成，既包括公法也包括私法，但主要內容是私法，對歐洲後來乃至整個西方世界法律產生了無與倫比的影響。

13 世紀由於羅馬法的復興，大陸法系得以形成。這一時期，羅馬法的研究者主要把研究的重點放在探求和講授羅馬法的原意上，對《國法大全》的各種文本進行解釋，他們被稱為「註釋派」。14 世紀後，學者們將研究的重點轉向羅馬法的系統化工程上，他們用羅馬法的原始文本作為發展新興的商法和國際私法的依據，摒棄羅馬法原始文獻中的雜亂無章和實用主義，這時的羅馬法研究被稱為「後註釋派」。17 世紀後，古典自然法學派從人的理性出發，主張法是理性的體現和產物。他們認為，羅馬法中蘊涵的法律原則都是符合理性的，強調成文法的作用，提倡編纂法典。這些主張對於歐洲大陸各國接受羅馬法產生了巨大影響。

資本主義生產方式確立後，各國迫切需要有能適應其經濟發展要求的法律規則，而適合商品經濟需要的羅馬法可以滿足這一要求。1804 年法國頒布了民法典，即拿破侖法典，這部法典大量吸收了羅馬法成分，尤其是物權和債權部分。1896 年，德國也以羅馬法為藍本編纂了民法典。法國民法典和德國民法典的頒布實施，為其他一些歐洲國家樹立的榜樣。其他國家相繼以這兩部民法典為模本進行本國的立法體系確立工作。在歐洲以外，一些與歐洲大陸國家有千絲萬縷聯繫的國家也建立了類似的法律體系。綜上所述，可以說大陸法系是在羅馬法的直接影響下而形成的。

（三）大陸法系的特點

（1）強調法律的成文化，在法律結構上強調系統化、條理化、法典化和邏輯性。大陸法系不僅繼承了羅馬法成文法典的傳統，而且採納了羅馬法的體系、概念和術語。

（2）大陸法系各國將法律區分為公法與私法。根據羅馬法烏爾比安的觀點，「公法是與羅馬國家有關的法律，私法是與個人利益有關的法律。」大陸法系各國繼承了羅馬法的這種分類方法，並進行了法律細分。如將公法分為憲法、行政法、刑法、訴訟法與國際公法；私法則分為民法與商法等。各國在這些法律領域中使用的法律制度和法

律概念基本相同。

（3）在法律形式上，大陸法系國家或地區一般不存在判例法。大陸法系各國或地區都相繼進行了大規模的立法活動，對重要的部門制定法典，這些法典一般比較完整、清晰、邏輯嚴密，同時輔之以單行法規，構成了較為完整的成文法體系。

（4）在法官的作用上，否定「法官造法」。一般而言，大陸法系國家或地區的立法與司法分工明確，強調制定法的權威，制定法的效力優先於其他法律淵源，因而要求法官遵從法律明文規定辦理案件，不得擅自創造法律違反立法者的本意。

（5）在法律推理形式和方法上，採取演繹法。由於大陸法系國家或地區中的司法權受到重大限制，法律只能由立法機關制定，法官的功能局限於根據既定的法律規則判案，因此法官審案表現出三段論式的邏輯過程：認定案件事實，尋找適用的法律條款，聯繫二者推論出必然的結果。

二、英美法系

英美法系（Anglo-American Law System），是指英國中世紀以來的法律，特別是以英國普通法為基礎發展起來的法律制度體系。在英國歷史上，普通法是與衡平法、教會法和制度法相對應的概念，由於其中的普通法對整個法律制度的影響最大，因此英美法系又被稱為普通法系（Commom Law System）。

美國法律作為一個整體來說，屬於普通法系，但從19世紀後期開始獨立發展，並已經對世界的法律產生了很大影響，因此形成了普通法系的另一個分支。

（一）英美法系的分佈

英美法系形成於英國，並隨著英國殖民地的擴大而逐步擴展到其他歷史上曾受其統治的區域，主要包括加拿大、澳大利亞、新西蘭、愛爾蘭、印度、巴基斯坦、馬來西亞、新加坡等地。南非原屬大陸法系國家，後來被英國控制，其法律體系是大陸法系和英美法系的結合物；菲律賓原屬西班牙殖民地，後來又受美國控制，因而其法律系統也走向了兩大法系的結合。

（二）英美法的形成與發展

1. 英國法的歷史沿革

英美法系形成於英國，一般以1066年諾曼底公爵威廉徵服英格蘭為開端。諾曼底公爵為了推行中央集權制度，設置了御前會議這個重要機構，該機構是由國王親信、主教和貴族參加的議事機構，主要協助國王處理立法、行政和司法等方面的事務。漸漸地，處理司法事務的機構獨立出來，到亨利三世時期，御前會議已經建立了三個王室高等法院，處理直接涉及王室利益的重大案件。由於諾曼人以前沒有自己的法律，因此他們的法律就是通過這些法院的判決而逐步形成，遂成為判例法的基礎。這些判決對地方法院的判決具有約束力，並隨著王室法院管轄範圍和影響的擴大對全國的法律形成了重大影響。如此，這種判例法就形成了適用於英國的普通法。

14世紀時，英國在普通法之外又產生了另一種獨特的法律形式——衡平法。隨著時間的推移和社會生活的變化，普通法院的令狀制度和訴訟程序出現了僵化的趨勢，無法適應工商業發展的需要。因此，很多人轉而請求樞密院和國會主持正義，許多糾紛轉而由樞密院中負責司法事務的大臣來處理。隨著案件數量不斷增加，該機構最終獨立出來，成為和王室法院並列的衡平法院，其在審理案件時適用完全不同的法律規

則，由此發展起來的法律稱為「衡平法」。衡平法也表現為判例法的形式，但在救濟方法、訴訟程序、法律術語等方面均與普通法有所不同。從 14 世紀後半葉到 19 世紀後半葉，二者相互獨立，直到 1875 年英國頒布法院組織法，普通法院與衡平法院合併，普通法與衡平法從衝突走向妥協並最終統一適用。同時，制定法也大量出現，代表了立法機構的地位得到提高。

2. 美國法的歷史沿革

1607—1776 年是美國的殖民地時期。17 世紀時，英國法對北美殖民地的影響比較小，當時適用的法律主要是殖民地當地的習慣。到了 18 世紀，隨著英國加強對北美殖民地的控制，英國開始通過強制手段推行英國的法律，英國法在北美得到廣泛傳播。

1776 年美國獨立，開始發展自己的法律。到了 19 世紀，美國的普通法傳統最終確立，究其原因是美國人是英國的移民，語言和傳統的力量使然。但是，美國法律也表現出不同於英國法的一些特點，其制定法佔有更大的比例，地位也更為重要。同時，美國法也簡化了訴訟程序，取消了普通法院和衡平法院的區分。美國法律自此脫離英國法，逐漸成為英美法系中一個具有代表性的分支。

(三) 英美法系的特點

(1) 在法律淵源上以判例為主。判例法一般是指各國高級法院的判決中所確立的法律原則或規則。值得一提的是，判例法也是成文法，由於這些規則是法官在審理案件時創立的，因此，又稱為「法官法」(judge-made law)。判例法通常在處理先例的問題上可以有三種做法：①遵循先例。下級法院應當遵循上級法院的判例，上訴法院也要遵循自己以前的判例。②推翻先例。美國的聯邦最高法院和各州最高法院有權推翻自己以前做出的判決。但為了維護法律的穩定，法院很難對過去同一法院做出的決議宣布無效。在美國歷史上，聯邦最高法院推翻先例的情況也只有 8 次，其難度可見一斑。③回避先例。這一做法主要適用於下級法院不願適用某一先例但又不願公開推翻時，可以前後兩個案例在重要事實上存在區別為由而迴避這一先例。這與大陸法系國家法官要嚴格以法典為依據來判案存在重大區別。

案例 1.1

普萊西訴弗格森案①

案情：1892 年 6 月 7 日，具有 1/8 黑人血統的荷馬·普萊西 (Homer A. Plessy) 故意登上東路易斯安那鐵路的一輛專為白人服務的列車，根據路易斯安那州 1890 年通過的相關法律，白人和有色種族必須乘坐平等但隔離的車廂。根據該條法律，普萊西被認定為「有色種族」，並遭到逮捕和關押。於是他將路易斯安那州政府告上法庭，指責其侵犯了自己根據美國憲法第十三、第十四兩條修正案而享有的權利。但是法官約翰·霍華德·弗格森 (John Howard Ferguson) 裁決州政府有權在州境內執行該法，普萊西最終敗訴，以違反隔離法為名被判處罰金 300 美元。普萊西接著向路易斯安那州最高法院控告弗格森法官的裁決，但該法院維持了弗格森的原判。

1896 年，普萊西上訴至美國最高法院。5 月 18 日，最高法院以 7:1 的多數裁決：路易斯安那州的法律並不違反憲法第 13 和第 14 修正案，因為「隔離但平等」並不意

---

① 資料來源：http://fxy.cupl.edu.cn/upload/download/keyan.

味著對黑人的歧視,而只是確認白人和黑人之間由於膚色不同而形成差別。

評析:普萊西訴弗格森案是美國聯邦最高法院違憲審查史上比較著名的「平等權」案件。毫無疑問,美國聯邦最高法院在該案中所持的觀點存在著歷史局限性。「平等權」作為一項憲法權利,應當表現在社會生活的各個領域。平等權不僅意味著每個公民的人格平等、身分平等、機會平等以及政府依據法律對每一個公民加以平等保護,還應當包括立法要求對每一個公民的平等對待,對不同的人群不應當根據其性別、年齡、種族等的不同加以不適當的分類。平等權不僅要體現在制度上平等地對待每一個人,而且也應當為每一個公民個人提供一個崇尚平等的社會環境。政府有責任採取措施來消除各種影響平等權實現的社會因素,徹底消除造成不平等的社會根源。所以,社會平等是制度平等的根本保證,沒有社會平等就沒有制度平等。事實上,到20世紀中葉,隨著社會平等意識的不斷增長,美國聯邦最高法院在布朗訴托皮卡地方教育委員會(Brown v. Board of Education of Topeka)一案的判決中,完全否定了美國聯邦最高法院在普萊西訴弗格森一案中所持的保守立場,徹底地拋棄了「隔離但平等」的思想,從而反應了美國聯邦最高法院在保護公民平等權方面的歷史進步性。

(2)英美法系沒有系統性、邏輯性很強的法律分類,法律分類以實用為主。形成這種情況的原因比較複雜,主要有以下幾點:①英美法系從一開始就十分重視令狀和訴訟等程序問題,缺乏邏輯性和系統性,阻礙了對法律分類的科學研究;②英美法系強調判例法和法院的作用,偏重實踐經驗,對抽象的概括和理論探討相對來說重視不夠;③英美法系在法院的設置上曾分為普通法院和衡平法院,這種分類方法在處理涉及公共事務的案件和普通私人案件時沒有明顯區分,因此難以形成公法和私法的觀念;④在英美法系的發展過程中,起主要推動作用的是法官和律師,這就決定了他們更加關心具體案件的處理結果,而相對忽視了抽象理論意義上的法律分類。

(3)英美法更重視程序法。英國法有一句格言:「救濟先於權利」(remedies precede rights)。所謂救濟是指通過一定的訴訟程序給予當事人法律保護,這屬於程序法範疇;權利則是指當事人的實體權利,屬於實體法範疇。這句格言的意思是說,如果權利缺乏適當的救濟方法,權利也就不存在,即當事人先有程序權利,而後才有實體權利。英美法系將程序正義擺在突出的地位,認為程序制度的公正與否對於法律的運行有特別重要的影響,因此,英美法系中的程序法特別發達,相比而言,大陸法系國家更加重視實體權利的完善。

(4)法官的地位很高。在英美法系中,法官的任務不僅是解釋和適用法律,還可以制定法律,即法官可以造法。英美法系國家中,法律職業是以律師為基礎的,法官,尤其是聯邦法院的法官一般都來自律師,而且律師在政治上非常活躍。因此,法官和律師的社會地位很高,對法律和社會發展的影響也很大。

(5)在法律的思維方式和運作方式上,英美法系採用的是歸納法。這一方法的模式可以表述為:①運用歸納方法對先例中的法律事實進行歸納;②運用歸納方法對那些待判案例的法律事實進行歸納;③將兩個案例中的法律事實劃分為實質性事實和非實質性事實;④運用比較的方法分析兩個案例中的實質性事實是否相同或相似;⑤找出前例中所包含的規則或原則;⑥如果兩個案例中的實質性要件相同或相似,根據遵循先例的原則,前例中包含的規則或原則可以適用於待判案例。

資料卡 1.4

大陸法系與英美法系的區別

	大陸法系	英美法系
法的淵源	制定法	制定法、判例法
法律核心理念	理性主義	經驗主義
法典編撰	法典形式，強調高度的系統化、邏輯化和概括性，是法院判案的直接依據	單行法律和法規，其運用還要依靠法院的判例解釋
訴訟程序	糾問制，以法官為中心，奉行職權主義	對抗制，法官處於中立地位，實行當事人主義
法律的思維方式	演繹法	歸納法

三、兩大法系的融合

雖然大陸法系與英美法系存在諸多區別，但這些不同並非絕對對立的，而是在衝突中出現了互相吸收、互相融合的趨勢。很長時間以來，眾多的學者曾對兩大法系孰優孰劣做過大量的論證，但兩大法系發展到今天，二者的界限已變得模糊，開始趨向融合。一方面，英美法系國家的成文法日益增多，判例法有所減少，有些判例所反應的法律原則，通過立法變成了成文法；另一方面，大陸法系國家雖仍以制定法為主，但在舊法已經不適用或者沒有法律明文規定的情況下，開始逐漸以判例制度作為輔助，對有代表性的判例定期匯編成集公開發行，上級法院的判例對下級法院擁有一定的約束力或影響力。

在國際商法方面，兩大法系的融合更為明顯，隨著各國商事交易的日益密切與頻繁，各國相互依賴的程度也逐漸加深，這迫切需要各國國內商法走向統一化與和諧化，這樣可以有效減少國際貿易的障礙，增加經貿往來的效率，從而為全球經濟貿易的健康發展提供法律支持，這也正是國際商法的生命力和價值所在。目前各國國內的商法開始相互影響和吸收，突出的一個表現是兼容大陸法和英美法規則的國際公約或條約已經不在少數，國際商事實體法律規則正在逐步走向統一。

資料卡 1.5

世界五大法系

法學家普遍認為，對世界各國的法律有重大影響的主要有五大法系：大陸法系、英美法系、中華法系、印度法系、伊斯蘭法系。其中印度法系和中華法系已經解體，現存的共三大法系。這裡將對中華法系、印度法系和伊斯蘭法系進行簡單介紹。

1. 中華法系

中華法系形成於秦朝（公元前 221 年—公元前 207 年），到隋唐時期（公元 581 年—公元 618 年）成熟。最初的國家與法產生於夏朝，以後經商朝到西周時期逐漸完備。經過春秋戰國時期法律制度的大變革，成文法在各國頒布，到秦朝時中華法系有了雛形。到隋唐時，法律思想和法律制度都很成熟，且自成體系。代表性的法典就是保存至今的《唐律疏議》，這是中華法系完備的標誌。唐朝以後，宋元明清各朝都以此

為藍本創制自己朝代的法律制度。到清朝末年，在修律的過程中，中華法系宣告解體，同時建立了中國近代法制的雛形。中華法系在歷史上不但影響了中國古代社會，而且對古代日本、朝鮮和越南的法制也產生了重要影響。中華法系的特點有：第一，法律以君主意志為主；第二，禮教是法律的最高原則；第三，諸法合體，行政司法合一；第四，刑法發達，民法薄弱。

2. 印度法系

印度法系是公元5—7世紀以前古代印度奴隸制法及以其為基礎的古代緬甸、錫蘭（今斯里蘭卡）、暹羅（今泰國）、菲律賓等國法律的統稱。

古代印度居住著不同種族、不同風俗習慣和不同宗教信仰的人民，其各自法律的共同點是都與宗教、道德規範和哲學聯繫密切。印度古代法大體可分為佛教分支和婆羅門教分支，相互興替。古印度法也往往被稱為印度教法，其中流行最廣、後世研究最多、最具有代表性的是《摩奴法典》。後人假托這是由天神之子摩奴制定的，實際是約在公元前2世紀至公元2世紀之間陸續編成的，共12章，採用詩歌體裁，包括宗教、道德、法律規範以及哲學等內容。

如今上述各國，包括印度在內，均已不再採用印度古代法。印度法系已成為歷史名詞，但在習慣中還保留有一些遺跡。

3. 伊斯蘭法系

伊斯蘭法系，又稱阿拉伯法系，是中世紀信奉伊斯蘭教的阿拉伯各國和其他一些伊斯蘭國家法律的總稱，是指公元7~9世紀形成的阿拉伯哈里發國家的法律，包括伊斯蘭宗教、社會、家庭等各方面的法規。

《古蘭經》是伊斯蘭法的基本淵源，也是伊斯蘭法的核心和最高準繩。其兼具宗教和道德規範的性質，是每個伊斯蘭教徒都應遵守的基本生活準則。聖訓是對《古蘭經》的解釋和補充，是僅次於《古蘭經》的伊斯蘭法的基本淵源。

隨著伊斯蘭國家中資本主義的發展和社會的變革，昔日伊斯蘭教法的特殊地位已不復存在。在大多數伊斯蘭國家中，世俗法律基本取代伊斯蘭法。但由於伊斯蘭教仍是占統治地位的意識形態之一，因而在各伊斯蘭國家裡，伊斯蘭法依然具有不同程度的約束力。

本章思考

1. 理解下列術語：
   國際商法　　國際商事條例　　國際貿易慣例　　大陸法系
   英美法系　　成文法　　　　　判例法
2. 簡述國際商法的含義與特點。
3. 簡述國際商法與國際公法、國際私法、國際經濟法的區別。
4. 試述英美法中「救濟先於權利」原則的含義。
5. 試述大陸法系與英美法系的不同。

第二章 合夥企業法與個人獨資企業法

> ■ **本章要點**
>
> 1. 企業與法人兩個術語的聯繫
> 2. 合夥企業的特徵與成立條件
> 3. 合夥人與第三人之間的權利義務關係
> 4. 有限合夥企業的基本法律規範
> 5. 個人獨資企業的特徵與成立條件

第一節 概述

一、企業的概念與分類

(一) 企業的概念和特徵

企業，是指依法成立的，以營利為目的的，從事生產經營活動的獨立核算的社會經濟組織。企業有如下特徵：

（1）企業是依法設立的社會經濟組織。企業通過依法設立，取得相應的法律主體資格，獲得國家法律的認可和保護。

（2）企業是自主經營、獨立核算、自負盈虧，具有獨立性的社會經濟組織。

（3）企業是以營利為目的從事生產經營活動的社會經濟組織。

在法律上，企業與公司的概念是有所不同的。廣義的企業包括公司這類法人企業，同時還包括其他不具備法人資格的經營實體，即非法人企業，比如個人獨資企業，合夥企業等，而狹義的企業往往只指非法人企業。本章採用就是狹義的企業內涵。

(二) 企業的分類

按照不同的標準，我們可對企業進行不同的分類：

（1）按照企業所有制形式的不同，我們可以將企業分為全民所有制企業、集體所有制企業、混合所有制企業。

（2）按照企業組織形式的不同，我們可以將企業分為個人企業、合夥企業、公司等。

（3）按照企業法律地位的不同，我們可以將企業分為法人企業、非法人企業。所謂法人企業，是指具有法人資格的企業，如依照《中華人民共和國公司法》（以下簡稱《公司法》）組建的公司。非法人企業，是指不具有法人資格的企業，如依照《中華人民共和國個人獨資企業法》（以下簡稱《個人獨資企業法》）組建的個人獨資企業。

（4）按照企業投資者的不同，我們可以將企業分為內資企業、外資企業。外資企業又包括中外合資經營企業、中外合作經營企業、外資企業等。

二、企業法人制度

（一）法人的概念與條件

法人制度是中國民法、經濟法體系的重要組成部分。不瞭解中國的法人制度，就無法深入瞭解中國企業法律制度，也就無法全面瞭解整個市場經濟的運行機制。

1. 法人的概念

法人是相對於自然人而言的，它是社會組織在法律上的人格化。《中華人民共和國民法典》對法人做出了如下解釋：「法人是具有民事權利能力和民事行為能力，依法獨立享有民事權利和承擔民事義務的組織。」

2. 法人應當具備的條件

（1）依法成立。首先，法人成立的目的必須符合國家法律的規定，不能損害國家、社會、集體和個人的利益；其次，法人成立的程序要合法，否則，便不具有民事權利能力和民事行為能力，不能獨立進行民事活動。

（2）有必要的財產或者經費。這是法人進行經濟活動的物質基礎，是承擔經濟責任、履行經濟義務的物質保障，因此這類財產或經費必須是由法人自主經營、獨立支配的。

（3）有自己的名稱、組織機構和場所。法人的名稱在一定程度上可以表明法人的性質、業務範圍，是法人具有獨立主體地位的體現。在民事活動中，法人只能以自己的名義而不是領導機構、負責人或者其他人的名義享有權利，承擔義務。

法人應當有一定的組織機構即法人治理結構，以擔負起對內對外組織、經營、管理等各項事宜。

固定的場所既是法人具有獨立財產和生產設施的標誌，也是進行業務活動必須具備的物質條件。場所包括住所，法人以它的主要辦事機構所在地為住所。

（4）能夠獨立承擔民事責任。設立法人的目的是獨立地進行民事活動，通過行使權利和履行業務來滿足發展生產、開展業務活動的需要。因此，能否獨立地承擔民事責任，就成為衡量某一社會組織能否具有法人資格的條件之一。能夠獨立地承擔民事責任要求法人只能也必須以自己所擁有的全部法人財產對其債務獨立地承擔責任。除法律另有規定外，法人的投資主體不對法人債務承擔責任。這既保護了民事主體的合法權益，又有利於穩定社會經濟秩序。

（二）法人的民事權利能力和民事行為能力

法人的民事權利能力，是指法人依法參與民事活動，享有民事權利，承擔民事義務的資格。這是法人享有權利，承擔義務的前提條件。法人的行為能力，是指法人通過自身的行為，為自己取得民事權利，設定民事義務的能力。

與自然人所不同的是，法人的民事權利能力和民事行為能力都是自法人成立時產生，自法人消滅時終止的。

法人的民事權利能力取決於它的宗旨和法律許可的經營範圍，而法人的民事行為能力的範圍則取決於法人民事權利能力的範圍。也就是說，不同的法人，由於其資金、生產規模、業務經營的不同，享有的民事權利和承擔的民事義務的範圍也不同。

（三）法人的分類

研究法人的分類，目的在於瞭解各種法人的本質特徵和區別，以便對其進行有效的法律調整。中國《民法通則》按照法人的功能、設立方法，以及財產來源的不同，將中國的法人分為企業法人和非企業法人兩大類。

1. 企業法人

企業法人是從事生產經營活動以獲取利潤為目的的法人。公司、全民所有制企業、集體所有制企業、「三資」企業等都是企業法人；而合夥企業、個人獨資企業雖然也是企業但不具有法人資格。

2. 非企業法人

與企業法人不同，非企業法人是非生產性、非營利性的法人。非企業法人又可以分為機關法人、事業單位法人和社會團體法人。

機關法人是依法直接設立、獲得法人資格的國家機關。認定機關是否是法人，應看其是否具有獨立的財政預算經費和是否行使國家權力。《民法通則》規定：「有獨立經費的機關從成立之日起，具有法人資格。」機關法人不同於企業法人，不能從事生存經營活動。只有當國家機關以平等主體的身分參與民事活動時，才是以法人的身分依法享有民事權利，承擔民事義務。因此，我們必須將其民事行為與國家機關依照法律的規定行使職權的行政行為相區別。

事業單位法人是被賦予民事主體資格的事業單位。事業單位，是指國家財政撥款從事公益事業的社會組織。需要注意的是，在體制改革過程中，有些事業單位開始自負盈虧或者實行企業化管理，目前判斷某一組織是否具有法人資格就不能以國家財政是否撥款為標準了。

社會團體法人是具有民事權利能力和民事行為能力，依法獨立享有民事權利和承擔民事義務的社會組織。它是以謀求社團成員的共同利益為宗旨的，主要包括各種政治團體（如各民主黨派）、人民群眾團體（如工會、婦聯、共青團）、社會公益團體（如殘疾人基金會）、文學藝術團體（如作家協會）、學術研究團體（如數學學會）、宗教團體（如佛教協會）。

事業單位和社會團體等在實現和完成本身的任務過程中，必然要同其他組織或個人發生民事法律關係，享有民事權利，承擔民事責任。因此，賦予其以法人資格，對促進社會公益事業、科學技術、文藝創作等均具有重要意義。《民法通則》規定：「具有法人條件的事業單位、社會團體，依法不需要辦理法人登記的，從成立之日起，具有法人資格；依法需要辦理法人登記的，經核准登記，取得法人資格。」

三、企業法的概念

企業法，是指調整企業在設立、變更、終止，以及企業在生產經營活動中發生的社會關係的法律規範的總稱。

中華人民共和國成立以來，主要是按照企業的所有制形式制定和劃分各種企業法，形成了具有中國特色的企業法體系。企業法律制度主要包括：調整企業法人的《中華人民共和國公司法》、調整外商在中國投資的《中華人民共和國外商投資法》以及適應市場經濟發展需要頒布的《中華人民共和國合夥企業法》《中華人民共和國個人獨資企業法》等法律、法規。

第二節　合夥企業法

一、概述

（一）合夥企業的概念和特徵

1. 合夥企業的概念

合夥企業，是指自然人、法人和其他組織依法在中國境內設立的由各合夥人訂立合夥協議，共同出資、合夥經營、共享收益、共擔風險，並對合夥企業債務承擔無限連帶責任的營利性組織。

2. 合夥企業的特徵

一般而言，合夥企業具有以下特徵：

（1）合夥企業是建立在合夥協議基礎上的一種企業。合夥協議必須是合夥人共同意思表示一致的結果，規定了合夥人在合夥中的權利和義務。即使合夥企業設立一定的組織機構負責日常的業務，其內部關係仍然主要適用合夥協議的有關規定。值得注意的是，這一特徵與享有法人資格的公司不同，公司是以章程作為共同行為的標準。

在發達的市場經濟國家，協議可以是口頭的，也可以是書面的，但是中國的《合夥企業法》中則要求協議是書面形式。

（2）合夥企業是「人的組合」，合夥人的死亡、破產、退出等都影響到合夥企業的存續和發展。

（3）合夥企業的內部關係是合夥關係，即全體合夥人共同出資、合夥經營、共享收益、共擔風險。若合夥人相互之間無共同經營之目的和行為，則縱使有某種利益上的聯繫，也非合夥。

（4）合夥企業一般不具有法人資格，對企業債務承擔無限連帶責任。一方面，債權人有權請求任何一位合夥人履行合夥的全部債務，承擔連帶清償責任；另一方面，合夥人以個人所有的全部財產作為合夥債務的擔保，承擔無限清償責任，並不以出資為限。這一特徵是合夥企業與法人企業的主要區別。值得注意的是，雖然現行的合夥企業法中允許「有限合夥企業」的存在，但從法律責任看，仍要求其至少應當有 1 人為普通合夥人。因此，總的來看，有限合夥企業並未突破合夥企業要求對外承擔無限責任的實質。

(二) 合夥企業的分類

在不同國家,合夥的法定類型不盡相同,一般都包括普通合夥和有限合夥,除此以外,英國目前的制定法還包括有限責任合夥,美國的許多州還承認有限責任合夥、有限責任有限合夥等類型的合夥企業。

中國的合夥企業分為普通合夥企業和有限合夥企業,普通合夥企業中還包括了特殊的普通合夥企業。合夥企業的分類見資料卡2.1。

資料卡2.1

合夥企業的分類與特徵

類型	基本特徵
普通合夥企業	由普通合夥人組成,合夥人對合夥企業債務承擔無限連帶責任
特殊的普通合夥企業	以專業知識和專門技能為客戶提供有償服務的專業服務機構
有限合夥企業	由普通合夥人和有限合夥人組成,普通合夥人對合夥企業債務承擔無限連帶責任,有限合夥人以其認繳的出資額為限對合夥企業債務承擔責任

(三) 合夥企業法及其適用

1997年2月23日,第八屆全國人大代表大會常務委員會第24次會議通過了《中華人民共和國合夥企業法》(以下簡稱《合夥企業法》),自1997年8月1日起施行。2006年8月27日,第十屆全國人大常委會通過了修訂後的《合夥企業法》,自2007年6月1日起施行。修訂後的《合夥企業法》為滿足市場經濟發展的需要,突破了原法中合夥企業形式單一的不足,構造了兩種合夥企業的類型,以供民事主體選擇設立:一是普通合夥企業;二是有限合夥企業。

關於《合夥企業法》的適用,需要指出的是,《合夥企業法》僅適用於該法規定的合夥企業。《合夥企業法》不適用於具備企業形態的契約型合夥。合夥企業與契約型合夥的主要區別在於:第一,合夥企業具有較為長期穩定的營業,而契約型合夥的營業往往是臨時性的;第二,合夥企業必須有自己的名稱,而契約型合夥則不一定有名稱;第三,設立合夥企業必須向企業登記機關申請登記,而契約型合夥則只需訂立合夥合同即為成立。

二、普通合夥企業

(一) 普通合夥企業的設立條件

根據《合夥企業法》第十四條的規定,設立普通合夥企業,應當具備以下條件:

(1) 有兩個以上合夥人,合夥人為自然人的,應當具備完全民事行為能力。

法律、行政法規禁止從事營利性活動的人,不得成為合夥企業的合夥人,包括國家公務員、法官、檢察官和人民警察。

(2) 有書面合夥協議。

合夥協議依法由全體合夥人協商一致,以書面形式訂立。合夥協議應當載明下列事項:①合夥企業的名稱和主要經營場所的地點;②合夥目的和合夥經營範圍;③合夥人的姓名或者名稱、住所;④合夥人的出資方式、數額和繳付期限;⑤利潤分配、虧損分擔方式;⑥合夥事務的執行;⑦入夥與退夥;⑧爭議解決辦法;⑨合夥企業的

解散與清算；⑩違約責任。合夥人按照合夥協議享有權利，履行義務。合夥協議是確定合夥人相互間權利義務的具有法律約束力的協議。合夥協議經全體合夥人簽名、蓋章後生效。如果要修改或者補充合夥協議，應當經全體合夥人一致同意；但是，合夥協議另有約定的除外。合夥協議未約定或者約定不明確的事項，由合夥人協商決定；協商不成的，依照《合夥企業法》和其他有關法律、行政法規的規定處理。

(3) 有合夥人認繳或者實際繳付的出資。

合夥人可以用來出資的形式很多，但不同形式的出資要求也不同。根據《合夥企業法》第十六條規定，合夥人可以用貨幣、實物、知識產權、土地使用權或者其他財產權利出資，也可以用勞務出資。具體要求如下：合夥人以實物、知識產權、土地使用權或者其他財產權利出資，需要評估作價的，可以由全體合夥人協商確定，也可以由全體合夥人委託法定評估機構評估；合夥人以勞務出資的，其評估辦法由全體合夥人協商確定，並在合夥協議中載明；以非貨幣財產出資的，依照法律、行政法規的規定，需要辦理財產權轉移手續的，應當依法辦理。

根據《合夥企業法》第三十四條規定，合夥人按照合夥協議的約定或者經全體合夥人決定，可以增加或者減少對合夥企業的出資。

(4) 有合夥企業的名稱和生產經營場所。

合夥企業名稱中應當標明「普通合夥」字樣。合夥企業只有擁有自己的名稱，才能以自己的名義參與民事法律關係，享有民事權利，承擔民事義務並參與訴訟，成為訴訟當事人。

(5) 法律、行政法規規定的其他條件。

溫故知新

下列對普通合夥企業設立的論述，符合法律規定的是（　　）。
A. 公民張某與自己年僅13週歲的兒子成立一個合夥企業
B. 合夥人必須一次全部繳付出資，不可以約定分期出資
C. 公民甲、乙、丙、丁出資設立一個普通合夥企業，甲可以以勞務出資
D. 合夥企業名稱中沒有標明「普通」或是「有限」字樣的話，就視為是普通合夥企業

【參考答案】：C

(二) 合夥企業設立與變更登記

合夥人申請設立合夥企業，應當向企業登記機關提交登記申請書、合夥協議書、合夥人身分證明等文件。需要注意的是，如果合夥企業的經營範圍中有屬於法律、行政法規規定在登記前須經批准的項目的，該項經營業務應當依法經過批准，並在登記時提交批准文件。

申請人提交的登記申請材料齊全、符合法定形式，企業登記機關能夠當場登記的，應予當場登記，發給營業執照，營業執照的簽發日期，即為合夥企業成立日期。除上述規定情形外，企業登記機關應當自受理申請之日起20日內，做出是否登記的決定。如果決定登記的，發給營業執照；決定不登記的，應當給予書面答復，並說明理由。合夥企業在領取營業執照前，合夥人不得以合夥企業名義從事合夥業務。

合夥企業設立分支機構，應當向分支機構所在地的企業登記機關申請登記，領取

營業執照。

合夥企業登記事項發生變更的，執行合夥事務的合夥人應當自做出變更決定或者發生變更事由之日起 15 日內，向企業登記機關申請辦理變更登記。

(三) 合夥企業的財產

1. 合夥企業財產的構成

合夥企業存續期間，合夥人的出資和所有以合夥企業名義取得的收益均為合夥企業的財產。

合夥企業的財產由全體合夥人依照《合夥企業法》共同管理和使用。除法律另有規定外，合夥企業進行清算前，合夥人不得請求分割合夥企業的財產。合夥人在合夥企業清算前私自轉移或者處分合夥企業財產的，合夥企業不得以此對抗不知情的善意第三人。

2. 合夥企業財產的轉讓

合夥企業財產的轉讓可以分為對外轉讓和對內轉讓。

(1) 對外轉讓。合夥企業存續期間，除合夥協議另有約定外，合夥人向合夥人以外的人轉讓其在合夥企業中的全部或者部分財產份額時，須經其他合夥人一致同意。

(2) 對內轉讓。合夥人之間轉讓在合夥企業中的全部或者部分財產份額時，應當通知其他合夥人。

(3) 優先購買權。合夥人向合夥人以外的人轉讓其在合夥企業中的財產份額的，在同等條件下，其他合夥人有優先購買權。但是，合夥協議另有約定的除外。

(4) 受讓人對財產的處理。合夥人以外的人依法受讓合夥人在合夥企業中的財產份額的，經修改合夥協議即成為合夥企業的合夥人，依照《合夥企業法》和修改後的合夥協議享有權利，履行義務。

3. 合夥企業財產的出質

普通合夥人以其在合夥企業中的財產份額出質的，須經其他合夥人一致同意；未經其他合夥人一致同意，其行為無效，由此給善意第三人造成損失的，由行為人依法承擔賠償責任。

(四) 合夥企業的內部關係

1. 合夥企業事務的執行

(1) 共同執行。這是指全體合夥人共同執行合夥企業事務。根據《合夥企業法》第二十六條規定，各合夥人對執行合夥企業事務享有同等的權利。合夥協議約定或者經全體合夥人決定，合夥人分別執行企業事務的，執行事務合夥人可以對其他合夥人執行的事務提出異議。提出異議時，應暫停該項事務的執行。如果發生爭議，可由全體合夥人共同決定。

(2) 委託執行。這是指根據合夥協議的約定或合夥人的決定，委託一名或者數名合夥人對外代表合夥企業執行合夥企業事務，由此產生的收益歸合夥企業，所產生的費用和虧損由合夥企業承擔。在一般情況下，其他合夥人不再執行合夥企業事務，但有權監督執行事務的合夥人，檢查其執行合夥企業事務的情況。

受委託執行合夥事務的合夥人不按照合夥協議或者全體合夥人的決定執行事務的，其他合夥人可以決定撤銷該委託。執行事務的合夥人應當定期向其他合夥人報告事務執行情況以及合夥企業的經營和財務狀況。

合夥企業可以聘任經營管理人員，被聘任的合夥企業的經營管理人員應當在合夥企業授權範圍內履行職務。被聘任的合夥企業的經營管理人員，超越合夥企業授權範圍履行職務，或者在履行職務過程中因故意或者重大過失給合夥企業造成損失的，依法承擔賠償責任。

（3）必須經全體合夥人同意的事務。根據《合夥企業法》第三十一條規定，除合夥協議另有約定外，合夥企業的下列事項應當經全體合夥人一致同意：①改變合夥企業的名稱；②改變合夥企業的經營範圍、主要經營場所的地點；③處分合夥企業的不動產；④轉讓或者處分合夥企業的知識產權和其他財產權利；⑤以合夥企業名義為他人提供擔保；⑥聘任合夥人以外的人擔任合夥企業的經營管理人員。

溫故知新

除合夥協議另有約定外，普通合夥企業存續期間，下列行為中，不必經全體合夥人一致同意的是（　　）。
A. 合夥人之間轉讓其在合夥企業中的財產份額
B. 以合夥企業名義為他人提供擔保
C. 聘任合夥人以外的人擔任合夥企業的經營管理人員
D. 處分合夥企業的不動產

【參考答案】A

2. 合夥企業的利潤分配和虧損分擔

合夥企業的利潤分配、虧損分擔，按照合夥協議的約定辦理；合夥協議未約定或者約定不明確的，由合夥人協商決定；協商不成的，由合夥人按照實繳出資比例分配、分擔；無法確定出資比例的，由合夥人平均分配、分擔。

值得注意的是，合夥協議不得約定將全部利潤分配給部分合夥人或者由部分合夥人承擔全部虧損。

（五）合夥企業與第三人的關係

1. 合夥人執行合夥事務的對外代表權效力

執行合夥企業事務的合夥人，對外代表合夥企業，在合夥企業經營範圍內以合夥企業的名義對外實施的一切經營活動都對合夥企業發生法律效力。由此而產生的收益應當歸全體合夥人所有，成為合夥企業的財產；由此負擔的債務和責任，也應當由全體合夥人承擔，構成合夥企業的債務。依據合夥協議或者合夥人的特別約定，合夥人執行合夥事務和對外代表合夥企業的權利往往受到一定的限制。《合夥企業法》第三十七條規定：「合夥企業對合夥人執行合夥企業事務以及對外代表合夥企業權利的限制，不得對抗不知情的善意第三人。」即執行合夥事務的合夥人如果超越內部限制範圍代表合夥企業與第三人為經營行為，其他合夥人可以對知曉或者應當知曉該限制的第三人提出抗辯，否認該行為對合夥企業發生效力；但對於不知情的善意第三人不能提出抗辯，該行為仍然要對合夥企業發生效力。

2. 合夥企業債務清償

合夥企業債務的清償可以分為兩個方面：一是對外承擔無限連帶責任，二是對內具有追償權。合夥企業對其債務，應當以其全部財產進行清償。合夥企業不能清償到期債務的，合夥人承擔無限連帶責任。合夥人由於承擔連帶責任，所清償數額超過合

夥人內部約定或依法律規定的其虧損分擔比例的，有權向其他合夥人追償。

3. 合夥企業債務與合夥人個人債務的清償

在合夥企業存續期間，可能發生個別合夥人因不能償還其個人債務而被追索的情況。由於合夥人在合夥企業中擁有財產利益，合夥人個人的債權人可以向合夥企業提出清償請求。

為了保護合夥企業和其他合夥人的合法權益，同時也保護債權人的合法權益，《合夥企業法》第四十一條規定：合夥人發生與合夥企業無關的債務，相關債權人不得以其債權抵銷其對合夥企業的債務；也不得代位行使合夥人在合夥企業中的權利。《合夥企業法》第四十二條規定：合夥人的自有財產不足清償其與合夥企業無關的債務的，該合夥人可以以其從合夥企業中分取的收益用於清償；債權人也可以依法請求人民法院強制執行該合夥人在合夥企業中的財產份額用於清償。人民法院強制執行合夥人的財產份額時，應當通知全體合夥人，其他合夥人有優先購買權；其他合夥人未購買，又不同意將該財產份額轉讓給他人的，依照《合夥企業法》第五十一條的規定為該合夥人辦理退夥結算，或者辦理削減該合夥人相應財產份額的結算。

（六）入夥與退夥

1. 入夥

入夥是指在合夥企業存續期間，合夥人以外的第三人通過一定程序加入合夥企業，從而取得合夥人資格的行為。

新合夥人入夥時，除合夥協議另有約定外，應當經全體合夥人同意，並依法訂立書面入夥協議。訂立入夥協議時，原合夥人應當向新合夥人告知原合夥企業的經營狀況和財務狀況。入夥的新合夥人與原合夥人享有同等權利，承擔同等責任。入夥協議另有約定的，從其約定。需要注意的是，入夥的新合夥人對入夥前合夥企業的債務承擔連帶責任。

2. 退夥

退夥是指合夥人退出合夥企業，從而喪失合夥人資格的行為。退夥分為兩種：一是自願退夥，二是法定退夥。

（1）自願退夥。這是指合夥人基於自願退出合夥企業。《合夥企業法》第四十五條規定，合夥協議約定經營期限的，在合夥企業存續期間，有下列情形之一的，合夥人可以退夥：①合夥協議約定的退夥事由出現；②經全體合夥人一致同意；③發生合夥人難以繼續參加合夥企業的事由；④其他合夥人嚴重違反合夥協議約定的義務。

《合夥企業法》第四十六規定：合夥協議未約定經營期限的，合夥人在不給合夥企業事務執行造成不利影響的情況下，可以退夥，但應當提前30日通知其他合夥人。

《合夥企業法》第四十七條規定：合夥人違反第四十五條、第四十六條規定，擅自退夥的，應當賠償由此給合夥企業造成的損失。

（2）法定退夥。這是指合夥人基於法定事由而退夥。法定退夥分為當然退夥與除名退夥。

《合夥企業法》第四十八條規定，合夥人有下列情形之一的，當然退夥：①作為合夥人的自然人死亡或者被依法宣告死亡；②個人喪失償債能力；③作為合夥人的法人或者其他組織依法被吊銷營業執照、責令關閉、撤銷，或者被宣告破產；④法律規定或者合夥協議約定合夥人必須具有相關資格而喪失該資格；⑤合夥人在合夥企業中的

全部財產份額被人民法院強制執行。合夥人被依法認定為無民事行為能力人或者限制民事行為能力人的，經其他合夥人一致同意，可以依法轉為有限合夥人，普通合夥企業依法轉為有限合夥企業。其他合夥人未能一致同意的，該無民事行為能力或者限制民事行為能力的合夥人退夥。退夥事由實際發生之日為退夥生效日。

溫故知新

合夥人甲在某一普通合夥企業經營期間因交通事故而死亡，其子乙尚未成年，則下列說法中正確的是（　　）。

A. 乙因此成為該合夥企業的合夥人

B. 經全體合夥人一致同意，從繼承開始之日起，乙取得該合夥企業的合夥人資格，但只能作為有限合夥人

C. 全體合夥人未一致同意將合夥企業轉為有限合夥企業的，應當將甲的財產份額退還給乙

D. 如果合夥協議約定所有的合夥人必須具有完全行為能力，則乙不能取得合夥人資格，但可以要求合夥企業退還甲的財產份額

【參考答案】：BCD

根據《合夥企業法》第四十九條規定，合夥人有下列情形之一的，經其他合夥人一致同意，可以決議將其除名：①未履行出資義務；②因故意或者重大過失給合夥企業造成損失；③執行合夥事務時有不正當行為；④發生合夥協議約定的事由。對合夥人的除名決議應當書面通知被除名人。被除名人接到除名通知之日，除名生效，被除名人退夥。被除名人對除名決議有異議的，可以自接到除名通知之日起30日內，向人民法院起訴。

（3）退夥的財產處理。合夥人退夥，其他合夥人應當與該退夥人按照退夥時的合夥企業財產狀況進行結算，退還退夥人的財產份額。退夥人對給合夥企業造成的損失負有賠償責任的，相應扣減其應當賠償的數額。退夥時有未了結合夥企業事務的，待了結後進行結算。退夥人在合夥企業中財產份額的退還辦法，由合夥協議約定或者由全體合夥人決定，可以退還貨幣，也可以退還實物。

退夥人對基於其退夥前的原因發生的合夥企業債務，承擔無限連帶責任。合夥人退夥時，合夥企業財產少於合夥企業債務的，退夥人應當依照合夥人內部約定或依照法律規定的其虧損分擔比例分擔虧損。

（七）特殊的普通合夥企業

根據《合夥企業法》第五十五條規定，特殊的普通合夥企業是指以專業知識和專門技能為客戶提供有償服務的專業服務機構。比如律師事務所、會計師事務所等專業服務機構。設立這一新經營模式的原因在於這類專業服務機構，雖採用合夥的模式，但各合夥人之間往往各自開展業務，彼此之間相對比較獨立，採用特殊普通合夥模式後，可以保護無責的合夥人的利益，保證經營的穩定性。資料卡2.2為特殊的普通合夥企業的特殊性表現。

資料卡 2.2

特殊的普通合夥企業的特殊性表現

特殊性表現	具體內容
名稱	應當在其名稱中標明「特殊普通合夥」字樣
責任形式	一人或數人因故意或者重大過失造成合夥企業債務的，應當承擔無限責任或者無限連帶責任，其他合夥人以其在合夥企業中的財產份額為限承擔責任；非因故意或者重大過失造成的合夥企業債務以及合夥企業的其他債務的，全體合夥人承擔無限連帶責任
對債權人的保護	建立特殊的保護制度，如執業風險基金、辦理職業保險等

特殊的普通合夥企業實質上仍然是普通合夥企業，因此特殊的普通合夥企業的其他方面均適用《合夥企業法》對普通合夥企業的規定。

依照《合夥企業法》第一百零七條的規定，非企業專業服務機構依據有關法律採取合夥制的，其合夥人承擔責任的形式可以適用《合夥企業法》關於特殊的普通合夥企業合夥人承擔責任的規定。

二、有限合夥企業

(一) 有限合夥企業的概念

有限合夥企業，是指由有限合夥人和普通合夥人共同組成，普通合夥人對合夥企業債務承擔無限連帶責任，有限合夥人以其認繳的出資額為限對合夥企業債務承擔責任的合夥企業。

為適應風險投資行業的發展，同時為市場主體提供更多的企業組織形式，中國修訂後的《合夥企業法》增加了有限合夥企業制度，以專章的形式對其進行規定，專章中未作規定的，適用《合夥企業法》關於普通合夥企業及其合夥人的規定。

(二) 有限合夥企業設立的特別規定

1. 設立人

有限合夥企業由 2 個以上 50 個以下合夥人設立，但是，法律另有規定的除外。有限合夥企業至少應當有 1 個普通合夥人。有限合夥企業僅剩有限合夥人，應當解散；有限合夥企業僅剩普通合夥人，則轉為普通合夥企業。

2. 企業名稱

有限合夥企業名稱中應當標明「有限合夥」字樣。

3. 合夥協議

有限合夥企業的合夥協議中應當特別載明以下事項：①普通合夥人和有限合夥人的姓名或者名稱、住所；②執行事務合夥人應具備的條件和選擇程序；③執行事務合夥人權限與違約處理辦法；④執行事務合夥人的除名條件和更換程序；⑤有限合夥人入夥、退夥的條件、程序以及相關責任；⑥有限合夥人和普通合夥人相互轉變程序。

4. 出資

有限合夥人可以用貨幣、實物、知識產權、土地使用權或者其他財產權利作價出資。需要特別注意的是，有限合夥人不得以勞務出資。有限合夥人應當按照合夥協議

的約定按期足額繳納出資；未按期足額繳納的，應當承擔補繳義務，並對其他合夥人承擔違約責任。

5. 合夥企業登記事項

有限合夥企業登記事項中應當載明有限合夥人的姓名或者名稱及認繳的出資數額。

（三）有限合夥企業事務執行的特別規定

有限合夥企業由普通合夥人執行合夥事務。執行事務合夥人可以要求在合夥協議中確定執行事務的報酬及報酬提取方式。有限合夥人不執行合夥事務，不得對外代表有限合夥企業。但有限合夥人的下列行為，不視為執行合夥事務：①參與決定普通合夥人入夥、退夥；②對企業的經營管理提出建議；③參與選擇承辦有限合夥企業審計業務的會計師事務所；④獲取經審計的有限合夥企業財務會計報告；⑤對涉及自身利益的情況，查閱有限合夥企業財務會計帳簿等財務資料；⑥在有限合夥企業中的利益受到侵害時，向有責任的合夥人主張權利或者提起訴訟；⑦執行事務合夥人怠於行使權利時，督促其行使權利或者為了本企業的利益以自己的名義提起訴訟；⑧依法為本企業提供擔保。

（四）有限合夥人有限責任保護的免除

第三人有理由相信有限合夥人為普通合夥人並與其交易的，該有限合夥人對該筆交易承擔與普通合夥人同樣的責任。

有限合夥人未經授權以有限合夥企業名義與他人進行交易，給有限合夥企業或其他合夥人造成損失的，該有限合夥人應當承擔賠償責任。

（五）有限合夥人入夥、退夥的特別規定

（1）新入夥的有限合夥人對入夥前有限合夥企業的債務，以其認繳的出資額為限承擔責任。

（2）有限合夥人符合普通合夥企業合夥人當然退夥情形之一的，為當然退夥。但個人喪失償債能力除外。

（3）作為有限合夥人的自然人在有限合夥企業存續期間喪失民事行為能力的，其他合夥人不得因此要求其退夥。

（4）有限合夥人退夥後，對基於其退夥前的原因發生的有限合夥企業債務，以其退夥時從有限合夥企業中取回的財產承擔責任。

（5）作為有限合夥人的自然人死亡、被依法宣告死亡或者作為有限合夥人的法人及其他組織終止時，無須經全體合夥人一致同意，其繼承人或者權利承受人可以依法取得該有限合夥人在有限合夥企業中的資格。

（六）合夥人身分的轉換

（1）除合夥協議另有約定外，普通合夥人轉變為有限合夥人，或者有限合夥人轉變為普通合夥人，應當經全體合夥人一致同意。

（2）有限合夥人轉變為普通合夥人的，對其作為有限合夥人期間有限合夥企業發生的債務承擔無限連帶責任。

（3）普通合夥人轉變為有限合夥人的，對其作為普通合夥人期間合夥企業發生的債務承擔無限連帶責任。

資料卡 2.3

有限合夥企業與普通合夥企業的區別①

	區別點	普通合夥企業	有限合夥企業
1	合夥人性質	均為普通合夥人	至少有 1 名為普通合夥人
2	合夥人人數	2 人以上	2~50 人
3	出資形式	各種形式的出資均可	不能以勞務出資
4	名稱字樣	必須標明「普通合夥」字樣	必須標明「有限合夥」字樣
5	合夥人責任	均承擔無限連帶責任	有限合夥人承擔有限責任
6	企業事務執行	全體合夥人享有同等的權利，共同執行合夥事務	由普通合夥人執行，有限合夥人不能執行
7	企業利潤分配	不得分配給部分合夥人	原則上不得將全部利潤分配給部分合夥人，若另有約定的遵從約定
8	合夥人行為約束	禁止同本企業競爭、交易和將企業中的財產份額出質	可以同本企業競爭、交易和將企業中的財產份額出質，若另有約定的遵從約定
9	財產份額轉讓	對內轉讓須通知其他合夥人，對外轉讓應得到全體合夥人的一致同意	依照約定轉讓，不必經全體合夥人一致同意，但對外轉讓應當提前 30 日通知其他合夥人
10	入伙	對入伙前的企業債務承擔無限連帶責任	有限合夥人對入伙前的債務以出資額為限承擔責任
11	退伙	對退伙前的企業債務承擔無限連帶責任	有限合夥人對退伙前的企業債務以其退伙時從企業中取回的財產承擔責任
12	合夥人死亡或終止	繼承人當然取得財產份額，但合夥人資格須得到全體合夥人的一致同意	有限合夥人的繼承人可以取得財產份額和合夥人資格，沒有限制

資料卡 2.4

世界各國對有限合夥的規定②

在美國，有限合夥是一種較為廣泛採納的營業組織形式，其概念首先見於 1822 年紐約州的一個法律。一般而言，凡普通合夥可以從事的營業，有限合夥都可以從事，除非成文法有明確規定。1916 年美國統一州法委員會通過了《統一有限合夥法》，現已為大多數州採納。在一般法律規定上，有限合夥企業包括：有限合夥的名稱、性質、地址、合夥人姓名及住所地、合夥人責任、合夥存續條件、資金額、利潤分配方法等應由合夥人宣誓確認；同時，有限合夥人的出資必須是現款和財產，不得以勞務為出資；有限合夥人不參與有限合夥企業的經營管理，只是按照出資額分享利潤，承擔虧損。在美國，有限合夥的合夥人不局限於自然人，承擔有限責任的公司大陸法系概念中的「法人」也可以參與合夥。

---

① 資料來源：劉大洪. 經濟法 [M]. 北京：機械工業出版社，2013：54.
② 資料來源：http://www.maxlaw.cn/z/20170221/864040831799.shtml.

英國於 1907 年專門制訂了《有限合夥法》，從而在法律上確立了有限合夥這一企業法律形式。其有限合夥人是指不參加合夥業務經營管理，只對自己出資部分負有限責任的合夥人，其對合夥企業的債務，僅以出資額為限負有限責任。為了鞏固有限合夥的基礎，英國《有限合夥法》特別重視註冊登記的作用，並強調貿易部對有限合夥的管制。英國的有限合夥人不受競業禁止義務的限制，其名稱不得列入商號，有限合夥人的死亡、破產也不影響有限合夥企業的存在。其餘的規定，大體同於美國，而對於法人是否能成為合夥人，法律似乎並未明顯規定。

在大陸法系的法國，其有限合夥企業是以兩合公司的形式出現的，法律賦予這種企業組織形式以法人資格。《法國商事公司法》第二十三條規定：「簡單兩合公司的無限責任股東具有合股公司股東的地位。有限責任股東只以其出資額為限對公司債務承擔責任。有限責任股東不得以技藝出資」。《法國商事公司法》第二十八條規定：「有限責任股東不得從事任何對外的經營活動，即使根據一項委託，也不得從事此類活動。」

《德國商法典》第二章第一百六十一條也規定了兩合公司的概念，即指具有以共同的商號經營營業的目的，在股東中的一個或數人對公司債權人的責任限於一定的財產出資的數額（有限責任股東），而股東中其他人（無限責任股東）的責任不受限制的公司。但與法國規定不同的是，德國的兩合公司不具有法人資格，其本質上就是有限合夥。在「法律交往中，它作為一個商事經營企業，可以享有很大的法律上的獨立性，可以在自己的商號下獨立享有權利、承擔義務，可以獨立參與法律訴訟活動」，其債務清償仍是分為有限股東債務之清償和無限股東債務之清償，只有無限股東才承擔債務清償之無限責任。

《日本商法》第三章第一百四十六條至一百六十四條中也規定了兩合公司，其要求公司章程中記明股東所負的責任（第一百四十九條），同樣規定「有限責任股東只能以金錢或其他財產作為其出資標的」（第一百五十條）且「有限責任股東不得執行公司業務或代表公司」。又有將日本商法上的「兩合公司」譯作「合資公司」的，「『合資公司』是由無限責任社員和有限責任社員組成的公司，即在無限責任社員經營的事業中，有限責任社員提供資本，並參與該事業產生的利益分配這樣一種企業形態。各社員的責任是有限還是無限，必須在章程中記載並登記。」在日本，合名公司（無限公司）和合資公司由於重視社員的個性，而被稱為人合公司；股份公司和有限責任公司相反，它們以財產為中心，因此被稱為物合公司。「日本法律雖然把所有的公司都作為法人，但也有的國家把人合公司不看作法人。」可見，在日本，兩合公司（合資公司）是有法人資格的。

三、合夥企業解散、清算

（一）合夥企業解散

根據《合夥企業法》第八十五條規定，企業有下列情形之一的，應當解散：①合夥期限屆滿，合夥人決定不再經營；②合夥協議約定的解散事由出現；③全體合夥人決定解散；④合夥人已不具備法定人數滿 30 天；⑤合夥協議約定的合夥目的已經實現或者無法實現；⑥依法被吊銷營業執照、責令關閉或者被撤銷；⑦法律、行政法規規定的其他原因。

(二) 合夥企業的清算

1. 清算人組成

合夥企業解散，應當由清算人進行清算。清算人由全體合夥人擔任；經全體合夥人過半數同意，可以自合夥企業解散事由出現後 15 日內指定一個或者數個合夥人，或者委託第三人，擔任清算人。自合夥企業解散事由出現之日起 15 日內未確定清算人的，合夥人或者其他利害關係人可以申請人民法院指定清算人。

清算人自被確定之日起 10 日內將合夥企業解散事項通知債權人，並於 60 日內在報紙上公告。債權人應當自接到通知書之日起 30 日內，未接到通知書的自公告之日起 45 日內，向清算人申報債權。債權人申報債權，應當說明債權的有關事項，並提供證明材料。清算人應當對債權進行登記。清算期間，合夥企業存續，但不得開展與清算無關的經營活動。

2. 清算人的執行事務

根據《合夥企業法》第八十七條規定，清算人在清算期間執行下列事務：①清理合夥企業財產，分別編製資產負債表和財產清單；②處理與清算有關的合夥企業未了結事務；③清繳所欠稅款；④清理債權、債務；⑤處理合夥企業清償債務後的剩餘財產；⑥代表合夥企業參加訴訟或者仲裁活動。

3. 清算順利

合夥企業財產在支付清算費用後，按下列順序清償：①合夥企業所欠職工工資、社會保險費用、法定補償金；②合夥企業所欠稅款；③合夥企業的債務。合夥企業財產按上述順序清償後仍有剩餘的，按照合夥人約定或法律規定的各合夥人的利潤分配比例分配。

清算結束，清算人應當編製清算報告，經全體合夥人簽名、蓋章後，在 15 日內向企業登記機關報送清算報告，申請辦理合夥企業註銷登記。合夥企業註銷後，原普通合夥人對合夥企業存續期間的債務仍應承擔無限連帶責任。

需要指出的是，合夥企業不能清償到期債務的，債權人可以依法向人民法院提出破產清算申請，也可以要求普通合夥人清償。合夥企業依法被宣告破產的，普通合夥人對合夥企業債務仍應承擔無限連帶責任。

案例 2.1

合夥人被強制除名案[1]

案情：某年，孫某弟兄倆各出資 5 萬元，萬某出資 10 萬元合夥開辦了一食品超市，商議具體業務由孫某弟兄倆負責。經營 1 年多後，該超市贏利 10 萬元，按照當時的合夥協議，萬某分得了 5 萬元的紅利，孫某弟兄倆則一人分得 2.5 萬元。弟兄倆見該超市利潤豐厚，便以「萬某不會經營」為借口，將萬某的資金從超市退出，退給萬某，並強制將萬某從該超市除名，不讓萬某到超市上班。

萬某多次找孫某弟兄倆質問，均無結果。於是他決定到法院起訴孫某弟兄倆，可孫某弟兄倆卻認為，合夥企業是三人自己的事，萬某到法院起訴，是瞎子點燈白費蠟。他們說的對嗎？法院能受理此案嗎？

---

[1] 資料來源：http://china.findlaw.cn/gongsifalv/hehuojiameng/grhhqy/47756.html。

評析：《合夥企業法》第四十九條規定：「合夥人有下列情形之一的，經其他合夥人一致同意，可以決議將其除名：①未履行出資義務；②因故意或者重大過失給合夥企業造成損失；③執行合夥企業事務時有不正當行為；④合夥協議約定的其他事由。對合夥人的除名決議應當書面通知被除名人。被除名人自接到除名通知之日起，除名生效，被除名人退夥。被除名人對除名決議有異議的，可以在接到除名通知之日起30日內，向人民法院起訴。」

從本案看，萬某被孫某弟兄俩除名，顯然違反了上述規定的情形，其理由：一是萬某並沒有出現上述規定被除名的行為；二是孫某弟兄俩將萬某除名，沒有用書面形式通知萬某；三是孫某弟兄俩見合夥超市利潤可觀，就以萬某不會經營為借口，將萬某的資金退出，並強制將萬某除名，並不讓其到超市上班，引起萬某不服。因此，萬某完全可以依法向人民法院提起訴訟，請求人民法院確認該除名無效，以保護自己的合法權益。

第三節　個人獨資企業法

一、概述

（一）個人獨資企業的概念和特徵

1. 個人獨資企業的概念

個人獨資企業，是指依法在中國境內設立，由一個自然人投資，財產為投資人個人所有，投資人以其個人財產對企業債務承擔無限責任的經營實體。

2. 個人獨資企業的特徵

個人獨資企業的判斷標準在各國大致相同。基本上也都不承認其具有法人資格，對企業債務應承擔無限責任。在中國，個人獨資企業具有以下基本特徵：

（1）個人獨資企業是由一個自然人出資設立的企業。在中國，個人獨資企業的投資人還應是具有中國國籍的自然人。

（2）個人獨資企業不具有法人資格。個人獨資企業即使具有一定的規模，有內部組織機構，也只是非法人組織。這是個人獨資企業區別於一人公司的顯著特徵。

（3）個人獨資企業的投資者對企業債務承擔無限責任。投資者以個人財產出資的，以投資者個人的財產對企業債務承擔無限責任。需要注意的是，投資者若以其家庭共有財產作為個人出資的，應當依法以家庭共有財產對企業債務承擔無限責任。

（4）個人獨資企業是一種個人所有的企業。個人獨資企業的財產為投資者一人所有，投資者對企業的財產享有完全的所有權，其有關權利可以依法進行轉讓或繼承。

3. 與個體工商戶的區別

個人獨資企業與個體工商戶的相同之處是兩者的投資人數均為一人，投入的財產及由此所產生的收益均歸投資者個人所有，均承擔無限責任。

兩者的區別也是明顯的，具體體現為：

（1）成立的法律依據不同。前者是依據《中華人民共和國個人獨資企業法》成立和規範運行的，後者是依據《城鄉個體工商戶管理暫行條例》成立和規範運行的。

（2）成立的條件不同。前者必須具有合法的企業名稱，具有固定的生產經營場所和必要的生產經營條件及從業人員。而後者是否採用字號名稱，完全由經營者自行決定，法律、法規無特別要求。對經營場所和從業人員也無前述限制，從事客貨運輸、販運以及擺攤設點、流動服務的個體工商戶無須固定的經營場所。

（3）享有的權利不同。前者享有企業名稱專用權，可以設立分支機構，可以自行管理企業事務，也可以委託或者聘用其他具有民事行為能力的人負責企業事務的管理。而後者的字號名稱一般不能轉讓，也不能設立分支機構，投資人必須親自從事經營活動。

另外，兩者在繳納稅費、清算程序、承擔民事責任的時效期間等方面均有不同。

(二) 個人獨資企業的立法

為了規範個人獨資企業的行為，保護個人獨資企業投資人和債權人的合法權益，維護社會經濟秩序，促進社會主義市場經濟的發展，第九屆全國人大第十一次會議於1999年8月30日通過了《中華人民共和國個人獨資企業法》（以下簡稱《個人獨資企業法》），並於2000年1月1日起施行。

二、個人獨資企業的設立

(一) 個人獨資企業的設立條件

根據《個人獨資企業法》的規定，設立個人獨資企業應當具備下列5個條件：

1. 投資人為一個自然人

在中國，個人獨資企業的投資人只能是具有完全民事行為能力的中國公民，並且法律、行政法規禁止從事營利性活動的人，不得作為投資人申請設立個人獨資企業。根據中國有關法律、行政法規規定，國家公務員、黨政機關領導幹部、警官、法官、檢察官、商業銀行工作人員等人員，不得作為投資人申請設立個人獨資企業。

2. 有合法的企業名稱

個人獨資企業的名稱中不得使用「有限」「有限責任」或者「股份有限」等字樣。

3. 有投資人申報的出資

《個人獨資企業法》對設立個人獨資企業的出資沒有數額限制。設立個人獨資企業可以用貨幣出資，也可以用實物、土地使用權、知識產權或者其他財產權利出資。若以家庭共有財產作為個人出資的，應當在設立申請中予以註明。

4. 有固定的生產經營場所和必要的生產經營條件

個人獨資企業以其主要辦事機構所在地為住所。

5. 有必要的從業人員

個人獨資企業要有必要的從業人員。

(二) 個人獨資企業的設立程序

1. 申請

申請設立個人獨資企業，投資人或者其委託的代理人應該向個人獨資企業所在地的登記機關提交設立申請書、投資人身分證明、生產經營場所使用證明等文件。委託代理人申請設立登記時，應當出具投資人的委託書和代理人的合法證明。

個人獨資企業設立申請書應當載明：企業的名稱和住所、投資人的姓名和居所、投資人的出資額和出資方式、經營範圍。個人獨資企業從事法律、行政法規規定須報

經有關部門審批的業務，應當在申請設立登記時提交有關部門的批准文件。

2. 工商登記

登記機關應當在收到設立申請文件之日起 15 日內，對符合條件的，予以登記，發給營業執照；對不符合條件的，不予登記，並應當給予書面答復，說明理由。個人獨資企業設立分支機構，應當由投資人或者其委託的代理人向分支機構所在地的登記機關申請登記，領取營業執照。分支機構經核准登記後，應將登記情況報該分支機構隸屬的個人獨資企業的登記機關備案。分支機構的民事責任由設立該分支機構的個人獨資企業承擔。

個人獨資企業的營業執照的簽發日期，為個人獨資企業的成立日期。在領取個人獨資企業營業執照前，投資人不得以個人獨資企業名義從事經營活動。個人獨資企業存續期間登記事項發生變更的，應當在做出變更決定之日起 15 日內依法向登記機關申請辦理變更登記。

三、個人獨資企業的事務管理

個人獨資企業在管理上採取靈活的方式，既可自行管理，也可以委託或者聘用其他具有民事行為能力的人管理。

1. 投資人自行管理

個人獨資企業投資人可以自行管理企業事務。

2. 委託或者聘用他人管理

投資人委託或者聘用他人管理個人獨資企業事務，應當與受託人或者被聘用的人簽訂書面合同，明確委託的具體內容和授予的權利範圍。投資人對受託人或者被聘用的人員職權的限制，不得對抗善意的第三人。

受託人或者被聘用的人員應當履行誠信、勤勉義務，按照與投資人簽訂的合同負責個人獨資企業的事務管理。投資人委託或者聘用的人員管理個人獨資企業事物時違反雙方訂立的合同，給投資人造成損害的，承擔民事賠償責任。

為充分保護投資人的合法權益，《個人獨資企業法》第二十條規定：投資人委託或者聘用的管理個人獨資企業事務的人員不得有下列行為：①利用職務上的便利，索取或者收受賄賂；②利用職務或者工作上的便利侵占企業財產；③挪用企業的資金歸個人使用或者借貸給他人；④擅自將企業資金以個人名義或者以他人名義開立帳戶儲存；⑤擅自以企業財產提供擔保；⑥未經投資人同意，從事與本企業相競爭的業務；⑦未經投資人同意，同本企業訂立合同或者進行交易；⑧未經投資人同意，擅自將企業商標或者其他知識產權轉讓給他人使用；⑨洩露本企業的商業秘密；⑩法律、行政法規禁止的其他行為。

溫故知新

某個人獨資企業的投資人甲聘用乙作為企業經理，下列所述乙的行為中為法律所禁止的是（　　）。

A. 乙將企業的 20 萬元資金借給自己的同學丙

B. 某日，甲外出，甲的好友丁來求助該企業為其貸款提供擔保，乙認為丁是甲的好友，未向甲請示就以企業財產為劉某提供了擔保

C. 乙認為企業獲取的一項專利一直未能實施給企業造成了損失，遂說服甲同意將其轉讓給戊，後來戊實施該專利，獲利頗豐

D. 乙將企業資金 20 萬元用於個人炒股，在股市上獲利後，立即歸還給企業

【參考答案】：ABD

四、個人獨資企業的權利、義務

（一）個人獨資企業的權利

（1）個人獨資企業可以依法申請貸款、取得土地使用權，並享有法律、行政法規規定的其他權利。

（2）任何單位和個人不得違反法律、行政法規的規定，以任何方式強制個人獨資企業提供財力、物力、人力；對違法強制提供財力、物力、人力的行為，個人獨資企業有權拒絕。

（二）個人獨資企業的義務

（1）個人獨資企業應當依法設置會計帳簿，進行會計核算。

（2）個人獨資企業職工依法建立工會，工會依法開展活動。

（3）個人獨資企業招用職工的，應當依法與職工簽訂勞動合同，保障職工的勞動安全，按時、足額發放職工工資。個人獨資企業應當按照國家規定參加社會保險，為職工繳納社會保險費。

個人獨資企業違反法律規定，侵犯職工合法權益，未保障職工勞動安全，不繳納社會保險費用的，按照有關法律、行政法規予以處罰，並追究有關責任人員的責任。

五、個人獨資企業的解散和清算

（一）解散

根據《個人獨資企業法》第二十六條規定，個人獨資企業有下列情形之一時，應當解散：①投資人決定解散；②投資人死亡或者被宣告死亡，無繼承人或者繼承人決定放棄繼承；③被依法吊銷營業執照；④法律、行政法規規定的其他情形。

（二）清算

個人獨資企業解散，由投資人自行清算或者由債權人申請人民法院指定清算人進行清算。投資人自行清算的，應當在清算前 15 日內書面通知債權人，無法通知的，應當予以公告。債權人應當在接到通知之日起 30 日內，未接到通知的應當在公告之日起 60 日內，向投資人申報其債權。

個人獨資企業解散後，原投資人對個人獨資企業存續期間的債務仍應承擔償還責任，但債權人在 5 年內未向債務人提出清償請求的，該責任消滅。該期間為除斥期間。

個人獨資企業解散的，財產應當按照下列順序清償：①所欠職工工資和社會保險費用；②所欠稅款；③其他債務。

清算期間，個人獨資企業不得開展與清算目的無關的經營活動。在清償債務前，投資人不得轉移、隱匿財產。個人獨資企業財產不足以清償債務的，投資人應當以其個人的其他財產予以清償。

個人獨資企業清算結束後，投資人或者人民法院指定的清算人應當編製清算報告，並於 15 日內到登記機關辦理註銷登記。

本章思考

1. 理解下列重要術語：
   法人　企業　合夥企業　個人獨資企業　合夥人的競業禁止義務
2. 簡述合夥企業的設立條件。
3. 簡述有限合夥企業與普通合夥企業在責任承擔上的區別。
4. 簡述個人獨資企業的設立條件。
5. 比較個人獨資企業與個體工商戶的異同。
6. 比較合夥企業與個人獨資企業在責任承擔上的異同。

第三章

外商投資法

■本章要點

1. 外商投資的含義
2. 中國外商投資的立法現狀
3. 外商投資促進的基本原則
4. 外商投資保護的基本規則
5. 外商投資管理的基本規則

第一節　概述

一、外商投資的含義

外商投資，是指外國的自然人、企業或者其他組織（以下稱「外國投資者」）直接或者間接在中國境內進行的投資活動，包括下列情形：①外國投資者單獨或者與其他投資者共同在中國境內設立外商投資企業；②外國投資者取得中國境內企業的股份、股權、財產份額或者其他類似權益；③外國投資者單獨或者與其他投資者共同在中國境內投資新建項目；④法律、行政法規或者國務院規定的其他方式的投資。這裡的其他投資者包括中國自然人。

二、外商投資企業法概念

外商投資企業，是指全部或者部分由外國投資者投資，依照中國法律在中國境內經登記註冊設立的企業。

外商投資企業法是調整外商投資企業在設立、終止、延長及其生產經營活動過程中所發生的各種經濟關係的法律規範的總稱。根據中國憲法和相關法律的規定，中國

投資者包括中國的企業或者其他經濟組織，外國投資者包括外國的企業、其他經濟組織和個人。

三、外商投資的立法

自改革開放以來，中國有關外商投資的立法經歷了一系列歷史性變更，逐步形成了一個具有中國特色的外商投資法律體系。

1979 年 7 月 1 日，第五屆全國人民代表大會第二次會議通過了《中華人民共和國中外合資經營企業法》，中國自此有了第一部外商投資企業法律。1986 年 4 月 12 日，第六屆全國人民代表大會第四次會議通過了《中華人民共和國外資企業法》。1988 年 4 月 13 日，第七屆全國人民代表大會第一次會議通過了《中華人民共和國中外合作經營企業法》。這三部外商投資企業法成為當時規範中國外商投資企業活動的支柱法律，常被統稱為「外資三法」。

2019 年 3 月 15 日，第十三屆全國人大第二次會議表決通過了《中華人民共和國外商投資法》(以下簡稱《外商投資法》)，該法自 2020 年 1 月 1 日起施行，之前實施的「外資三法」被同時廢止。《外商投資法》的頒布意味著統一的外商投資基本法終於問世，它重構了中國外資企業的基礎性法律。

外商投資法施行前依照「外資三法」設立的外商投資企業，在外商投資法施行後 5 年內，可以依照《中華人民共和國公司法》《中華人民共和國合夥企業法》等法律的規定調整其組織形式、組織機構等，並依法辦理變更登記，也可以繼續保留原企業組織形式、組織機構等。自 2025 年 1 月 1 日起，對未依法調整組織形式、組織機構等並辦理變更登記的現有外商投資企業，市場監督管理部門不予辦理其申請的其他登記事項，並將相關情形予以公示。

資料卡 3.1

《外商投資法》的立法特色與創新[①]

相較於「外資三法」，《外商投資法》的特色與創新主要體現在以下四個方面：

1. 從企業組織法轉型為投資行為法

「外資三法」出抬時的歷史背景和立法理念決定了其基本上是企業組織法，主要規制外商投資企業的組織形式和設立變更。這一方面導致外資三法的相關規定與後來制定的《公司法》《合夥企業法》等一般性企業組織法存在大量重複和局部衝突（例如《中外合資經營企業法》規定合營企業不設股東會，董事會為最高權力機構），另一方面則使得「外資三法」難以專注於處理與外商投資行為直接相關的特色性問題。

《外商投資法》以投資行為為著眼點和依歸。《外商投資法》第三十一條明確規定：「外商投資企業的組織形式、組織機構及其從企業組織法轉型為投資行為法活動準則，適用《中華人民共和國公司法》《中華人民共和國合夥企業法》等法律的規定。」換言之，《外商投資法》將外商投資所涉及的企業組織形式方面的內容交由上述法律制度去統一調整和規範，自身則集中於與外商投資行為直接相關的特色性內容，包括外資界定、外資准入、外資保護、外資審查等。這符合國際通行的立法模式。

進而言之，這一轉變還意味著主管部門不再對外商投資企業進行有別於內資企業

[①] 資料來源：廖凡.《外商投資法》的四個特色和創新［N］. 經濟參考報，2019-03-20.

的概括式管理，而是以內外資企業相同對待為原則，外商投資企業在企業組織和營運方面同內資企業一樣貫徹公司自治、企業自治，淡化行政審批色彩，在企業設立、股權轉讓、變更終止等方面賦予中外經營者更多契約自由和更大的自主權。與此同時，《外商投資法》設置了5年的過渡期，具體實施辦法由國務院另行規定。這有助於保持制度的穩定性和連續性，保護投資者的合理預期。

2. 強調對外商投資的促進與保護

與「外資三法」側重於管理不同，《外商投資法》更為強調對外商投資的促進與保護。一方面，從法律條款數量上看，關於投資促進和投資保護的條款數量遠遠超過投資管理部分。另一方面，《外商投資法》的一些具體規定，也體現出較以往更強的保護力度和更高的保護水準。例如，第二十六條規定：「國家對外國投資者的投資不實行徵收。在特殊情況下，國家為了公共利益的需要，可以依照法律規定對外國投資者的投資實行徵收或者徵用。徵收、徵用應當依照法定程序進行，並及時給予公平、合理的補償。」第二十七條規定「外商投資企業可以依法成立和自願參加商會、協會」等，都充分彰顯了《外商投資法》促進和保護外商投資的力度和決心。

3. 全面落實國民待遇原則

在「外資三法」時代的大多數時期，外商投資和外國投資者所享有的國民待遇僅限於准入後。就市場准入本身而言，外國投資者並不享有國民待遇，而是同中國投資者區別對待的，在中國投資就要經過專門的申請和審批程序，亦即所謂「外商投資審批」。從2013年起，中國在上海自由貿易試驗區試行「准入前國民待遇加負面清單」的投資准入管理模式，自投資准入階段起就給予外國投資者國民待遇。2018年6月，中國推出了全國版外商投資負面清單，將自貿試驗區的成功經驗正式推廣到全國。

在此基礎上，《外商投資法》以法律形式進一步加以確認。第四條明確規定：「國家對外商投資實行准入前國民待遇加負面清單管理制度。前款所稱准入前國民待遇，是指在投資准入階段給予外國投資者及其投資不低於本國投資者及其投資的待遇；所稱負面清單，是指國家規定在特定領域對外商投資實施的准入特別管理措施。國家對負面清單之外的外商投資，給予國民待遇。」至此，中國正式實現了與國際通行的外商投資准入管理模式的接軌。

《外商投資法》還通過多個條款確保和強化准入後國民待遇，落實內外資一視同仁的基本原則。例如，第九條規定「外商投資企業依法平等適用國家支持企業發展的各項政策」等。

4. 更加周延地覆蓋外商投資實踐

「外資三法」僅涉及新設投資亦即設立外商投資企業這種外商投資形式，對跨國併購未予規定，對通過協議控制等方式進行的間接投資也未涉及。實踐中，主要通過其他部門規章和司法解釋的方式，對相關實踐予以規範。此外，對反壟斷審查、國家安全審查等涉及外商投資行為的特色性問題，外資三法也未予涉及，從而不能在立法層面周延地覆蓋外商投資實踐。

《外商投資法》將現在已有和將來可能的各種外商投資形式都涵蓋在內，實現了立法的周延覆蓋。同時，第三十三條規定外國投資者併購中國境內企業或者以其他方式參與經營者集中的，應當依照中國反壟斷法的規定接受經營者集中審查；第三十五條規定國家建立外商投資安全審查制度，對影響或者可能影響國家安全的外商投資進行安全審查。這就在立法層面實現了與反壟斷審查和國家安全審查制度的銜接，對外商投資實踐予以更加周延的覆蓋。

第二節　外商投資法基本法律制度

一、外商投資的基本原則

外商投資法的制定是為了進一步擴大對外開放，積極促進外商投資，保護外商投資合法權益，規範外商投資管理，推動形成全面開放新格局，促進社會主義市場經濟健康發展。

1. 堅持對外開放的基本國策，鼓勵外國投資者依法投資

國家實行高水準投資自由化便利化政策，建立和完善外商投資促進機制，營造穩定、透明、可預期和公平競爭的市場環境。

2. 實行准入前國民待遇加負面清單管理制度

這裡所稱准入前國民待遇，是指在投資准入階段給予外國投資者及其投資不低於本國投資者及其投資的待遇；所稱負面清單，是指國家規定在特定領域對外商投資實施的准入特別管理措施。國家對負面清單之外的外商投資，給予國民待遇。准入負面清單由國務院投資主管部門會同國務院商務主管部門等有關部門提出，報國務院發布或者報國務院批准後由國務院投資主管部門、商務主管部門發布。國家根據進一步擴大對外開放和經濟社會發展需要，適時調整負面清單。中華人民共和國締結或者參加的國際條約、協定對外國投資者准入待遇有更優惠規定的，可以按照相關規定執行。

溫故知新

《外商投資法》規定，國家對外商投資實行准入前國民待遇加負面清單管理制度。下列各項中有權發布負面清單的是（　　）。

A. 國務院及其所屬部委
B. 國務院辦公廳
C. 國務院
D. 中共中央辦公廳

【參考答案】：A

3. 依法保護外國投資者在中國境內的投資、收益和其他合法權益

在中國境內進行投資活動的外國投資者、外商投資企業，應當遵守中國法律法規，不得危害中國國家安全、損害社會公共利益。

二、外商投資的行政主管

國務院商務主管部門、投資主管部門按照職責分工，開展外商投資促進、保護和管理工作；國務院其他有關部門在各自職責範圍內，負責外商投資促進、保護和管理的相關工作。以上部門應按照職責分工，密切配合、相互協作，共同做好外商投資促進、保護和管理工作。

縣級以上地方人民政府應當加強對外商投資促進、保護和管理工作的組織領導，支持、督促有關部門依照法律法規和職責分工開展外商投資促進、保護和管理工作，

及時協調、解決外商投資促進、保護和管理工作中的重大問題。

三、外商投資的促進

1. 平等適用國家支持企業發展的各項政策

一方面，政府及其有關部門在政府資金安排、土地供應、稅費減免、資質許可、標準制定、項目申報、人力資源政策等方面，應當依法平等對待外商投資企業和內資企業。另一方面，對政策實施中需要由企業申請辦理的事項，政府及其有關部門應當公開申請辦理的條件、流程、時限等，並在審核中依法平等對待外商投資企業和內資企業。

2. 採取適當方式徵求外商投資企業的意見和建議

制定與外商投資有關的行政法規、規章、規範性文件，或者政府及其有關部門起草與外商投資有關的法律、地方性法規，應當根據實際情況，採取書面徵求意見以及召開座談會、論證會、聽證會等多種形式，聽取外商投資企業和有關商會、協會等方面的意見和建議；對反應集中或者涉及外商投資企業重大權利義務問題的意見和建議，應當通過適當方式反饋採納的情況。

3. 及時公布與外商投資有關的規範性文件、裁判文書

與外商投資有關的規範性文件應當依法及時公布，未經公布的不得作為行政管理依據。與外商投資企業生產經營活動密切相關的規範性文件，應當結合實際，合理確定公布到施行之間的時間。

4. 建立健全外商投資服務體系

各級人民政府應當按照政府主導、多方參與的原則，建立健全外商投資服務體系，不斷提升外商投資服務能力和水準。政府及其有關部門應當通過政府網站、全國一體化在線政務服務平臺集中列明有關外商投資的法律、法規、規章、規範性文件、政策措施和投資項目信息，並通過多種途徑和方式加強宣傳、解讀，為外國投資者和外商投資企業提供法律法規、政策措施、投資項目信息等方面的諮詢、指導等服務。

5. 加強投資領域的國際交流與合作

國家與其他國家和地區、國際組織建立雙邊、多邊投資促進合作機制，從而加強國際交流與合作。

6. 實行外商投資試驗性政策措施

國家根據需要，設立特殊經濟區域，或者在部分地區實行外商投資試驗性政策措施，促進外商投資，擴大對外開放。這裡的特殊經濟區域，是指經國家批准設立、實行更大力度的對外開放政策措施的特定區域。國家在部分地區實行的外商投資試驗性政策措施，經實踐證明可行的，根據實際情況在其他地區或者全國範圍內推廣。

7. 鼓勵和引導外國投資者在特定行業、領域、地區投資並享受優惠待遇

國家根據國民經濟和社會發展需要，制定鼓勵外商投資產業目錄，列明鼓勵和引導外國投資者投資的特定行業、領域、地區。鼓勵外商投資產業目錄由國務院投資主管部門會同國務院商務主管部門等有關部門擬訂，報國務院批准後由國務院投資主管部門、商務主管部門發布。

外國投資者、外商投資企業可以依照法律、行政法規或者國務院的規定，享受財政、稅收、金融、用地等方面的優惠待遇。外國投資者以其在中國境內的投資收益在

中國境內擴大投資的，依法享受相應的優惠待遇。

8. 保障平等參與標準制定工作，強化標準制定的信息公開和社會監督

外商投資企業依法和內資企業平等參與國家標準、行業標準、地方標準和團體標準的制定、修訂工作。外商投資企業可以根據需要自行制定或者與其他企業聯合制定企業標準。外商投資企業可以向標準化行政主管部門和有關行政主管部門提出標準的立項建議，在標準立項、起草、技術審查以及標準實施信息反饋、評估等過程中提出意見和建議，並按照規定承擔標準起草、技術審查的相關工作以及標準的外文翻譯工作。標準化行政主管部門和有關行政主管部門應當建立健全相關工作機制，提高標準制定、修訂的透明度，推進標準制定、修訂全過程信息公開。

國家制定的強制性標準對外商投資企業和內資企業平等適用，不得專門針對外商投資企業適用高於強制性標準的技術要求。

9. 保障依法通過公平競爭參與政府採購活動

政府採購依法對外商投資企業在中國境內生產的產品、提供的服務平等對待。政府及其有關部門不得阻撓和限制外商投資企業自由進入本地區和本行業的政府採購市場。

政府採購的採購人、採購代理機構不得在政府採購信息發布、供應商條件確定和資格審查、評標標準等方面，對外商投資企業實行差別待遇或者歧視待遇，不得以所有制形式、組織形式、股權結構、投資者國別、產品或者服務品牌以及其他不合理的條件對供應商予以限定，不得對外商投資企業在中國境內生產的產品、提供的服務和內資企業區別對待。

外商投資企業可以依照《中華人民共和國政府採購法》及其實施條例的規定，就政府採購活動事項向採購人、採購代理機構提出詢問、質疑，向政府採購監督管理部門投訴。採購人、採購代理機構、政府採購監督管理部門應當在規定的時限內做出答復或者處理決定。

政府採購監督管理部門和其他有關部門應當加強對政府採購活動的監督檢查，依法糾正和查處對外商投資企業實行差別待遇或者歧視待遇等違法違規行為。

10. 允許通過合法方式進行融資

外商投資企業可以依法在中國境內或者境外通過公開發行股票、公司債券等證券，以及公開或者非公開發行其他融資工具、借用外債等方式進行融資。

11. 地方政府可以制定外商投資促進和便利化政策措施

縣級以上地方人民政府可以根據法律、行政法規、地方性法規的規定，在法定權限內制定費用減免、用地指標保障、公共服務提供等方面的外商投資促進和便利化政策措施。

縣級以上地方人民政府制定外商投資促進和便利化政策措施，應當以推動高質量發展為導向，這有利於提高經濟效益、社會效益、生態效益，也有利於持續優化外商投資環境。

12. 進一步提高外商投資服務水準

各級人民政府及其有關部門應當按照便利、高效、透明的原則，簡化辦事程序，提高辦事效率，優化政務服務，進一步提高外商投資服務水準。

有關主管部門應當編製和公布外商投資指引，為外國投資者和外商投資企業提供

服務和便利。外商投資指引應當包括投資環境介紹、外商投資辦事指南、投資項目信息以及相關數據信息等內容，並及時更新。

四、外商投資的保護

1. 原則上不徵收對外國投資者的投資

在特殊情況下，國家為了公共利益的需要，可以依照法律規定對外國投資者的投資實行徵收或者徵用。徵收、徵用應當依照法定程序、以非歧視性的方式進行，並按照被徵收投資的市場價值及時給予公平、合理的補償。外國投資者對徵收決定不服的，可以依法申請行政復議或者提起行政訴訟。

2. 保護相關所得自由匯入、匯出

外國投資者在中國境內的出資、利潤、資本收益、資產處置所得、知識產權許可使用費、依法獲得的補償或者賠償、清算所得等，可以依法以人民幣或者外匯自由匯入、匯出。任何單位和個人不得違法對幣種、數額以及匯入、匯出的頻次等進行限制。外商投資企業的外籍職工和中國香港、澳門、臺灣地區職工的工資收入和其他合法收入，可以依法自由匯出。

3. 保護外國投資者和外商投資企業的知識產權

國家保護知識產權權利人和相關權利人的合法權益；對知識產權侵權行為，嚴格依法追究法律責任。國家鼓勵在外商投資過程中基於自願原則和商業規則開展技術合作。技術合作的條件由投資各方遵循公平原則平等協商確定。

行政機關（法律、法規授權的具有管理公共事務職能的組織）及其工作人員不得利用實施行政許可、行政檢查、行政處罰、行政強制以及其他行政手段，強制或者變相強制外國投資者、外商投資企業轉讓技術。

國家加大對知識產權侵權行為的懲處力度，持續強化知識產權執法，推動建立知識產權快速協同保護機制，健全知識產權糾紛多元化解決機制，平等保護外國投資者和外商投資企業的知識產權。標準制定中涉及外國投資者和外商投資企業專利的，應當按照標準涉及專利的有關管理規定辦理。

4. 保守商業秘密

行政機關及其工作人員對履行職責過程中知悉的外國投資者、外商投資企業的商業秘密，應當依法予以保密，不得洩露或者非法向他人提供。

行政機關依法履行職責，確需外國投資者、外商投資企業提供涉及商業秘密的材料、信息的，應當限定在履行職責所必需的範圍內，並嚴格控制知悉範圍，與履行職責無關的人員不得接觸有關材料、信息。

行政機關應當建立健全內部管理制度，採取有效措施保護履行職責過程中知悉的外國投資者、外商投資企業的商業秘密；依法需要與其他行政機關共享信息的，應當對信息中含有的商業秘密進行保密處理，防止洩露。

5. 制定規範性文件的合法性審查

各級人民政府及其有關部門制定涉及外商投資的規範性文件，應當符合法律法規的規定；沒有法律、行政法規依據的，不得減損外商投資企業的合法權益或者增加其義務，不得設置市場准入和退出條件，不得干預外商投資企業的正常生產經營活動。

政府及其有關部門制定涉及外商投資的規範性文件，應當按照國務院的規定進行

合法性審核。外國投資者、外商投資企業認為行政行為所依據的國務院部門和地方人民政府及其部門制定的規範性文件不合法，在依法對行政行為申請行政復議或者提起行政訴訟時，可以一併請求對該規範性文件進行審查。

6. 履行政府承諾以及合法合同

地方各級人民政府及其有關部門應當履行向外國投資者、外商投資企業依法做出的政策承諾以及依法訂立的各類合同，不得以行政區劃調整、政府換屆、機構或者職能調整以及相關責任人更替等為由違約毀約。因國家利益、社會公共利益需要改變政策承諾、合同約定的，應當依照法定權限和程序進行，並依法對外國投資者、外商投資企業因此受到的損失及時予以公平、合理的補償。

這裡所稱政策承諾，是指地方各級人民政府及其有關部門在法定權限內，就外國投資者、外商投資企業在本地區投資所適用的支持政策、享受的優惠待遇和便利條件等做出的書面承諾。政策承諾的內容應當符合法律、法規規定。

7. 建立外商投資企業投訴工作機制

縣級以上人民政府及其有關部門應當按照公開透明、高效便利的原則，建立健全外商投資企業投訴工作機制，及時處理外商投資企業或者其投資者反應的問題，協調完善相關政策措施。

國務院商務主管部門會同國務院有關部門建立外商投資企業投訴工作部際聯席會議制度，協調、推動中央層面的外商投資企業投訴工作，對地方的外商投資企業投訴工作進行指導和監督。縣級以上地方人民政府應當指定部門或者機構負責受理本地區外商投資企業或者其投資者的投訴。

國務院商務主管部門、縣級以上地方人民政府指定的部門或者機構應當完善投訴工作規則、健全投訴方式、明確投訴處理時限。投訴工作規則、投訴方式、投訴處理時限應當對外公布。

外商投資企業或者其投資者認為行政機關及其工作人員的行政行為侵犯其合法權益，通過外商投資企業投訴工作機制申請協調解決的，有關方面進行協調時可以向被申請的行政機關及其工作人員瞭解情況，被申請的行政機關及其工作人員應當予以配合。協調結果應當以書面形式及時告知申請人。

外商投資企業或者其投資者依照前款規定申請協調解決有關問題的，不影響其依法申請行政復議、提起行政訴訟。

對外商投資企業或者其投資者通過外商投資企業投訴工作機制反應或者申請協調解決問題，任何單位和個人不得壓制或者打擊報復。除外商投資企業投訴工作機制外，外商投資企業或者其投資者還可以通過其他合法途徑向政府及其有關部門反應問題。

8. 允許依法成立和參加商會、協會

外商投資企業可以依法成立商會、協會。除法律、法規另有規定外，外商投資企業有權自主決定參加或者退出商會、協會，任何單位和個人不得干預。

商會、協會應當依照法律法規和章程的規定，加強行業自律，及時反應行業訴求，為會員提供信息諮詢、宣傳培訓、市場拓展、經貿交流、權益保護、糾紛處理等方面的服務。

國家支持商會、協會依照法律法規和章程的規定開展相關活動。

五、投資管理

1. 負面清單管理

外商投資准入負面清單規定禁止投資的領域，外國投資者不得投資。負面清單規定限制投資的領域，外國投資者進行投資應當符合負面清單規定的股權要求、高級管理人員要求等限制性准入特別管理措施。

有關主管部門在依法履行職責過程中，對外國投資者擬投資負面清單內領域，但不符合負面清單規定的，不予辦理許可、企業登記註冊等相關事項；涉及固定資產投資項目核准的，不予辦理相關核准事項。

外商投資准入負面清單以外的領域，按照內外資一致的原則實施管理。

2. 行政許可管理

外國投資者在依法需要取得許可的行業、領域進行投資的，應當依法辦理相關許可手續。除法律、行政法規另有規定外，負責實施許可的有關主管部門應當按照與內資一致的條件和程序，審核外國投資者的許可申請，不得在許可條件、申請材料、審核環節、審核時限等方面對外國投資者設置歧視性要求。負責實施許可的有關主管部門應當通過多種方式，優化審批服務，提高審批效率。對符合相關條件和要求的許可事項，可以按照有關規定採取告知承諾的方式辦理。

3. 項目核准、備案管理

外商投資需要辦理投資項目核准、備案的，按照國家有關規定執行。

4. 登記註冊管理

外商投資企業的組織形式、組織機構及其活動準則，適用《中華人民共和國公司法》《中華人民共和國合夥企業法》等法律的規定。

外商投資企業的登記註冊，由國務院市場監督管理部門或者其授權的地方人民政府市場監督管理部門依法辦理。國務院市場監督管理部門應當公布其授權的市場監督管理部門名單。外商投資企業的註冊資本可以用人民幣表示，也可以用可自由兌換貨幣表示。

5. 生產經營管理

外商投資企業開展生產經營活動，應當遵守法律、行政法規有關勞動保護、社會保險的規定，依照法律、行政法規和國家有關規定辦理稅收、會計、外匯等事宜，並接受相關主管部門依法實施的監督檢查。

外國投資者併購中國境內企業或者以其他方式參與經營者集中的，應當依照《中華人民共和國反壟斷法》的規定接受經營者集中審查。

6. 投資信息報告管理

國家建立外商投資信息報告制度。外國投資者或者外商投資企業應當通過企業登記系統以及企業信用信息公示系統向商務主管部門報送投資信息。國務院商務主管部門、市場監督管理部門應當做好相關業務系統的對接和工作銜接，並為外國投資者或者外商投資企業報送投資信息提供指導。

外商投資信息報告的內容、範圍、頻次和具體流程，由國務院商務主管部門會同國務院市場監督管理部門等有關部門按照確有必要、高效便利的原則確定並公布。商務主管部門、其他有關部門應當加強信息共享，通過部門信息共享能夠獲得的投資信

息，不得再行要求外國投資者或者外商投資企業報送。

外國投資者或者外商投資企業報送的投資信息應當真實、準確、完整。

7. 投資安全管理

國家建立外商投資安全審查制度，對影響或者可能影響國家安全的外商投資進行安全審查。依法做出的安全審查決定為最終決定。

六、法律責任

外國投資者投資外商投資准入負面清單規定禁止投資的領域的，由有關主管部門責令停止投資活動，限期處分股份、資產或者採取其他必要措施，恢復到實施投資前的狀態；有違法所得的，沒收違法所得。

外國投資者的投資活動違反外商投資准入負面清單規定的限制性准入特別管理措施的，由有關主管部門責令限期改正，採取必要措施滿足准入特別管理措施的要求；逾期不改正的，依照前款規定處理。

外國投資者的投資活動違反外商投資准入負面清單規定的，除依照前兩款規定處理外，還應當依法承擔相應的法律責任。

外國投資者、外商投資企業違反本法規定，未按照外商投資信息報告制度的要求報送投資信息的，由商務主管部門責令限期改正；逾期不改正的，處十萬元以上五十萬元以下的罰款。

對外國投資者、外商投資企業違反法律、法規的行為，由有關部門依法查處，並按照國家有關規定納入信用信息系統。

行政機關工作人員在外商投資促進、保護和管理工作中濫用職權、玩忽職守、徇私舞弊的，或者洩露、非法向他人提供履行職責過程中知悉的商業秘密的，依法給予處分；構成犯罪的，依法追究刑事責任。

本章思考

1. 理解下列術語：

外商投資　　准入前國民待遇　　外商投資負面清單　　政府承諾

2. 試述中國外商投資法的立法原則。
3. 試述中國外商投資法從哪些方面體現了外商投資促進的立法思想。
4. 簡述中國外商投資法中外商保護的基本規則。
5. 簡述中國外商投資法中外商管理的基本規則。

第四章 公司法

■本章要點

1. 公司的特徵與分類
2. 有限責任公司的成立條件與組織機構
3. 一人有限責任公司的特殊規定
4. 股份有限責任公司的成立條件與組織機構
5. 公司高級管理人員的資格與義務

第一節 概述

一、公司的概念和特徵

(一) 公司的概念

《中華人民共和國公司法》（簡稱《公司法》）第三條規定：「公司是企業法人，有獨立的法人財產，享有法人財產權，公司以其全部財產對公司的債務承擔責任。」根據以上規定，我們可以給公司作如下定義：公司是依法設立，以營利為目的，由股東投資而設立的企業法人。

(二) 公司的特徵

1. 合法性

公司必須依公司法或其他相關法律規定的條件和程序設立。非法設立或貌似「公司」的組織，不僅不會受到公司法的保護，相關主體還將被追究法律責任。

2. 營利性

以營利為目的，一方面是指公司的經營目的是獲取利潤；另一方面是指經營具有

連續性，即須連續從事同一性質的經營活動，且經營範圍要固定。這一特徵使公司區別於不直接從事經營活動的國家行政機關及各類事業單位法人，也區別於一些看似從事一定的經濟活動，但不以營利為目的的其他組織，如慈善機構。

3. 法人性

公司區別於獨資企業和合夥企業的顯著特徵就是公司具有獨立的法人資格。公司是企業法人，公司財產與公司成員的個人財產相區別，公司以自己的名義依法獨立享有權利和承擔義務。

4. 集合性

公司是股東以財產進行的聯合。根據傳統公司法，公司是社團法人的一種，一般由兩個以上股東組成。各股東按照公司章程的規定，共同出資、共享利潤、共擔風險，具有明顯的集合性。雖然《公司法》中認可了「一人公司」，但這只是公司常態的例外。

(二) 公司的分類

1. 公司的學理分類

(1) 依公司的信用標準不同，可將其分為：①人合公司，是指公司的設立和經營著重於股東的個人條件，以股東個人的信用、地位和聲譽作為對外活動基礎的公司。無限公司是典型的人合公司。②資合公司，是指公司的設立和經營著重於公司的資本數額，以股東的出資為信用基礎的公司。股份有限公司為典型的資合公司。③人合兼資合公司，是指公司的設立和經營兼具人的信用和資本信用兩方面特徵。兩合公司與股份兩合公司是典型的人合兼資合公司。

(2) 依公司的組織系統不同，可將其分為：①母公司（也稱控股公司），是指通過掌握其他公司的股份，從而能實際控制其經營活動的公司。②子公司（也稱受控公司），是指受母公司所控制但在法律上具有獨立法人資格的公司。

(3) 依公司的管轄系統不同，可將其分為：①總公司（也稱本公司），是指依法首先設立或與分公司同時設立，管轄公司全部組織的總機構。②分公司，是指在法律上和經濟上沒有獨立地位，受總公司管轄的分支機構。分公司不具有法人資格。

(4) 依公司國籍不同，可將其分為：①本國公司。公司國籍依特定國家的公司法規定而設立的屬於該國的公司。②外國公司。公司雖設立在本國，但其國籍不屬於本國，而是依他國公司法設立的屬於他國的公司。中國《公司法》設專章對此做了專門規定。③多國公司（也稱跨國公司、國際公司），即由母公司與設立在各國的子公司、分公司組成的，以本國為基地或中心從事國際性生產經營活動的經濟組織。它在法律上並非是獨立的公司，而是表現為公司之間所形成的一種特殊的聯繫，實質上為母、子公司與總、分公司間的法律關係。

2. 公司的法律分類

大陸法系國家將公司分為四種類型：

(1) 無限公司，是指全體股東對公司債務負無限連帶責任的公司。

(2) 有限責任公司（也稱有限公司），是指由兩個以上股東出資設立、各股東僅以其出資額為限對公司債務負清償責任，公司以全部資產對其債務承擔責任的公司。

(3) 股份有限公司（也稱股份公司），是指由一定數量股東出資設立的，公司全部資本分為等額股份，股東以其所認購的股份額對公司債務承擔有限責任，公司以其全

部資產對公司債務承擔責任的公司。

（4）兩合公司，是指由無限責任股東與有限責任股東組成的，無限責任股東對公司債務負無限連帶責任，有限責任股東對公司債務僅以其出資額為限承擔有限責任的公司。

二、公司法的立法及適用範圍

（一）公司法的立法

1993年12月29日，第八屆全國人大常委會通過《中華人民共和國公司法》，自1994年7月1日起施行。1999年12月、2004年8月、2005年10月、2013年12月、2018年10月全國人大常委會對此進行了五次修訂或修正，中國現行的《公司法》共13章218條[1]。

（二）公司法的適用範圍

《公司法》第二條規定：「本法所稱公司是指依照本法在中國境內設立的有限責任公司和股份有限公司。」因此，中國《公司法》的適用範圍僅包括有限責任公司和股份有限公司兩類。值得一提的是，外商投資的有限責任公司和股份有限公司也可以適用《公司法》，但是有關外商投資的法律另有規定的，適用其規定。

第二節　有限責任公司

一、有限責任公司的概念

有限責任公司，是指公司股東對公司債務僅以其出資額為限承擔責任，公司以其全部資產對公司債務承擔責任的企業法人。

與股份有限責任公司相比較，有限責任公司不向社會募集資本，股東通常是基於信任而聯合起來的，具有一定的封閉性，因此其設立程序相對簡便，股東人數也相對穩定。

溫故知新

公司是企業法人，有獨立的財產，享有法人財產權，公司以（　　）對公司債務承擔責任。

A. 股東實繳的出資額　　　　B. 股東認繳的出資額
C. 公司的全部資產　　　　　D. 公司的註冊資本

【參考答案】C

---

[1]　《公司法》第三次修訂的力度很大，原法中只有20餘條內容未變，但立法體系與法律結構更為合理嚴謹。從內容上看體現了鼓勵投資、簡化程序、提高效率的精神，取消了諸多不必要的國家干預的條款，廢除了股份公司設立的審批制，減少了強制性規範，強化當事人意思自治，突出了公司章程的制度構建作用，為進一步完善公司治理結構，加強對股東權益的保護提供了制度保障。第四次修正則修改了12處，內容主要涉及三方面：一是將公司註冊資本實繳登記制度改為認繳登記制；二是取消了公司註冊資本最低限額制度；三是簡化登記事項和登記文件。

二、有限責任公司的設立

（一）設立方式
公司的設立方式可以分為以下兩種：

1. 發起設立

發起設立，也稱單純設立或共同設立，是指公司資本由發起人全部認購，不向他人招募資本的公司設立方式。無限公司、兩合公司、有限公司只能採取此種方式設立，股份有限公司也可採取此種方式設立。

2. 募集設立

募集設立，也稱漸次設立、複雜設立，是指公司設立時發起人只認購公司一定比例的股份，其餘部分向社會公開募集或者向特定對象募集的公司設立方式。只有股份有限公司方能採取此種設立方式。

根據中國《公司法》的規定，有限責任公司採取的是發起設立方式。

（二）設立條件

1. 股東符合法定人數

中國有限責任公司由50個以下股東出資設立。《公司法》允許一個自然人股東或者一個法人股東設立有限責任公司，即一人公司。

2. 有符合公司章程規定的全體股東認繳的出資額

有限責任公司的註冊資本為在公司登記機關登記的全體股東認繳的出資額。法律、行政法規以及國務院決定對有限責任公司註冊資本實繳、註冊資本最低限額另有規定的，從其規定。

股東可以用貨幣出資，也可以用實物、知識產權、土地使用權等可以用貨幣估價並可以依法轉讓的非貨幣財產作價出資；但是，法律、行政法規規定不得作為出資的財產除外。對作為出資的非貨幣財產應當評估作價，核實財產，不得高估或者低估作價。法律、行政法規對評估作價有規定的，從其規定。需要注意的是，有限責任公司成立後，如果發現作為設立公司出資的非貨幣財產的實際價額顯著低於公司章程所定價額的，應當由交付該出資的股東補足其差額，公司設立時的其他股東承擔連帶責任。

溫故知新

甲、乙、丙分別出資15萬元、20萬元和70萬元成立了一家化工產品加工的有限責任公司。其中甲、乙的出資為現金，丙的出資為房產。公司成立後，產品非常暢銷，所以公司打算擴大再生產，於是又吸收丁的現金出資30萬元。後來由於公司經營不善，負債累累，被債權人告上法庭。法院在執行過程中查明，作為丙出資的房產價值僅為30萬元。又查明，丙可供執行的個人財產有30萬元。對此應當如何處理？（   ）

A. 丙以現有的30萬元補足差額，不足部分等到他有其他財產可供執行時再行補足

B. 丙以現有的30萬元補足差額，不足部分由甲、乙按照出資比例分擔

C. 丙以現有的30萬元補足差額，不足部分由甲、丁承擔連帶責任

D. 丙以現有的30萬元補足差額，不足部分由甲、乙承擔連帶責任

【參考答案】D

案例 4.1

公司設立人可以以勞務出資嗎[1]？

案情：某年，廣州市的顧某與張某約定開設一家有限責任公司，在公司設立的過程中，顧某提供了公司成立所需要的註冊資本、營業場地以及辦公費用。在此期間，張某為該公司的成立四處奔走，獨自辦理了公司成立的全部手續，購買了全部的辦公用品，招聘了公司的全部工作人員。該公司於當年10月正式成立，名稱為「廣州市××物資有限責任公司」，顧某為該公司的總經理，張某為副總經理。

第二年，顧某見公司的效益很好，又在工作中與張某發生了一系列的矛盾，故不願與張某分享利潤，在張某缺席的情況下，顧某召開了公司全體員工會議，除去張某的副總經理的職務。張某認為，其在公司成立的過程中付出了勞動，應該是公司的主要股東之一，理應參加公司的分紅，並且顧某在其缺席的情況下除去了張某的副總經理職務，是不合程序的，顧某的行為侵犯了他的股東權益。於是張某訴之法院，要求公司恢復其副總經理的職務，分給他應有的分紅並對其進行賠償。

評析：本案的關鍵是公司的出資能不能以勞務的形式進行。所謂勞務出資，是指股東以精神上、身體上的勞務抵衝出資的。一些大陸法系國家的公司法允許無限責任股東以信用和勞務作為出資。但依據中國的《公司法》規定：有限責任公司和股份有限公司的資本由現金、實物、工業產權、土地使用權等構成，勞務不能作為公司資本的組成要素，即中國的公司不能以勞務入股。在本案中，張某雖然在公司的成立過程中付出了很多的勞務，但是這些勞務不能看作出資，即張某自始都沒有取得該公司股東的身分。所以張某主張要求取得分紅的訴訟請求是得不到法院的支持的，張某僅能通過要求公司對其為公司付出的勞務給予合理的報酬來進行救濟，而免去張某的副總經理的職務並沒有侵犯其股東的權利，故不能以此為理由要求公司對其進行賠償。法院最終駁回了張某的訴訟請求。

3. 股東共同制定公司章程

有限責任公司章程應當載明下列事項：公司名稱和住所；公司經營範圍；公司註冊資本；股東的姓名或者名稱；股東的出資方式、出資額和出資時間；公司的機構及其產生辦法、職權、議事規則；公司法定代表人；股東會會議認為需要規定的其他事項。股東應當在公司章程上簽名、蓋章。

4. 有公司名稱，建立符合有限責任公司要求的組織機構

公司名稱是一個公司區別於其他公司的標記，因此具有排他性，在一定範圍內，一個公司只能使用特定的經過註冊的名稱。在設立程序上，體現為在公司向登記機關報送登記資料前，應首先向公司登記機關申請企業名稱預先核准。公司名稱通常由公司註冊所在地的行政區劃、商號、公司所屬行業或經營特點、公司的類別四部分組成。

有限責任公司，必須在公司名稱中標明「有限責任公司」或者「有限公司」字樣。同時，有限責任公司還應建立與法律規定相一致的組織機構，即設立股東會、董事會或執行董事、監事會或監事。

---

[1] 資料來源：http://china.findlaw.cn/gongsifalv/gongsishelifa/gsslal/17014.html。

5. 有公司住所

公司以其主要辦事機構所在地為住所。

三、有限責任公司的組織機構

（一）股東會

1. 股東會的設立與地位

有限責任公司股東會由全體股東組成，是公司權力機構。除法律有特別規定外，有限責任公司必設股東會。

2. 股東會職權

根據《公司法》第三十八條規定，有限責任公司股東會行使下列職權：①決定公司的經營方針和投資計劃；②選舉和更換非由職工代表擔任的董事、監事，決定有關董事、監事的報酬事項；③審議批准董事會的報告；④審議批准監事會或者監事的報告；⑤審議批准公司的年度財務預算方案、決算方案；⑥審議批准公司的利潤分配方案和彌補虧損方案；⑦對公司增加或者減少註冊資本做出決議；⑧對發行公司債券做出決議；⑨對公司合併、分立、解散、清算或者變更公司形式做出決議；⑩修改公司章程；⑪公司章程規定的其他職權。

對上述所列事項股東以書面形式一致表示同意的，可以不召開股東會會議，直接做出決定，並由全體股東在決定文件上簽名、蓋章。

3. 股東會會議

股東會不採取常設機構或日常辦公的方式。股東會會議分為定期會議和臨時會議。定期會議應當依照公司章程的規定按時召開。代表 1/10 以上表決權的股東，1/3 以上的董事，監事會或者不設監事會的公司的監事提議召開臨時會議的，應當召開臨時會議。

首次股東會會議由出資最多的股東召集和主持。以後的股東會會議，公司設立董事會的，由董事會召集，董事長主持，若董事長不能或不履行職務的，由副董事長主持，若也不能，則由半數以上董事共同推舉一名董事主持。有限責任公司不設董事會的，股東會會議由執行董事召集和主持；若其不能或不履行職責的，由監事會或者不設監事會的公司的監事召集和主持；若也不能，代表 1/10 以上表決權的股東可以自行召集和主持。

4. 股東會決策

股東會會議由股東按照出資比例行使表決權；但是，公司章程另有規定的除外。股東會的議事方式和表決程序，除《公司法》有規定的外，由公司章程規定。

股東會會議做出修改公司章程、增加或者減少註冊資本的決議，以及公司合併、分立、解散或者變更公司形式的決議，必須經代表 2/3 以上表決權的股東通過。

（二）董事會、經理

1. 董事會的組成

有限責任公司的董事會是公司股東會的執行機構，向股東會負責。董事會成員為 3~13 人。股東人數較少或者規模較小的有限責任公司，可以不設董事會，而只設 1 名執行董事。兩個以上的國有企業或者兩個以上的其他國有投資主體投資設立的有限責任公司，其董事會成員中應當有公司職工代表；其他有限責任公司董事會成員中可以

有公司職工代表。董事會中的職工代表由公司職工通過職工代表大會、職工大會或者其他形式民主選舉產生。

2. 董事會的職權

根據《公司法》第四十六條規定，董事會行使下列職權：①召集股東會會議，並向股東會報告工作；②執行股東會的決議；③決定公司的經營計劃和投資方案；④制訂公司的年度財務預算方案、決算方案；⑤制訂公司的利潤分配方案和彌補虧損方案；⑥制訂公司增加或者減少註冊資本以及發行公司債券的方案；⑦制訂公司合併、分立、解散或者變更公司形式的方案；⑧決定公司內部管理機構的設置；⑨決定聘任或者解聘公司經理及其報酬事項，並根據經理的提名決定聘任或者解聘公司副經理、財務負責人及其報酬事項；⑩制定公司的基本管理制度；⑪公司章程規定的其他職權。

3. 董事的任期

董事任期由公司章程規定，但每屆任期不得超過3年。董事任期屆滿，連選可以連任。

4. 董事會會議

董事會會議由董事長召集和主持；董事長不能履行職務或者不履行職務的，由副董事長召集和主持；副董事長不能履行職務或者不履行職務的，由半數以上董事共同推舉一名董事召集和主持。

董事會的議事方式和表決程序，除《公司法》有規定的外，由公司章程規定。董事會決議的表決，實行一人一票。

5. 經理的設立及職權

有限責任公司可以設經理，由董事會決定聘任或者解聘。經理對董事會負責，並列席董事會會議。

根據《公司法》第四十九條規定，經理行使下列職權：①主持公司的生產經營管理工作，組織實施董事會決議；②組織實施公司年度經營計劃和投資方案；③擬訂公司內部管理機構設置方案；④擬訂公司的基本管理制度；⑤制定公司的具體規章；⑥提請聘任或者解聘公司副經理、財務負責人；⑦決定聘任或者解聘除應由董事會決定聘任或者解聘以外的負責管理人員；⑧董事會授予的其他職權。公司章程對經理職權另有規定的，從其規定。經理列席董事會會議。

(三) 監事會

1. 監事會的組成

有限責任公司的監事會或監事是公司的內部監督機構，對股東負責。監事會成員不得少於3人。但股東人數較少或者規模較小的有限責任公司，可以只設1~2名監事，不設監事會。監事會應當包括股東代表和適當比例的公司職工代表，其中職工代表的比例不得低於1/3。

監事會設主席1人，由全體監事過半數選舉產生。監事會主席召集和主持監事會會議；監事會主席不能或不履行職務的，由半數以上監事共同推舉1名監事召集和主持監事會會議。值得注意的是公司的董事、高級管理人員不得兼任監事。

2. 監事會的職權

根據《公司法》第五十三條規定，監事會、不設監事會的公司的監事行使下列職權：①檢查公司財務；②對董事、高級管理人員執行公司職務的行為進行監督，對違

反法律、行政法規、公司章程或者股東會決議的董事、高級管理人員提出罷免的建議；③當董事、高級管理人員的行為損害公司的利益時，要求董事、高級管理人員予以糾正；④提議召開臨時股東會會議，在董事會不履行本法規定的召集和主持股東會會議職責時召集和主持股東會會議；⑤向股東會會議提出提案；⑥依照本法第一百五十二條的規定，對董事、高級管理人員提起訴訟；⑦公司章程規定的其他職權。

3. 監事的任期

監事的任期每屆為 3 年。監事任期屆滿，連選可以連任。

4. 監事會會議

監事會每年度至少召開一次會議，監事可以提議召開臨時監事會會議。監事會決議應當經半數以上監事通過。

四、有限責任公司的股權轉讓

（一）股權轉讓的程序、優先購買權

有限責任公司的股東之間可以相互轉讓其全部或者部分股權。股東向股東以外的人轉讓股權，應當經其他股東過半數同意。股東應就其股權轉讓事項書面通知其他股東，並徵求同意，其他股東自接到書面通知之日起滿 30 日未答復的，視為同意轉讓。其他股東半數以上不同意轉讓的，不同意的股東應當購買該轉讓的股權；不購買的，視為同意轉讓。

經股東同意轉讓的股權，在同等條件下，其他股東有優先購買權。兩個以上股東主張行使優先購買權的，協商確定各自的購買比例；協商不成的，按照轉讓時各自的出資比例行使優先購買權。公司章程對股權轉讓另有規定的，從其規定。

（二）人民法院強制執行股權的規定

人民法院依照法律規定的強制執行程序轉讓股東的股權時，應當通知公司及全體股東，其他股東在同等條件下有優先購買權。其他股東自人民法院通知之日起滿 20 日不行使優先購買權的，視為放棄優先購買權。

（三）股權轉讓後公司處理相關義務的規定

因股東原因強制執行程序轉讓股權後，公司應當註銷原股東的出資證明書，向新股東簽發出資證明書，並相應修改公司章程和股東名冊中有關股東及其出資額的記載。對公司章程的該項修改不需再由股東會表決。

（四）公司對異議股東的股權收購

根據《公司法》第七十四條規定，有下列情形之一的，對股東會該項決議投反對票的股東可以請求公司按照合理的價格收購其股權：①公司連續五年不向股東分配利潤，而公司該五年連續盈利，並且符合本法規定的分配利潤條件的；②公司合併、分立、轉讓主要財產的；③公司章程規定的營業期限屆滿或者章程規定的其他解散事由出現，股東會會議通過決議修改章程使公司存續的。

自股東會會議決議通過之日起 60 日內，股東與公司不能達成股權收購協議的，股東可以自股東會會議決議通過之日起 90 日內向人民法院提起訴訟。

（五）自然人股東資格繼承制度的規定

自然人股東死亡後，其合法繼承人可以繼承股東資格；但是，公司章程另有規定的除外。

五、國有獨資公司與一人有限公司

(一) 國有獨資公司

1. 國有獨資公司的概念

國有獨資公司，是指國家單獨出資、由國務院或者地方人民政府授權本級人民政府國有資產監督管理機構履行出資人職責的有限責任公司，即國家是該公司的唯一股東。

國有獨資公司章程由國有資產監督管理機構制定，或者由董事會制訂並報國有資產監督管理機構批准。

2. 國有獨資公司的組織機構

(1) 國有資產監督管理機構。國有獨資公司不設股東會，由國有資產監督管理機構行使股東會職權。

國有資產監督管理機構可以授權公司董事會行使股東會的部分職權，讓其決定公司的重大事項，但公司的合併、分立、解散、增加或者減少註冊資本和發行公司債券，必須由國有資產監督管理機構決定；其中，重要的國有獨資公司合併、分立、解散、申請破產的，應當由國有資產監督管理機構審核後，報本級人民政府批准。

(2) 董事會。董事每屆任期不得超過3年。董事會成員中應當有公司職工代表，由職工代表大會選舉產生，其他董事會成員由國有資產監督管理機構委派。董事會設董事長1人，可以設副董事長。董事長、副董事長由國有資產監督管理機構從董事會成員中指定。

國有獨資公司的董事長、副董事長、董事、高級管理人員，未經國有資產監督管理機構同意，不得在其他有限責任公司、股份有限公司或者其他經濟組織兼職。

(3) 監事會。國有獨資公司監事會成員不得少於5人，其中職工代表的比例不得低於1/3。監事會成員產生辦法與董事會一致，監事會主席由國有資產監督管理機構從監事會成員中指定。

(二) 一人有限責任公司

1. 一人有限責任公司的概念

一人有限責任公司，是指只有一個自然人股東或者一個法人股東的有限責任公司。一人有限責任公司與個人獨資企業的區別見資料卡4.1。

資料卡4.1

一人有限責任公司與個人獨資企業的區別

	一人有限責任公司	個人獨資企業
投資主體	自然人、法人	自然人
轉投資規則	對外進行投資時，不能投資設立新的一人有限責任公司	沒有限制，投資人可以通過受讓股份或購買股票的方式成為公司的股東
責任承擔方式	有限責任	無限責任
稅收待遇	按企業所得稅徵收	按個人所得稅徵收

2. 一人有限責任公司的特別規定

（1）一人有限責任公司的設立。一個自然人只能投資設立一個一人有限責任公司，該一人有限責任公司不能投資設立新的一人有限責任公司。一人有限責任公司應當在公司登記中註明「自然人獨資」或者「法人獨資」，並在公司營業執照中載明。

（2）一人有限責任公司的組織機構。一人有限責任公司不設股東會。股東做出決定時，應當採用書面形式，並由股東簽名後置備於公司。

（3）一人有限責任公司的審計與債務承擔。一人有限責任公司應當在每一會計年度終了時編製財務會計報告，並經會計師事務所審計。一人有限責任公司的股東不能證明公司財產獨立於股東自己的財產的，應當對公司債務承擔連帶責任。

第三節　股份有限責任公司

一、股份有限責任公司的概念

股份有限責任公司，是指由一定人數的股東組成，將公司資本劃分為若干金額相等的股份，股東僅以自己認購的股份為限對公司債務承擔責任，公司以全部資產對公司債務承擔責任的公司。

股份有限責任公司與有限責任公司相比，其特點體現為股份的等額性，公司成立可以採取發起設立或者募集設立的方式，設立程序較為複雜。

二、股份有限責任公司的設立

（一）設立條件

（1）發起人數量達到法定要求。

設立股份有限公司，應當有2人以上200人以下的發起人，其中須有半數以上的發起人在中國境內有住所。股份有限公司發起人承擔公司籌辦事務。發起人應當簽訂發起人協議，明確各自在公司設立過程中的權利和義務。

（2）有符合公司章程規定的全體發起人認購的股本總額或者募集的實收股本總額。

股份有限公司採取發起設立方式設立的，註冊資本為在公司登記機關登記的全體發起人認購的股本總額。在發起人認購的股份繳足前，不得向他人募集股份。以非貨幣財產出資的，應當依法辦理其財產權的轉移手續。

股份有限公司採取募集方式設立的，註冊資本為在公司登記機關登記的實收股本總額。法律、行政法規以及國務院決定對股份有限公司註冊資本實繳、註冊資本最低限額另有規定的，從其規定。

（3）股份發行、籌辦事項符合法律規定。

（4）發起人制訂公司章程，採用募集方式設立的經創立大會通過。

根據《公司法》第八十二條規定，股份有限公司章程應當載明下列事項：①公司名稱和住所；②公司經營範圍；③公司設立方式；④公司股份總數、每股金額和註冊資本；⑤發起人的姓名或者名稱、認購的股份數、出資方式和出資時間；⑥董事會的組成、職權和議事規則；⑦公司法定代表人；⑧監事會的組成、職權和議事規則；

⑨公司利潤分配辦法；⑩公司的解散事由與清算辦法；⑪公司的通知和公告辦法；⑫股東大會會議認為需要規定的其他事項。

（5）有公司名稱，建立符合股份有限公司要求的組織機構。

（6）有公司住所。

（二）設立程序

1. 發起設立的程序

以發起設立方式設立股份有限公司的，發起人應當書面認足公司章程規定其認購的股份，並按照公司章程規定繳納出資。以非貨幣財產出資的，應當依法辦理其財產權的轉移手續。發起人不依照規定繳納出資的，發起人應當按照發起人協議承擔違約責任。

發起人首次繳納出資後，應當選舉董事會和監事會，由董事會向公司登記機關報送公司章程，由依法設定的驗資機構出具的驗資證明以及法律、行政法規規定的其他文件，申請設立登記。

2. 募集設立程序

（1）發起人簽訂發起協議，制定公司章程。

（2）發起人認購公司股份。以募集設立方式設立股份有限公司的，發起人認購的股份不得少於公司股份總數的35%，但是，法律、行政法規另有規定的，從其規定。

（3）發起人募集股份。主要程序包括：第一，進行募股申請，製作認股書。發起人必須公告招股說明書，並製作認股書，由認股人填寫認購股數、金額、住所，並簽名、蓋章。認股人按照所認購股數繳納股款。第二，委託證券公司承銷，簽訂代收股協議。發起人向社會公開募集股份，應當由依法設立的證券公司承銷，簽訂承銷協議。同時與銀行簽訂代收股款協議，代收股款的銀行應當按照協議代收和保存股款，向繳納股款的認股人出具收款單據，並負有向有關部門出具收款證明的義務。

（4）召開創立大會。發行股份的股款繳足後，必須經依法設立的驗資機構驗資並出具證明。發起人應當自股款繳足之日起30日內主持召開公司創立大會。創立大會由發起人、認股人組成。發行的股份超過招股說明書規定的截止期限尚未募足的，或者發行股份的股款繳足後，發起人在30日內未召開創立大會的，認股人可以按照所繳股款並加算銀行同期存款利息，要求發起人返還。發起人應當在創立大會召開15日前將會議日期通知各認股人或者予以公告。創立大會應有代表股份總數過半數的發起人、認股人出席，方可舉行。

（5）申請設立登記。董事會應於創立大會結束後30日內，向公司登記機關報送包括國務院證券監督管理機構的核准文件在內的相關文件，申請設立登記。

（三）發起人未繳足出資的責任

股份有限公司成立後，發起人未按照公司章程的規定繳足出資的，應當補繳；其他發起人承擔連帶責任。股份有限公司成立後，發現作為設立公司出資的非貨幣財產的實際價額顯著低於公司章程所定價額的，應當由交付該出資的發起人補足其差額；其他發起人承擔連帶責任。

溫故知新

國有企業擬改制為股份有限公司，其改制方案中的下列事項中，不符合公司法律制度規定的（　　）。

A. 發起人為2人
B. 公司股本總額為人民幣900萬元
C. 採取募集設立方式
D. 發起人認購的股份為公司股份總數的25%

【參考答案】D

三、股份有限公司的組織機構

股份有限公司中股東大會、董事會、經理、監事會的職權均適用有限責任公司的相關規定。

（一）股東大會

1. 股東大會的召集和主持

股東大會分為股東年會和臨時大會兩種。根據《公司法》第一百條規定，股東大會應當每年召開一次年會，有下列情形之一的，應當在兩個月內召開臨時股東大會：①董事人數不足本法規定人數或者公司章程所定人數的三分之二時；②公司未彌補的虧損達實收股本總額三分之一時；③單獨或者合計持有公司百分之十以上股份的股東請求時；④董事會認為必要時；⑤監事會提議召開時；⑥公司章程規定的其他情形。

股東大會會議由董事會召集，董事長主持；董事長不能或不履行職務的，由副董事長主持；如若不能，由半數以上董事共同推舉一名董事主持。董事會不能履行或者不履行召集股東大會會議職責的，監事會應當及時召集和主持；監事會不召集和主持的，連續90日以上單獨或者合計持有公司10%以上股份的股東可以自行召集和主持。

2. 議事方式和表決程序

（1）一股一權。股東出席股東大會會議，所持每一股份有一表決權。但是，公司持有的本公司股份沒有表決權。

（2）累計投票制。所謂累積投票制，是指股東大會選舉董事或者監事時，每一股份擁有與應選董事或者監事人數相同的表決權，股東擁有的表決權可以集中使用。

（3）特別決議事項。股東大會做出決議，必須經出席會議的股東所持表決權過半數通過。但是，股東大會做出修改公司章程、增加或者減少註冊資本的決議，以及公司合併、分立、解散或者變更公司形式的決議，必須經出席會議的股東所持表決權的2/3以上通過。

《公司法》和公司章程規定公司轉讓、受讓重大資產或者對外提供擔保等事項必須經股東大會做出決議的，董事會應當及時召集股東大會會議，由股東大會就上述事項進行表決。

股東大會應當對所議事項的決定作成會議記錄，主持人、出席會議的董事應當在會議記錄上簽名。會議記錄應當與出席股東的簽名冊及代理出席的委託書一併保存。

（二）董事會、經理

1. 董事會的組成

股份有限公司設董事會，其成員為5~19人。董事會成員中可以有公司職工代表。董事會中的職工代表由公司職工通過職工代表大會、職工大會或者其他形式民主選舉

產生。董事會設董事長1人，可以設副董事長。董事長和副董事長由董事會以全體董事的過半數選舉產生。

2. 董事會的召集與主持

董事長召集和主持董事會會議，檢查董事會決議的實施情況。副董事長協助董事長工作，董事長不能或不履行職務的，由副董事長履行職務，若董事長召集和主持董事會會議，檢查董事會決議的實施情況。也不能，由半數以上董事共同推舉1名董事履行職務。

3. 董事會會議

董事會每年度至少召開2次會議，每次會議應當於會議召開10日前通知全體董事和監事。代表1/10以上表決權的股東、1/3以上董事或者監事會，可以提議召開董事會臨時會議。董事長應當自接到提議後10日內，召集和主持董事會會議。董事會召開臨時會議，可以另定召集董事會的通知方式和通知時限。

4. 董事會決議

董事會會議應有過半數的董事出席方可舉行，董事因故不能出席，可以書面委託其他董事代為出席，委託書中應載明授權範圍。董事會做出決議，必須經全體董事的過半數通過。董事會決議的表決，實行一人一票。董事會應當對會議所議事項的決定作成會議記錄，出席會議的董事應當在會議記錄上簽名。董事應當對董事會的決議承擔責任。董事會的決議違反法律、行政法規或者公司章程、股東大會決議，致使公司遭受嚴重損失的，參與決議的董事對公司負賠償責任。但經證明在表決時曾表明異議並載於會議記錄的，該董事可以免除責任。

5. 經理

股份有限公司設經理，由董事會決定聘任或者解聘。公司董事會可以決定由董事會成員兼任經理。

資料卡 4.2

獨立董事制度[①]

獨立董事（Independent Director or Outside Director），是指獨立於公司股東且不在公司內部任職，與公司的交易活動沒有實質性的、直接的或間接的利害關係的，且從公司外部選聘的董事。

獨立董事是英美法系國家，尤其是美國判例法中的一個創造，它產生的主要背景是這些國家實行單一的董事會制度，公司的實際經營管理權基本上掌握在董事會和管理層之手，股東的管理作用日趨形式主義，從而產生了如何監督董事會以及高級管理人員的問題。

獨立董事制度最早起源於20世紀30年代，1940年美國頒布的《投資公司法》是其產生的標誌。該法規定，投資公司的董事會成員中應該有不少於40%的獨立人士。其制度設計目的也在於防止控制股東及管理層的內部控制，損害公司整體利益。

20世紀70年代以後，西方國家尤其是美國各大公司的股權越來越分散，董事會逐漸被以CEO為首的經理人員控制，以至於對以CEO為首的經理人員的監督嚴重缺乏效

[①] 資料來源：https://baike.so.com/doc/4985757-5209184.html。

率，內部人控制問題日益嚴重，人們開始從理論上普遍懷疑現有制度安排下的董事會運作的獨立性、公正性、透明性和客觀性。繼而引發了對董事會職能、結構和效率的深入研究。在理論研究成果與現實需求的雙重推動下，美國立法機構及仲介組織自20世紀70年代以來加速推進獨立董事制度的進程。

1976年美國證監會批准了一條新的法例，要求國內每家上市公司在不遲於1978年6月30日以前設立並維持一個專門的獨立董事組成的審計委員會。由此獨立董事制度逐步發展成為英美公司治理結構的重要組成部分。據科恩－費瑞國際公司2000年5月份發布的研究報告顯示，美國公司1,000強中，董事會的年均規模為11人，其中內部董事2人，占18.2%，獨立董事9人，占81.1%。另外，據經合組織（OECD）的1999年世界主要企業統計指標的國際比較報告，各國獨立董事占董事會成員的比例為：英國34%、法國29%、美國62%。獨立董事制度的迅速發展，被譽為獨立董事制度革命。

獨立董事最根本的特徵是獨立性和專業性。所謂「獨立性」，是指獨立董事必須在人格、經濟利益、產生程序、行權等方面獨立，不受控股股東和公司管理層的限制。目前在中國上市公司中獨立董事的作用還並沒有得到充分發揮，主要原因如下：一是獨立董事在上市公司的董事會中的比例偏低；二是上市公司的法人治理結構中沒有設立相應的行權機構。所謂「專業性」是指獨立董事必須具備一定的專業素質和能力，能夠憑自己的專業知識和經驗對公司的董事和經理以及有關問題獨立地做出判斷和發表有價值的意見。

（三）監事會

1. 監事會的組成

股份有限公司設監事會，其成員不得少於3人。監事會應當包括股東代表和適當比例的公司職工代表，其中職工代表的比例不得低於1/3，具體比例由公司章程規定。監事會中的職工代表由公司職工通過職工代表大會、職工大會或者其他形式民主選舉產生。

監事會設主席1人，可以設副主席。監事會主席和副主席由全體監事過半數選舉產生。監事會主席召集和主持監事會，如若不能，由監事會副主席召集和主持監事會會議，若也不能，由半數以上監事共同推舉1名監事召集和主持監事會會議。董事、高級管理人員不得兼任監事。《公司法》中關於有限責任公司監事任期的規定，適用於股份有限公司監事。

2. 監事會會議

監事會每6個月至少召開一次會議。監事可以提議召開臨時監事會會議。監事會的議事方式和表決程序，除《公司法》有規定的外，由公司章程規定。

3. 監事會決議

監事會決議應當經半數以上監事通過。監事會應當對所議事項的決定作成會議記錄，出席會議的監事應當在會議記錄上簽名。

四、上市公司組織機構的特別規定

上市公司，是指其股票在證券交易所上市交易的股份有限公司。《公司法》對其有以下特別規定：第一，增加股東大會特別決議事項。上市公司在1年內購買、出售重

大資產或者擔保金額超過公司資產總額30%的，應當由股東大會做出決議，並經出席會議的股東所持表決權的2/3以上通過。第二，上市公司設立獨立董事，具體辦法由國務院規定。第三，上市公司設董事會秘書，負責公司股東大會和董事會會議的籌備、文件保管以及公司股東資料的管理，辦理信息披露事務等事宜。第四，增設關聯關係董事的表決權排除制度。上市公司董事與董事會會議決議事項所涉及的企業有關聯關係的，不得對該項決議行使表決權，也不得代理其他董事行使表決權。該董事會會議由過半數的無關聯關係董事出席即可舉行，董事會會議所作決議須經無關聯關係董事過半數通過。出席董事會的無關聯關係董事人數不足3人的，應將該事項提交上市公司股東大會審議。

五、股份有限公司的股份發行和轉讓

（一）股份發行

股份有限公司的資本劃分為股份，每一股的金額相等。公司的股份採取股票的形式。股票是公司簽發的證明股東所持股份的憑證。

1. 股份發行的基本原則

股份的發行，實行公平、公正的原則，同種類的每一股份應當具有同等權利。同次發行的同種類股票，每股的發行條件和價格應當相同；任何單位或者個人所認購的股份，每股應當支付相同價額。股票發行價格可以按票面金額，也可以超過票面金額，但不得低於票面金額。

2. 股票的分類

公司發行的股票，可以為記名股票，也可以為無記名股票。公司向發起人、法人發行的股票，應當為記名股票，並應當記載該發起人、法人的名稱或者姓名，不得另立戶名或者以代表人姓名記名。公司發行記名股票的，應當置備股東名冊，記載下列事項：①股東的姓名或者名稱及住所；②各股東所持股份數；③各股東所持股票的編號；④各股東取得股份的日期。發行無記名股票的，公司應當記載其股票數量、編號及發行日期。

3. 發行新股的規定

公司發行新股，股東大會應當對下列事項做出決議：①新股種類及數額；②新股發行價格；③新股發行的起止日期；④向原有股東發行新股的種類及數額。公司經國務院證券監督管理機構核准公開發行新股時，必須公告新股招股說明書和財務會計報告，並製作認股書。公司發行新股，可以根據公司經營情況和財務狀況，確定其作價方案。發行新股募足股款後，公司必須向公司登記機關辦理變更登記，並公告。

（二）股份轉讓

股東持有的股份可以依法轉讓。股東轉讓其股份，應當在依法設立的證券交易場所進行或者按照國務院規定的其他方式進行。

1. 記名股票的轉讓

記名股票，由股東以背書方式或者法律、行政法規規定的其他方式轉讓；轉讓後由公司將受讓人的姓名或者名稱及住所記載於股東名冊。股東大會召開前20日內或者公司決定分配股利的基準日前5日內，不得進行前款規定的股東名冊的變更登記。但是，法律對上市公司股東名冊變更登記另有規定的，從其規定。

2. 無記名股票的轉讓

無記名股票的轉讓，由股東將該股票交付給受讓人後即發生轉讓的效力。

3. 股票轉讓的限制

發起人持有的本公司股份，自公司成立之日起 1 年內不得轉讓。公司公開發行股份前已發行的股份，自公司股票在證券交易所上市交易之日起 1 年內不得轉讓。

公司董事、監事、高級管理人員應當向公司申報所持有的本公司的股份及其變動情況，在任職期間每年轉讓的股份不得超過其所持有本公司股份總數的 25%；所持本公司股份自公司股票上市交易之日起 1 年內不得轉讓。上述人員離職後半年內，不得轉讓其所持有的本公司股份。公司章程可以對公司董事、監事、高級管理人員轉讓其所持有的本公司股份做出其他限制性規定。

4. 公司收購本公司股份的例外情形

根據《公司法》第一百四十二條規定，公司不得收購本公司股份。但是，有下列情形之一的除外：①減少公司註冊資本；②與持有本公司股份的其他公司合併；③將股份用於員工持股計劃或者股權激勵；④股東因對股東大會做出的公司合併、分立決議持異議，要求公司收購其股份；⑤股份用於轉換上市公司發行的可轉換為股票的公司債券；⑥上市公司為維護公司價值及股東權益所必需。公司因前述第①項、第②項規定的情形收購本公司股份的，應當經股東大會決議；公司因前款第③項、第⑤項、第⑥項規定的情形收購本公司股份的，可以依照公司章程的規定或者股東大會的授權，經 2/3 以上董事出席的董事會會議決議。

公司收購本公司股份後，屬於第①項情形的，應當自收購之日起 10 日內註銷；屬於第②項、第④項情形的，應當在 6 個月內轉讓或者註銷；屬於第③項、第⑤項、第⑥項情形的，公司合計持有的本公司股份數不得超過本公司已發行股份總額的 10%，並應當在 3 年內轉讓或者註銷。

公司不得接受本公司的股票作為質押權的標的。

第四節　公司的其他基本法律制度

一、董事、監事、高級管理人員的資格、義務與責任

（一）資格

一般而言，董事、監事、高級管理人員的任職資格包括積極資格和消極資格。前者是指成為公司董事、監事、高級管理人員應當具備的條件；後者則指成為公司董事、監事、高級管理人員禁止的情形。

中國《公司法》146 條以列舉的方式，對董事、監事、高級管理人員的消極資格做出了規定。有下列情形之一的，不得擔任公司的董事、監事、高級管理人員：①無民事行為能力或者限制民事行為能力；②因貪污、賄賂、侵占財產、挪用財產或者破壞社會經濟秩序，被判處刑罰，執行期滿未逾 5 年，或者因犯罪被剝奪政治權利，執行期滿未逾 5 年；③擔任破產清算的公司、企業的董事或者廠長、經理，對該公司、企業的破產負有個人責任的，自該公司、企業破產清算完結之日起未逾 3 年；④擔任

因違法被吊銷營業執照、責令關閉的公司、企業的法定代表人，並負有個人責任的，自該公司、企業被吊銷營業執照之日起未逾3年；⑤個人所負數額較大的債務到期未清償。此外，董事、高級管理人員不得兼任監事。公司違反上述規定選舉、委派董事、監事或者聘任高級管理人員的，該選舉、委派或者聘任無效。董事、監事、高級管理人員在任職期間出現上述所列情形的，公司應當解除其職務。

(二) 義務

1. 忠實義務

忠實義務，又稱信義義務，是指董事、監事、高級管理人員在經營公司業務時，應毫無保留地為實現公司最大利益而努力工作，當自身利益與公司利益發生衝突時，應以公司利益為先。

中國《公司法》對董事、監事、高級管理人員規定的忠實義務主要包括：

(1) 不得獲得非法利益。董事、監事、高級管理人員不得利用職權收受賄賂或者其他非法收入，不得侵占公司的財產；董事、高級管理人員不得將他人與公司交易的佣金歸己所有。

(2) 禁止越權使用公司財產。董事、高級管理人員不得挪用公司資金；將公司資金以其個人名義或者以其他個人名義開立帳戶存儲；違反公司章程的規定，未經股東會、股東大會或者董事會同意，將公司資金借貸給他人或者以公司財產為他人提供擔保。

(3) 競業禁止。董事、高級管理人員不得未經股東會或者股東大會同意，自營或者為他人經營與所任職公司同類的業務。

(4) 抵觸利益交易與篡奪公司機會的禁止。董事、高級管理人員不得未經股東會或者股東大會同意，利用職務之便為自己或者他人謀取屬於公司的商業機會；不得違反公司章程的規定或者未經股東會、股東大會同意，與本公司訂立合同或者進行交易。

(5) 禁止洩露公司秘密。董事、高級管理人員不得擅自披露公司秘密。此外，《公司法》還規定，公司的董事、監事、高級管理人員不得利用其關聯關係①損害公司利益。董事、高級管理人員違反忠實義務所得的收入應當歸公司所有。

2. 勤勉義務

勤勉義務，又稱善管義務、注意義務或謹慎義務，是指董事、監事、高級管理人員應誠信地履行對公司的職責，盡到普通人在類似情況和地位下謹慎的合理注意義務，為實現公司最大利益努力工作。中國《公司法》第一百四十七條對董事、監事、高級管理人員的勤勉義務做了原則性規定。

董事、監事、高級管理人員在執行公司職務時違反法律、行政法規或者公司章程的規定，給公司造成損失的，應當承擔賠償責任。

二、公司的財務會計制度和利潤分配制度

(一) 公司的財務會計制度

根據《公司法》規定，公司應當依照法律、行政法規和國務院財政主管部門的規

---

① 根據《公司法》第二百一十六條規定，關聯關係，是指公司控股股東、實際控制人、董事、監事、高級管理人員與其直接或者間接控制的企業之間的關係，以及可能導致公司利益轉移的其他關係。但是，國家控股的企業之間不因為同受國家控股而具有關聯關係。

定建立公司的財務會計制度,並在每一會計年度終了時製作財務會計報告,並依法經會計師事務所審計。財務會計報告應當依照法律、行政法規和國務院財政部門的規定製作。

有限公司應按章程規定的期限將財務會計報告送交各股東。股份有限公司應在股東大會召開 20 日前將財務會計報告置備於公司供股東查閱;公開發行股票的股份有限公司須公告其財務會計報告。

(二)公司的利潤分配制度

為體現資本維持原則,維護公司正常的生產經營活動,公司在對股東進行利潤分配時,應遵循無盈不分、多盈多分、少盈少分的原則,依照下列順序分配公司利潤:①彌補公司以前年度的虧損,但不得超過稅法規定彌補期限(最長不得超過 5 年)。②繳納所得稅。③彌補稅前利潤不足以彌補的虧損,但資本公積金不得用於彌補公司的虧損。④提取稅後利潤 10% 為公司法定公積金,用於彌補公司虧損、擴大公司生產經營或轉增資本。當其累計額為公司註冊資本 50% 以上時可以不再提取。⑤經股東會或股東大會做出決議提取任意公積金。⑥對股東進行分配。分配方式可採用現金分配、增資或發送新股、公積金轉增資本的形式進行。有限公司股東按照實繳的出資比例分取紅利;以增資方式分配的,股東有權優先按照實繳的出資比例認繳出資。但是,全體股東約定不按照出資比例分取紅利或者不按照出資比例優先認繳出資的除外。股份有限公司按照股東持有的股份比例分配,但公司章程規定不按持股比例分配的除外。

值得注意的是,公司持有的本公司股份不得分配利潤。如股東會、股東大會或者董事會違反有關規定,在公司彌補虧損和提取法定公積金之前向股東分配利潤的,股東必須將違反規定分配的利潤退還公司。

三、公司的變更、解散和清算

(一)公司的變更

公司的變更包括公司合併、分立及組織形式的轉換。

1. 公司合併

(1)公司合併的概念和形式。公司合併是指兩個或兩個以上的公司依照法定程序歸併入其中一個公司或創設一個新公司的法律行為。公司合併的形式主要有吸收合併和新設合併兩種。

(2)公司合併的程序及法律效力。公司合併的程序一般包括:①參與合併公司的董事會或執行董事提出合併方案;②股東會或股東大會對合併做出特別決議;③簽訂合併協議;④股東會或股東大會通過合併協議;⑤編製資產負債表和財產清單;⑥通知、公告債權人;⑦實施合併並辦理登記。

公司合併的法律效力有三點:①公司設立、變更、消滅的效力。在吸收合併中,存續公司發生變更,被吸收公司法人資格消滅;新設公司中,參與合併的各公司法人資格消滅,新設立的公司成立。②股東資格的當然承繼。原有股東的股份按合併協議轉換為合併後公司的股份。③公司權利義務的概括轉移。參與合併的公司的權利義務概括地轉移給合併後存續或新設的公司,由其全部承受。

2. 公司分立

(1)公司分立的概念和形式。公司分立是指一個公司依法定程序分為兩個或兩個

以上公司的法律行為。公司分立的形式有派生分立和新設分立。派生分立是指一個公司在其法人資格存續情況下，分出一部分或若干部分財產成立一個或數個公司的法律行為。新設分立是指將一個公司的財產進行分割，分別設立兩個或兩個以上的新公司，原公司因此消滅的法律行為。

因為公司分立的程序及法律後果與公司合併的程序和法律後果基本相同，在此不贅述。

(2) 公司分立後的債務承擔。中國《公司法》規定，公司分立前的債務由分立後的公司承擔連帶責任。但是，公司在分立前與債權人就債務清償達成的書面協議另有約定的除外。

3. 公司組織形式的轉換

公司組織形式的轉換也稱公司組織變更，是指原有公司在存續情況下，由一種法定形態轉變為另一種法定形態的行為。通常情況下，只有責任形式相近的公司才能進行相互變更。根據《公司法》第九條規定，有限公司與股份有限公司可以相互轉換，但應當符合法律規定的有限公司或者股份有限公司的條件，且公司變更前的債權、債務由變更後的公司繼承。

(二) 公司的解散和清算

1. 公司解散

公司解散是一種終止其法人資格的行為。根據《公司法》第一百八十條的規定，公司因下列原因解散：①公司章程規定的營業期限屆滿或者公司章程規定的其他解散事由出現；②股東會或者股東大會決議解散；③因公司合併或者分立需要解散；④依法被吊銷營業執照、責令關閉或者被撤銷；⑤公司經營管理產生嚴重困難，繼續存續會使股東利益受到重大損失，通過其他途徑不能解決的，持有公司全部股東表決權10%以上的股東，可以請求人民法院解散公司。

2. 公司清算

公司清算是指公司解散後，清理其財產及債權債務、分配公司剩餘財產、了結公司法律關係、最終消滅公司法人資格的法律程序。公司清算分為破產清算和非破產清算，分別適用破產法和公司法。

(1) 清算組的組成。根據中國《公司法》第一百八十三條規定，除破產清算外，公司應當在解散事由出現之日起15日內成立清算組，開始自行清算。有限責任公司的清算組由股東組成，股份有限公司的清算組由董事或者股東大會確定的人員組成。逾期不成立清算組進行清算的，債權人可以申請人民法院指定有關人員組成清算組進行清算。人民法院應當受理該申請，並及時組織清算組進行清算。

(2) 清算組的職權。根據《公司法》第一百八十四條規定，清算組在清算期間行使下列職權：①清理公司財產，分別編製資產負債表和財產清單；②通知、公告債權人；③處理與清算有關的公司未了結的業務；④清繳所欠稅款以及清算過程中產生的稅款；⑤清理債權、債務；⑥處理公司清償債務後的剩餘財產；⑦代表公司參與民事訴訟活動。

在清算期間，公司存續，但不得開展與清算無關的經營活動。清算期間，公司機關應停止執行職務，由依法組成的清算組對內組織清算，對外代表公司，依法行使其職權。清算組在清理公司財產、編製資產負債表和財產清單後，應當制訂清算方案，

並報股東會、股東大會或者人民法院確認。

(3) 清算順序。公司財產在分別支付清算費用、職工工資、社會保險費用和法定補償金，繳納所欠稅款，清償公司債務後的剩餘財產，有限公司按照股東的出資比例分配，股份有限公司按股東持有的股份比例分配。公司財產在未按以上順序清償前，不得分配給股東。

(4) 清算的終結

公司清算結束後，清算組應當製作清算報告，報股東會、股東大會或者人民法院確認，並報送公司登記機關，申請註銷公司登記，公告公司終止。

值得注意的是，如果清算組在清理公司財產、編製資產負債表和財產清單後，發現公司財產不足清償債務的，應當向人民法院申請宣告破產，依法進入破產清算程序。

本章思考

1. 理解下列術語：
有限責任公司　　一人公司　　股份有限責任公司　　獨立董事
2. 比較一人有限責任公司與個人獨資企業的異同。
3. 比較有限責任公司與股份有限公司在設立方式和設立條件上的區別。
4. 試述股份有限責任公司組織機構設置的基本規則。
5. 簡述股份有限責任公司的股份轉讓限制。
6. 簡述董事、監事、高級管理人員的義務。

第五章 合同法

> ■ 本章要點
>
> 1. 合同的概念、法律特徵與分類
> 2. 合同法的基本原則
> 3. 合同訂立中的兩大必經程序
> 4. 合同的各種效力狀態
> 5. 合同擔保中的保證與定金
> 6. 合同的變更與轉讓
> 7. 合同的終止
> 8. 違約形態與承擔違約責任的方式

第一節　概述

一、合同的概念、法律特徵與分類

（一）合同的概念

關於合同的概念，各國的立法規定各不相同。大陸法系更強調合同是一種合意，如法國《民法典》中規定：合同是一種合意，依此合意，一人或數人對於其他一人或數人負擔給付、作為或不作為的債務。英美法系更強調合同是一種許諾，如美國《合同法重述》中將合同定義為：合同指的是一個或一組允諾。如果違反，則法律給予救濟，如果履行，則法律以某種方式將其視為一項義務。

在中國，合同又稱契約，是指兩個以上當事人在平等自願的基礎上為實現一定目的而達成的協議。在現實生活中，人們可以就各種各樣的事項達成協議，但並非任何協議都能直接適用合同法。《中華人民共和國民法典》（簡稱《民法典》）第四百六十

四條規定:「合同是民事主體之間設立、變更、終止民事法律關係的協議。婚姻、收養、監護等有關身分關係的協議,適用有關該身分關係的法律規定;沒有規定的,可以根據其性質參照適用本編規定。」

溫故知新

根據中國《民法典》規定,下列合同中應該適用有關身分關係的法律規定的是( )。

A. 收養合同　　　　　　　　B. 出版合同
C. 土地使用權合同　　　　　D. 質押合同

【參考答案】A

(二) 合同的基本法律特徵

1. 合同是一種民事法律行為

民事法律行為,是指民事主體實施的能夠引起民事權利與民事義務的產生、變更或終止的合法行為。合同是以意思表示為成立要素,並且按意思表示的內容賦予法律效力,因此合同在性質上是一種民事法律行為,而非事實行為。

2. 合同是當事人的雙方行為

法律行為分為單方行為與雙方行為,而合同是一種典型的雙方行為。其本質特徵是雙方當事人(多方當事人)均要做出意思表示,並且意思表示一致,即當事人之間達成合意。

3. 合同以設立、變更或終止民事權利義務關係為目的

合同是民事主體的一種有意識、有目的性的行為,其目的體現在設立、變更、終止當事人之間的民事權利義務關係。所謂設立民事權利義務關係,是指當事人依法成立合同後,在他們之間便產生了民事權利義務關係。所謂變更民事權利義務關係,是指當事人之間的民事權利義務關係發生變化,形成新的民事權利義務關係。所謂終止民事權利義務關係,是指當事人之間的民事權利義務關係歸於消滅。

4. 合同關係應體現平等、自願與公平的原則

在訂立合同時,當事人的法律地位是平等的,任何一方都不得將自己的意志強加給另一方。合同內容應是經過當事人的自願協商達成,能真實反應當事人的內心願望,因脅迫、詐欺或重大錯誤而簽訂的合同在效力上存在缺陷。合同還應體現出公平的原則,當事人的權利與義務應當對等。

(三) 合同的分類

根據不同的標準,合同有不同的分類。主要的分類有以下幾種:

1. 有名合同與無名合同

這是根據法律是否設有規範並賦予特定名稱而進行的分類。有名合同,又稱典型合同,是指法律設有規範,並賦予了特定名稱的合同。中國《民法典》所列的買賣合同、借款合同、租賃合同、承攬合同、運輸合同等 19 種合同就是有名合同。無名合同,又稱非典型合同,是指法律沒有特別規定,也沒有賦予特定名稱的合同。

2. 雙務合同與單務合同

這是根據合同當事人是否互負義務而進行的分類。雙務合同,是指雙方當事人都有對待給付的義務。如買賣合同,買方有權獲得貨物,但也有義務支付貨款;賣方有

權獲得貨款，但也有義務交付貨物。可見，在雙務合同中，一方當事人的權利就是另一方當事人的義務，一方當事人的義務就是另一方當事人的權利。現實生活中的合同大多數為雙務合同。單務合同，是指僅有一方當事人負給付義務，或雖然雙方均負給付義務，但雙方的給付義務不能形成對價關係的合同。如贈與合同、民間借款合同、無償保管合同等。

值得注意的是，單務合同不是單方行為，而仍然是雙方行為，比如贈與合同中如果只有贈與人願意贈與還並不能產生合同關係，還必須有受贈與人願意接受贈與才能使合同具有法律效力。

3. 諾成合同與實踐合同

這是根據合同的成立是否以交付標的物為要件而進行的分類。諾成合同，又稱不要物合同，是指只要當事人意思表示一致就可以成立的合同。這種合同不以標的物的交付為要件，即所謂的「一諾而成」。在經濟生活中，絕大多數合同都是諾成合同。如買賣、租賃、承攬合同等。實踐合同，又稱要物合同，是指除當事人意思表示一致以外，還必須實際交付標的物才能成立的合同。這種合同數量相對較少，如民間借貸、借用、保管、定金合同。在判斷一個合同到底是諾成合同還是實踐合同，有時還需要具體分析。比如贈與合同，一般的贈與合同自贈與人向受贈人提供贈與物時成立，可以看作實踐合同。但是，對於一些特殊的贈與合同，如經過公證的贈與合同或者依法不得撤銷的具有救災、扶貧、助殘等公益、道德義務性質的贈與合同則可以看作諾成合同。

區分諾成合同與實踐合同的意義主要在於：二者產生的法律後果不同。在諾成合同中，如不交付標的物則會構成違約責任。而在實踐合同中，如果不交付標的物合同則無法成立，也就不存在違約，如果要追究責任的話應是締約過失責任。

4. 有償合同與無償合同

這是根據當事人之間的權利義務是否存在著對價關係而進行的分類。有償合同，是指當事人一方根據合同從對方取得利益必須支付相應代價的合同。如買賣合同、租賃、承攬合同等。有償合同是商品交換最典型的法律形式。無償合同，是指當事人一方根據合同從對方取得利益不須支付相應代價的合同。如贈與、借用合同等。還有些合同既可以是有償合同，也可以是無償合同，如保管合同、委託合同。

值得注意的是，一般而言，有償合同都是雙務合同，但無償合同並非都是單務合同。這裡的「償」是指相應的代價和報酬，與獲得的利益在價值數量上應該相當；「務」則是指負有的義務，該義務不一定與其享有的權利在價值數量上相當。例如，有的贈與合同要求受贈人按贈與人的要求做一些事情，這時的受贈人實際上是在獲得贈品的同時有義務去做指定的事情，即為雙務合同，但贈與人並不需要為所獲得的贈品支付相應的報酬，即為無償合同。通常來說，即使贈與合同是附條件的，所附的條件與贈品的價值相比也是微不足道的。

5. 要式合同與不要式合同

這是根據合同的成立是否必須採取特定形式而進行的分類。要式合同，是指法律要求必須具備特定形式的合同。特定形式包括書面、公證、登記等。不要式合同，又稱略式合同，是指法律不要求必須具備特定形式的合同，合同的形式可以由當事人任意選擇。在經濟生活中，大多數合同屬於不要式合同。

6. 主合同與從合同

這是根據相互有聯繫的合同之間的主從關係而進行的分類。主合同，是指能夠獨立存在、不以其他合同的存在為條件的合同；從合同，又稱附屬合同，是指不能獨立存在而以其他合同的存在為前提才能成立的合同，如保證合同、抵押合同等擔保合同。

7. 格式合同與非格式合同

根據合同條款是否能為當事人協商確定而進行的分類。格式合同，又稱附從合同、定型化合同，是指在訂立合同時，一方當事人為了反覆使用而預先制訂，相對方不能就合同條款進行協商，只能概括地接受或不接受的合同。非格式合同，又稱商議合同，是指合同條款是經當事人協商確定的合同。這種合同充分考慮了各方當事人的合意自治權，是合同的主要形式。

二、合同法律制度

（一）合同的立法

1. 大陸法系的合同法

在大陸法系國家，合同法以成文法的形式出現，如法國、德國、日本、義大利、瑞士等。合同法通常包括在民法典或債務法典中。

大陸法系國家的民法理論將合同作為產生「債」的原因之一，將合同的侵權行為、不當得利及無因管理等法律規範並列在一起，作為民法的一部分，稱為債務關係法。

2. 英美法系的合同法

在英美法系國家，關於合同的法律原則主要包括在普通法中，體現為判例法、不成文法。雖然英美等國也制定了一些有關某種具體合同的成文法，如英國1893年《貨物買賣法》、美國1906年《統一買賣法》和20世紀50年代制定的《統一商法典》等，但這些只是對貨物買賣合同以及其他一些有關的商事交易合同做了具體規定，至於合同法的基本原則、合同成立的普遍規則等仍需按判例法所確定的規則來處理。

（三）中國的合同立法

中國合同法律制度經歷了一個曲折的發展過程。20世紀80年代以來，為了適應改革開放的需要，中國先後頒布實施了《中華人民共和國經濟合同法》《中華人民共和國涉外經濟合同法》《中華人民共和國技術合同法》等法律，同時，國務院還制定了一系列與經濟合同法、技術合同法相配套的各類實施細則或者合同條例。自此，中國合同法形成了三足鼎立的立法格局，對保護合同當事人的合法權益、維護社會經濟秩序發揮了重要的作用。

但隨著中國市場經濟體制改革的深化，三部單行法分別調整合同關係的模式已經不能適應市場經濟對市場交易規則統一化的要求。因此，1999年3月15日，第九屆全國人民代表大會第二次會議通過了《中華人民共和國合同法》（簡稱《合同法》），該法從1999年10月1日起施行，之前的三部單行法同時廢止，這才使中國的合同法律走向統一。2020年5月28日，十三屆全國人民代表大會第三次會議表決通過了《民法典》，其中第三編為合同編，該法自2021年1月1日起開始施行，《合同法》同時廢止。

除了《民法典》以外，海商法、電子商務法等其他與合同有關的法律、行政法規、法律解釋，以及中國參加的與合同有關的國際條約等，也都是中國合同法律制度的重

要組成部分。

(四) 合同法的基本原則

合同法的基本原則，是制定、解釋、執行和研究合同法的依據和出發點，也是合同立法的指導思想以及民事主體間合同關係所應遵循的基本方針和準則。各國合同法的基本原則一般包括：

1. 平等原則

平等原則是指合同當事人的法律地位是平等的，一方當事人不能將自己的意志強加給另一方。這一原則是民事權利義務關係的本質和基礎，是自願原則的前提，貫穿於合同的整個過程。

2. 自由原則

自由原則是指當事人依法享有自由簽訂合同的權利，任何單位和個人不得非法干預，即當事人意思自治。這一原則的確立是市場經濟不斷發展和完善的必然結果，通常包括以下內容：締結合同的自由、選擇合同相對人的自由、決定合同內容的自由、選擇合同形式的自由、變更和解除合同的自由等、選擇合同方式的自由。

應當注意的是，中國合同法所確定的合同自由是一種有限制的、相對的自由。首先，合同自由是在法律規定範圍內的自由，不違反法律、行政法規的強制性規定；其次，如果是為了保護社會公共利益和社會正義，在立法上有必要限制當事人一方的合同自由。

3. 公平原則

公平原則是指合同當事人本著公平合理的觀念確定各方的權利義務。即當事人之間要互利，不得損害對方的利益。判斷公平的標準，是從社會正義的角度，體現社會的價值觀、是非觀，包括人們公認的經濟利益上的合理標準。

4. 誠信原則

誠信原則是指當事人行使權利、履行義務時應誠實不欺、講究信用，在不損害他人利益及社會利益的前提下追求自身利益。此原則貫穿於合同訂立、履行、變更和終止的整個過程，是合同法的一個重要原則。誠信原則本來是存在於商品交易中的一種道德規範，當其上升為法律原則以後，就兼具了道德調整和法律調整的雙重功能，正如楊仁壽先生所言，誠實信用原則雖以社會倫理觀念為基礎，惟其並非道德，而是將道德法律技術化：一方面它要求和鼓勵當事人在進行民事活動時應講求誠信和善意；另一方面，它又給予當事人的民事活動以強制性的約束，直接對當事人所做行為的後果產生影響。

通常來說，誠信原則包括三層含義：一是誠實，要表裡如一，因詐欺訂立的合同無效或者可以撤銷。二是守信，要言行一致，不能反覆無常，也不能口惠而實不至。三是從當事人協商合同條款時起，就處於特殊的合作關係中，當事人應當恪守商業道德，履行相互協助、通知、保密等義務。

5. 遵守法律與社會公共利益原則

這一原則要求當事人訂立和履行合同應當遵守法律、行政法規，尊重社會公德，不得擾亂社會公共秩序，損害社會公共利益。遵守公序良俗與誠信原則的區別在於二者的適用範圍不同，誠信原則主要適用於市場交易中，而公序良俗規則的適用範圍還包括社會道德、社會經濟秩序和社會公共利益的合同關係、民事關係。

6. 鼓勵交易原則

鼓勵交易原則是指在不違背法律及社會公共利益的前提下，法律賦予交易的當事人快速達成交易並盡可能促使更多交易獲得成功，從而實現經濟效益的提高。鼓勵交易原則符合社會主義市場經濟體制對經濟交易的根本要求，交易越活躍，越有利於市場經濟的發展。合同法作為維護市場交易秩序的基本法律，應當起到鼓勵交易快速達成並盡可能促使更多交易獲得成功的作用。

需要注意的是，鼓勵交易原則是有限制的：一是應當鼓勵合法、正當的交易。合同的合法性是合同能夠生效的前提，如果當事人之間已經成立的合同，違背了法律或社會公共道德，則此種交易不僅不應當受到鼓勵，而且應當追究交易當事人的責任。二是應當鼓勵自願的交易，即在當事人意思表示真實的基礎上產生的交易。基於詐欺、脅迫或其他意思表示有瑕疵的行為而產生的交易，往往並不符合雙方當事人、特別是意思表示不真實一方的意志和利益，因此也會產生不公平、不公正的交易，對此種交易活動不應當予以鼓勵，而應當通過可變更、可撤銷等法律規則予以限制和調整。

第二節　合同的訂立

一、合同訂立的概述

（一）合同訂立的概念

合同的訂立，是指當事人之間為了設立、變更和終止相互之間的民事權利義務關係而互為意思表示，並就合同條款達成合意的過程。這個過程分為要約和承諾兩個階段。在這個過程中，締約當事人負有先合同義務，過失違反先合同義務，給締約相對方造成損失的，產生締約過失責任。

合同訂立與合同成立的含義有所不同。合同的訂立著眼於締約當事人達成協議的過程，而合同的成立是一個事實判斷問題，著眼於合同是否存在，即締約當事人達成協議的結果。可以說，合同成立是合同訂立所產生的最理想的結果。

（二）合同訂立的主體

合同訂立的主體，是指實際訂立合同的人。根據《民法典》規定，訂立合同的主體是民事主體，一般包括自然人、法人、非法人組織。自然人作為合同主體，必須具備民法典規定的民事行為能力。十八週歲以上的成年人是完全民事行為能力人，可以獨立實施民事法律行為；限制民事行為能力人實施民事法律行為由其法定代理人代理或者經其法定代理人同意、追認；無民事行為能力人實施民事法律行為由其法定代理人代理實施民事法律行為。法人、非法人組織的民事行為能力則有不同，它們只有在登記核准的經營範圍內簽訂的合同才有法律效力，能夠受到法律保護。

（三）合同訂立的形式

合同的形式，是指合同內容的外在表現形式。根據中國《民法典》第四百六十九條規定，當事人訂立合同，可以採用書面形式、口頭形式或者其他形式。

1. 書面形式

書面形式是合同書、信件、電報、電傳、傳真等可以有形地表現所載內容的形式。

以電子數據交換、電子郵件等方式能夠有形地表現所載內容，並可以隨時調取查用的數據電文，視為書面形式。

合同書是一種常用的合同形式。合同書文本多種多樣，有行業協會制定的示範性合同文本，也有營業者提供的由營業者制訂的格式合同文本，而大量的則是雙方當事人自己簽訂的合同文本。一般來說，作為合同書應當符合以下條件：①必須以某種文字、符號書寫。②必須有雙方當事人（或者代理人）的簽字（或者同時蓋章）。③必須規定當事人的權利義務。

採用書面形式訂立合同的優點是明確肯定，有據可查，舉證方便，有利於防止爭議和解決糾紛。因此，書面形式成為當事人最普遍採用的一種合同形式。

2. 口頭形式

口頭形式是指當事人面對面或者通過電訊設備等以口頭交談的方式達成的合同的形式。以交談方式達成的口頭合同，其內容應當符合下列要求：不違反法律、行政法規的強制性規定；一方沒有以詐欺、脅迫的手段訂立合同，損害國家利益；雙方不是惡意串通，損害國家、集體或者第三人利益；雙方不是以合法的形式掩蓋非法目的；沒有損害社會公共利益；訂立合同的主體具有民事行為能力和民事權利能力；意思表示真實。符合以上要求的口頭合同就成立並具有法律效力，受法律保護。

採用口頭形式訂立合同的優點是簡便、快捷，締約成本低。缺點是發生糾紛時難以舉證，不易分清責任。因此對於非即時結清的，或者比較重要、內容複雜的合同不提倡採取口頭形式。

3. 其他形式

合同的其他形式，是指當事人以書面、口頭以外的其他方式進行意思表示，表現合同內容的形式。這個「其他形式」，主要指行為形式，即當事人通過某種作為或者不作為的行為方式進行意思表示。前者是明示意思表示的一種，比如顧客到超市購買商品，直接到貨架上拿取商品，支付價款後合同即成立，無須以口頭或書面形式確立雙方的合同關係。後者是默示意思表示方式，比如存在長期供貨業務關係的企業之間，一方當事人在收到與其素有業務往來的相對方發出的訂貨單或提供的貨物時，如不及時向對方表示拒絕接受，則推定為同意接受。但需要注意的是，不作為的意思表示只有在有法定或約定、存在交易習慣的情況下可視為同意的意思表示。

中國合同法承認合同的「其他形式」，這與中國經濟的發展、交易形態的多樣化是相符的。如果僅僅拘泥於書面形式和口頭形式，將可能使一些交易變得過於繁瑣，從而違背鼓勵交易的原則。

二、合同訂立的程序

合同訂立的過程，也就是當事人相互協商、達成合意的過程。《民法典》第四百七十一條規定：「當事人訂立合同，採取要約、承諾方式或者其他方式。」「其他方式」體現了民法的開放性，也是合同自由原則的體現。

（一）要約

1. 要約的概念與構成要件

要約，又稱發盤、出盤、發價、出價或報價，是指希望和他人訂立合同的意思表示。也就是說，要約是將自己希望和他人訂立合同的內心想法通過一定的形式（書面、

口頭或其他形式）表現出來。發出要約的一方稱為「要約人」（offeror），接受要約的一方稱為「受要約人」（offeree）。要約人可以是買方、也可以是賣方，法律並沒有限定要約人必須是特定的哪一方當事人。

根據《民法典》第四百七十二條的規定，一項有效的要約，通常應具備下列兩個構成要件：

（1）內容具體確定。由於要約一旦得到受要約人的承諾，合同就成立，因此要約內容應當具體明確，以便受要約人確切知道要約的內容，從而做出承諾。要約至少應當具有合同成立所必需的條款，而哪些是必需條款，可根據合同的性質和當事人的合同目的來確定，不可一概而論。一般來說，標的條款是不可或缺的，但只有標的條款還不能構成合意，還需要設定其他條款。如標的數量、價款或者是對數量、價款的計量方式，合同也可以成立。

（2）表明經受要約人承諾，要約人即受該意思表示的約束。要約人發出要約是以訂立合同為目的，因此要約中應當表明，該要約一旦經受要約人承諾，要約人就要接受該意思表示的約束。這一點也是合同法誠信原則的具體要求。

2. 要約與要約邀請的區別

要約邀請，是指希望他人向自己發出要約的表示。要約邀請是人訂立合同當事人的預備行為，如拍賣公告、招標公告、招股說明書、債券募集辦法、基金招募說明書、商業廣告和宣傳、寄送的價目表等為要約邀請。如果商業廣告和宣傳的內容符合要約條件的，構成要約。

要約與要約邀請的區別主要表現在：

（1）要約是一方向另一方發出的以訂立合同為目的的意思表示，並且要約內容具體確定。要約邀請則是一方向另一方發出的邀請其向自己發出要約的意思表示，不具有合同成立所應當具備的主要條款。

（2）要約中包含當事人願意接受要約拘束的意思表示，承諾生效，合同就成立。要約邀請不含當事人願意接受拘束的意思表示，只產生對方向其發出要約的可能，還須要約邀請人承諾，合同才能成立。

（3）發出要約和接受要約的當事人應為特定，而要約邀請的對方往往是不特定的，但也有例外的情形，如公共騎車駛入站臺載客、標價出售的商品、自動售貨機售賣商品的要約邀請的接受人可以不特定。

溫故知新

根據相關法律制度的規定，下列情形中不屬於要約邀請的是（　　）。

A. 甲公司向數家貿易公司寄出價目表
B. 乙公司通過報刊發布招標公告
C. 丙公司在其營運中的咖啡自動售賣機上載明「每杯兩元」
D. 丁公司向社會發布招股說明書

【參考答案】C

3. 要約的法律效力

要約的法律效力，又稱要約的拘束力，包括要約生效、對要約人的拘束力以及對受要約人的拘束力三個方面。

（1）要約生效的時間。各國對於要約的生效存在三種立法標準，即發信主義（也稱投郵生效）、到達主義和瞭解主義。中國《民法典》第一百三十七條分兩種情況採用了不同的生效標準：①以對話方式做出的意思表示，相對人知道其內容時生效。②以非對話方式做出的意思表示，到達相對人時生效。以非對話方式做出的採用數據電文形式的意思表示，相對人指定特定系統接收數據電文的，該數據電文進入該特定系統時生效；未指定特定系統的，相對人知道或者應當知道該數據電文進入其系統時生效。當事人對採用數據電文形式的意思表示的生效時間另有約定的，按照其約定。

（2）對要約人的效力。其又稱對要約的形式拘束力，指要約一經生效，要約人即受到要約的拘束，不得隨意撤銷要約或對要約加以限制、變更和擴張。其目的在於維護交易安全，保護受要約人的合法權益。

（3）對受要約人的效力。其又稱對要約的實質拘束力。要約生效，即意味著受要約人取得了承諾的權利，在要約的有效期間內，受要約人可以承諾，也可以不承諾。但在強制締約的情況下，承諾也是一種義務。

（4）要約的存續期限。要約的存續期限是指要約發生法律效力的期間，即承諾期限。具體分為兩種情形：定有存續期間限和未定有存續期限。定有承諾期限的要約，相對人須在此期限做出承諾，才能對要約人有拘束力。未定承諾期限的要約，要約的存續期限應依法律的規定：要約以對話方式做出的，除當事人另有約定的以外，應當即時承諾；要約以非對話方式做出的，承諾應當在合理期限內到達。如何確定合理期限，通常應考慮要約與承諾到達對方所需的在途時間、受要約人考慮是否做出承諾的權衡時間以及行業習慣等因素。在合理期間受要約人未承諾，要約失效。

4. 要約的撤回與撤銷

（1）要約的撤回，是指在要約生效之前，要約人阻止要約發生法律效力的行為。要約的撤回，既尊重了要約人的意志，又未損及受要約人的利益，因此，《民法典》第一百四十一條規定：「行為人可以撤回意思表示。撤回意思表示的通知應當在意思表示到達相對人前或者與意思表示同時到達相對人。」

值得注意的是，如果要約人在要約生效前對已發送的要約進行修改，其效果等同於原要約的撤回，新要約的產生。

（2）要約的撤銷，是指在要約生效以後，受要約人做出承諾之前，要約人將要約的法律效力歸於消滅的行為。

因為要約的撤銷是在該要約生效後進行的，因而有可能此撤銷行為對受要約人不利，對此，有必要在法律上對要約的撤銷予以嚴格的限制。根據《民法典》第四百七十六條規定，要約在以下兩種情形不得撤銷：一是要約人確定了承諾期限或者以其他形式明示要約不可撤銷；二是受要約人有理由認為要約是不可撤銷的，並已經為履行合同作了合理準備工作。

撤銷要約的意思表示以對話方式做出的，該意思表示的內容應當在受要約人做出承諾之前為受要約人所知道；撤銷要約的意思表示以非對話方式做出的，應當在受要約人做出承諾之前到達受要約人。

5. 要約的失效

要約的失效，是指要約喪失其法律效力，不再對要約人和受要約人產生拘束力。

根據《民法典》第四百七十八條的規定，要約失效的原因主要有：①要約被拒絕；

②要約被依法撤銷；③承諾期限屆滿，受要約人未做出承諾；④受要約人對要約的內容做出實質性變更。所謂實質性變更，是指對要約中有關合同標的、數量、質量、價款、履行期限、地點、方式、違約責任、爭議的解決方式等做出變更。這實際上是受要約人向要約人發出了新的要約。

（二）承諾

1. 承諾的概念與構成要件

承諾，是指受要約人同意要約的意思表示。承諾的法律效力在於，承諾一經做出並送達要約人，合同即告成立。

一項有效的承諾應當具備以下構成要件：

（1）承諾必須由受要約人向要約人做出。不論是非受要約人向要約人做出的表示接受的意思表示，還是受要約人向非要約人做出的表示接受的意思表示，均不是承諾。

（2）承諾必須在承諾期限內到達要約人。受要約人必須在承諾期限內做出承諾，並使承諾達到要約人。《民法典》第四百八十一條規定：「承諾應當在要約確定的期限內達到要約人。」同時還規定，要約人沒有確定承諾期限的，承諾應當依照下列規定到達：要約以對話方式做出的，應當即時做出承諾；要約以非對話方式做出的，承諾應當在合理期限內到達。

（3）承諾的內容必須與要約的內容一致。這是承諾有效的核心要件。合同是當事人雙方權利義務意思表示一致的產物，因此，從嚴格意義上說，承諾必須與要約的內容完全一致，不得限制、擴張或者變更要約的內容。這一觀點得到了兩大法系國家的一致承認，尤其是英美法系國家採取了「鏡像原則（mirror rule）」，要求承諾如同照鏡子一般照出要約的內容。正如英國學者阿蒂亞在《合同法概論》中提到的：「承諾應當是絕對和無條件的，而且必須表示願意按照要約人所提出的各項條件簽訂合同。一個意圖增加或改變要約人所提出的條款的承諾，實際上根本就不是承諾。」但是，隨著交易的發展，人們發現絕對地堅持這一原則可能會阻礙很多合同的成立，不利於鼓勵交易。因此兩大法系和有關國際公約都對這一原則做了變通，允許承諾對要約進行非實質性更改。

中國《民法典》借鑑了這一立法經驗，認為承諾的內容應當與要約的內容一致。如果要約人對要約的內容做出實質性變更的，為新要約；如果承諾對要約的內容做出非實質性變更的，除要約人及時表示反對或者要約表明承諾不得對要約的內容做出任何變更外，則該承諾有效。

2. 承諾的方式

承諾方式，是指承諾人通過何種形式將其承諾的意思送到要約人。《民法典》第四百八十條規定：「承諾應當以通知的方式做出；但是，根據交易習慣或者要約表明可以通過行為做出承諾的除外。」

據此，承諾的做出可以採用通知與非通知的行為兩種方式：

（1）通知方式。在一般情況下，受要約人接受要約應當向受要約人發出承諾通知，承諾通知應為明示通知，至於何種通知方式，書面、口頭均可。

（2）非通知的行為方式。這是指明示行為以外的行為方式。依據民法理論，該行為方式稱之為默示，包括作為的默示和不作為的默示。應當注意的是，以此種方式承諾的，要麼必須依據交易習慣，要麼是要約中表明了的。

作為的默示是非通知行為方式的主要形式。這樣的行為，通常是履行行為，比如預付價款、裝運貨物等，即承諾人以實際履行要約內容的行為表示接受要約。

不作為的默示即緘默本身原則上不構成承諾，但對此也不能絕對化。在以下幾種特殊的情況下，應承認其效力：一是受要約人在向要約人發出要約邀請時曾明確聲明，在對方發出要約後的一定期限內，如果沒有收到答復，即視為已經承諾。在這種情況下，實際上雙方已經就承諾的方式達成了協議，即約定承諾的方式為緘默。二是雙方已經有過多次磋商，並達成了初步的協議，一方更改了初步協議中的部分條款，並要求另一方當事人就這部分條款做出答復，同時提出：如果不在規定時間內做出答復，則視為接受。這是因為雙方已經過協商，產生了一種合理的信賴，即信任對方在沒有明確表示對更改條款有異議的情況下，視為同意接受該條款。三是依據雙方以前的交易習慣或者當地的某種交易慣例，承諾可以以緘默的方式成立。

3. 承諾的生效

承諾的生效，是指承諾發生法律效力即法律約束力。承諾生效，則合同成立，因此，承諾生效的時間在合同法上具有極其重要的意義。根據《民法典》四百八十四條規定，以通知方式做出承諾，其生效分為兩種情況：一是對話方式，相對人知道其內容時生效；二是非對話方式，通知到達相對人時生效。承諾不需要通知的，根據交易習慣或者要約的要求做出承諾的行為時生效。

4. 承諾的撤回

承諾的撤回，是指受要約人在發出承諾通知以後，承諾發生法律效力之前阻止其生效的行為。《民法典》規定，承諾可以撤回，撤回意思表示的通知應當在意思表示到達相對人前或者與意思表示同時到達相對人。

如果承諾已經生效，則合同成立，此時受要約人則不能再撤回承諾。

5. 承諾的遲延

承諾的遲延，是指受要約人未在承諾期限內發出承諾或者承諾到達時超過承諾期限了。具體分為以下兩種情況：一是遲發或雖然期限內發出但通常不能及時到達的承諾。《民法典》第四百八十六條規定：「受要約人超過承諾期限發出承諾，或者在承諾期限內發出承諾，按照通常情形不能及時到達要約人的，為新要約；但是，要約人及時通知受要約人該承諾有效的除外。」二是遲到的承諾。《民法典》第四百八十七條規定：「受要約人在承諾期限內發出承諾，按照通常情形能夠及時到達要約人，但是因其他原因致使承諾到達要約人時超過承諾期限的，除要約人及時通知受要約人因承諾超過期限不接受該承諾外，該承諾有效。」

案例5.1

四個合同是否都成立

案情：某糧食公司向甲、乙、丙、丁四家商場發出函電：「我公司有一批糧食可以出售，你方是否需要？」次日糧食公司即收到四個商場的回電：「需要，請告知詳情。」糧食公司遂於3月3日向四個商場發電詳告：「袋裝珍珠米共2,000袋，一級，規格為10千克/袋，單價5.00元/千克，質量符合國家標準，我方負責運輸，10日內答復有效。」甲商場於3月6日回電：「同意，請盡快送貨。」乙商場考慮到當地市場需求的特點，於3月8日回電：「請將規格改為5千克/袋，其他條件同意。」丙商場於3月10日

發出函電:「同意。」但該函電由於電信局的原因於 3 月 14 日才到達糧食公司。丁商場負責人在外出差,直到 3 月 15 日才回來,當日即發電給糧食公司:「同意。」糧食公司在收到四家商場的函電後均沒做出任何答復。

問:糧食公司與四家商場的合同是否都成立?

三、合同的條款

(一) 合同條款的概念與種類

所謂合同的條款,從實質上說,即合同的內容,是確定合同當事人權利與義務的根據。合同條款應當明確、肯定、完整、並且條款之間彼此不矛盾。如果合同條款含混不清或者存在漏洞,則應通過合同的解釋予以完善。

根據合同條款在合同中的地位和作用,可以將合同條款進行不同的分類,這裡著重介紹必備條款與非必備條款。必備條款,是指依據合同的性質和當事人的特別約定所必須具備的條款,缺少這些條款將影響合同的成立。必備條款主要包括兩個方面:一是依據合同性質所必須具備的條款,如所有合同都應具備標的條款,買賣合同應具備價金條款。二是根據當事人的特別約定所必須具備的條款。例如,當事人在合同中約定:「本合同必須經過公證才能生效。」則公證成為該合同的必備條款。非必備條款,是指依據合同的性質在合同中不是必須具備的條款,即使缺少這些條款也不會影響合同的成立。如履行期限、數量、質量等條款。在缺少這些條款的情況下,也可以根據民法典第五百一十條與第五百一十一條的規定填補漏洞。

(二) 合同的一般條款

根據《民法典》第四百七十條規定,合同的內容由當事人約定,一般包括下列條款:①當事人的姓名或者名稱和住所;②標的;③數量;④質量;⑤價款或者報酬;⑥履行期限、地點和方式;⑦違約責任;⑧解決爭議的方法。這其中既有必備條款,也有非必備條款;既有實體條款,也有程序條款。

(三) 合同的格式條款

格式條款,又稱標準條款、格式合同,是指當事人為了反覆使用而預先制訂,並在訂立合同時未與對方協商的條款。格式條款的產生和發展是 20 世紀合同法發展的重要標誌之一,其形成是由於某些行業發展到一定程度時出現了大量重複性的交易,為了簡化合同訂立的程序而預先制訂的,剛開始這樣的合同確實大大提高了工作效率,但這些企業一般發展較快、規模較大,帶有一定程度的壟斷性。因此格式合同也帶來了弊端,即提供商品或服務的一方往往利用其優勢低位,制訂有利於自己而不利於相對方的條款,而相對方不能與之協商,只能被動接受。這樣一來,格式合同就違背了合同自由原則與公平原則。

中國《民法典》對格式合同予以了一定的限制,具體如下:

(1) 制訂格式條款應當遵循公平原則。如果內容顯失公平,相對方有權請求人民法院或者仲裁機構變更或撤銷。

(2) 格式合同的制訂方應當採取合理方式對免責條款進行提示和說明。這裡的「合理方式」,是指格式條款的制訂方採用的提請對方注意的方式應在通常情況下確實能起到讓對方注意的作用。

(3) 規定了格式合同無效的情形。比如,造成對方人身傷害或者因故意、重大過

失造成對方財產損失的免責條款無效；格式合同制訂方免除其責任、加重對方責任、排除對方主要權利的，該條款無效。

（4）確立格式合同的解釋規則。對格式條款的理解發生爭議的，應按照通常理解予以解釋。如果對格式條款有兩種以上解釋的，應當做出不利於提供格式條款一方的解釋。格式條款與非格式條款不一致的，應當採用非格式條款。

第三節　合同的效力

一、合同效力的概述

（一）合同效力的概念

合同的效力，又稱合同的法律效力，是指法律賦予依法成立的合同在當事人之間產生的法律拘束力。一般情況下，由於合同具有相對性，合同的效力原則上局限在當事人之間，但有時合同對第三人也有拘束力，主要表現在賦予合同當事人具有排斥第三人的妨害及在第三人侵害合同債權時享有要求賠償損失的權利。此外，合同對第三人的拘束力還表現在為保全合同利益，法律允許債權人可在特定的情況下主張代位權和撤銷權。例如，債務人基於惡意將財產低價出售給第三人，明顯不利於債權人債權的，則債權人可依法主張撤銷該轉讓行為。

（二）合同成立與合同生效的關係

合同的成立與合同的生效在合同效力制度中是一個很重要的問題，二者既有聯繫又有區別。聯繫可以體現在：合同的成立是合同生效的前提，如果合同沒有成立當然就不可能生效；反之，合同生效是合同成立的結果和當事人訂約的目的，如果合同不能生效，那訂立合同也就沒有意義了。

但是，二者確實是屬於不同的法律範疇，區別主要表現在：合同的成立是指當事人就合同的主要條款達成合意，只是表明當事人之間存在合意這一事實。因此，合同成立與否屬於事實判斷問題，著眼點在於判斷合同是否存在，其判讀結果只能是成立或不成立的事實。合同的生效則反應的是法律對已經成立的合同的評價。也就是說，合同的有效與否是一個法律價值判斷問題，著眼點在於判斷合同是否符合法律的精神和規定，能否發生法律上的效力。其判斷結果有生效、無效、效力待定、可變更、可撤銷等多種狀態。

（三）合同成立的時間

當事人採用合同書形式訂立合同的，自當事人均簽名、蓋章或者按指印時合同成立。有兩種情況例外：一是在簽名、蓋章或者按指印之前，當事人一方已經履行主要義務，對方接受時，該合同成立。二是法律、行政法規規定或者當事人約定合同應當採用書面形式訂立，當事人未採用書面形式但是一方已經履行主要義務，對方接受時，該合同成立。

當事人採用信件、數據電文等形式訂立合同要求簽訂確認書的，簽訂確認書時合同成立。當事人一方通過互聯網等信息網絡發布的商品或者服務信息符合要約條件的，對方選擇該商品或者服務並提交訂單成功時合同成立，但是當事人另有約定的除外。

二、有效合同

(一) 有效合同的概念

有效合同，又稱為生效的合同，是指符合合同的生效要件，在當事人之間產生法律拘束力，並受法律保護的合同。

(二) 合同的生效要件

合同的生效要件是判斷合同是否具有法律效力的標準。根據《民法典》第一百四十三條的規定，一般合同的生效要件如下：

1. 行為為具有相應的民事行為能力

這是指合同當事人在訂立合同時必須具有相應的締約能力。所謂相應的締約能力包括三個方面的內容：一是締約人締約時要有相應的民事行為能力；二是締約人締約時要有相應的締約資格，比如由代理人代理訂立合同，代理人要取得代理權；三是締約人締約時對其所處分的財產權利要有相應的處分能力，比如買賣合同的出賣人對其出賣的財產要有處分權。

2. 意思表示真實

意思表示真實是指表意人的表示行為真實地反應其內心的效果意思，這是契約自由與契約正義的基本要求。如果意思表示不真實或意思表示有瑕疵，都將直接影響合同的生效，即產生合同無效或者合同為可撤銷、可變更的法律後果。

3. 不違反法律、行政法規的強制性規定，不違背公序良俗

這要求合同的內容、形式與目的要具有合法性。只有當事人締結的合同內容與形式符合法律的規定，不違背公序良俗，並且不具有規避法律的合同目的，法律才對其做出肯定性的評價，賦予其法律效力，此時合同才能產生當事人預期的法律後果。

(三) 合同的生效時間

《民法典》第五百零二條規定：「依法成立的合同，自成立時生效，但是法律另有規定或者當事人另有約定的除外。依照法律、行政法規的規定，合同應當辦理批准等手續的，依照其規定。未辦理批准等手續影響合同生效的，不影響合同中履行報批等義務條款以及相關條款的效力。應當辦理申請批准等手續的當事人未履行義務的，對方可以請求其承擔違反該義務的責任。」

三、無效合同

(一) 無效合同的概念與特徵

無效合同，是指雖然已經成立，但因損害國家利益、社會利益與他人利益，違反法律、行政法規，因此沒有發生法律拘束力的合同。

無效合同通常具有以下幾個特徵：

（1）無效合同的違法性。雖然無效合同種類很多，但都具有違法性。所謂違法性，是指違反法律、行政法規的強制性規定以及社會公共利益。

（2）無效合同具有不得履行性。所謂不得履行性，是指當事人在訂立無效合同以後，不得依據合同實際履行，也不承擔不履行合同的違約責任。但需要注意的是，如果當事人可以依法對無效合同予以更正，並使其符合了法律的規定，則該合同轉化為有效合同。

（3）無效合同自始無效。合同一旦被確認無效，就將產生溯及力，即合同自訂立之時起就不具有法律拘束力，以後也不能轉化為有效合同。已經履行的，應當通過返還財產、賠償損失等方法使當事人的財產恢復到合同訂立之前的狀態。

（二）無效合同的種類

根據《民法典》相關規定，無效合同的種類主要包括以下幾種：①無民事行為能力人簽訂的合同；②合同雙方以虛假的意思表示簽訂的合同；③違反法律、法規強制性規定的合同；④違背公序良俗的合同；⑤惡意串通，損害他人合法權益的合同。

（三）合同的部分無效

合同可以全部無效，也可以部分無效。根據《民法典》第一百五十六條規定，合同部分無效，不影響其他部分效力的，其他部分仍然有效。

由此可見，如果合同在內容上是由若干相互獨立的有效部分和無效部分共同組成的，那麼當無效部分被確認無效後，有效部分仍繼續有效。但是，如果無效部分與有效部分是相互牽連的，確認部分內容無效將影響有效部分的效力，或者從行為的目的、交易的習慣以及根據誠信原則和公平原則，決定剩餘的有效部分對於當事人已無意義或已不公平合理，則該合同應被確認為全部無效。

四、可撤銷合同

（一）可撤銷合同的概念與特徵

可撤銷的合同，又稱為相對無效合同，或者可撤銷、可變更合同，是指雖欠缺合同生效要件，但存在法定撤銷事由，當事人有權提請人民法院或仲裁機構撤銷或變更的合同。

可撤銷合同一般具有下列法律特徵：

（1）可撤銷合同主要是意思表示不真實的合同。這是關於撤銷對象的確定問題。通常，能夠撤銷的合同是沒有故意違反法律、行政法規的強制性規定與公序良俗的合同。在這一點上，可撤銷合同與無效合同是有區別的。

（2）可撤銷合同須由撤銷權人主動行使撤銷權。這是關於行使撤銷權的主體問題。法律將此權利賦予撤銷權人，由其決定是否撤銷合同。而法院和仲裁機構則採取不告不理的態度，不能主動宣告合同的撤銷。

（3）可撤銷合同被撤銷後自始無效。被撤銷的合同自始沒有法律約束力。

（4）撤銷權人可以選擇撤銷或者變更合同。當事人請求變更的，法院或者仲裁機構不得撤銷。

（二）可撤銷合同的種類

根據《民法典》相關規定，可撤銷合同的種類如下：

（1）因重大誤解訂立的合同。所謂重大誤解，是指一方或者雙方當事人對合同的性質、主要內容（如標的物的種類、質量、數量）等存在錯誤認識，違背其真實意思表示訂立合同，並因此受到較大損失的情形。

（2）顯失公平的合同。一方利用對方處於危困狀態、缺乏判斷能力等情形，致使民事法律行為成立時顯失公平的合同。所謂顯失公平，是指一方當事人利用自己的優勢或者對方的經驗欠缺，在訂立合同時致使雙方的權利與義務明顯不對等或者利益明顯不平衡的情形。這違背了合同的公平原則，應予以撤銷或變更。

（3）因詐欺手段，使對方違背真實意思簽訂的合同。具體分為兩種情況：一是一方以詐欺手段，使對方在違背真實意思的情況下簽訂合同，受詐欺方有權請求人民法院或者仲裁機構予以撤銷。二是第三人實施詐欺行為，使一方在違背真實意思的情況下簽訂合同，對方知道或者應當知道該詐欺行為的，受詐欺方有權請求人民法院或仲裁機構予以撤銷。

　　（4）因脅迫手段，使對方違背真實意思簽訂的合同。一方或者第三人以脅迫手段，使對方在違背真實意思的情況下實施的民事法律行為，受脅迫方有權請求人民法院或者仲裁機構予以撤銷。

（三）撤銷權的消滅

　　撤銷權人必須在規定的期限內行使撤銷權。根據《民法典》第一百五十二條的規定，有下列情形之一的，撤銷權消滅：①當事人自知道或者應當知道撤銷事由之日起一年內、重大誤解的當事人自知道或者應當知道撤銷事由之日起九十日內沒有行使撤銷權；②當事人受脅迫，自脅迫行為終止之日起一年內沒有行使撤銷權；③當事人知道撤銷事由後明確表示或者以自己的行為表明放棄撤銷權。④當事人自民事法律行為發生之日起五年內沒有行使撤銷權的，撤銷權消滅。

　　合同被撤銷後，行為人因該行為取得的財產，應當予以返還；不能返還或者沒有必要返還的，應當折價補償。有過錯的一方應當賠償對方由此所受到的損失；各方都有過錯的，應當各自承擔相應的責任。法律另有規定的，依照其規定。

五、效力待定合同

（一）效力待定合同的概念

　　效力待定合同，是指合同雖然已經成立，但因其不完全具備生效要件，因此不能確定是否發生效力，一般須經有權人承認才能生效。這裡的不完全具備生效要件，主要是指合同主體資格有缺陷，比如無代理權人以本人名義訂立合同。與無效合同不同的是，這些合同中的瑕疵是可以補救的，即經過有權人追認，合同自始生效。追認的意思表示應以明示的方式做出，且應為相對人所瞭解。這類合同不直接確定為無效合同而規定為效力待定合同的意義在於有利於維護交易的安全，保護權利人和相對人的合法權益。

（二）效力待定合同的種類

　　1. 限制民事行為能力人訂立的合同

　　限制民事行為能力人實施的純獲利益的民事法律行為或者與其年齡、智力、精神健康狀況相適應的民事法律行為有效，不需要得到其法定代理人的追認。但除了這些合同，限制民事行為能力人訂立的其他合同，則須經法定代理人同意或者追認，合同才能有效，在合同被追認之前，合同處於效力待定狀態。

　　2. 無權代理人訂立的合同

　　無權代理包括三種情形：行為人沒有代理權、超越代理權、代理權終止後仍以被代理人的名義訂立合同。行為人無代理權而以被代理人名義與第三人訂立合同，對被代理人不發生效力，其法律後果由行為人自己承擔。這類合同只有經過追認，被代理人才承擔民事責任。

3. 無處分權人訂立的合同

無處分權的人處分他人財產，經權利人追認或者無處分權的人訂立合同後取得處分權的，該合同有效。

(三) 追認權、催告權與撤銷權

為了平衡合同當事人的權利，保護善意相對人的利益。合同法賦予效力待定合同權利人以追認權，合同相對人以催告權和撤銷權。

根據《民法典》第一百五十四條、第一百七十一條規定，相對人可以催告法定代理人或被代理人自收到通知之日起三十日內予以追認。法定代理人或被代理人未做表示的，視為拒絕追認。合同被追認前，善意相對人有撤銷的權利。撤銷應當以通知的方式做出。

(四) 表見代理

所謂表見代理，是指在無權代理的情形下，如果善意相對人客觀上有正當理由相信代理人具有代理權而與之簽訂合同，由此產生的法律後果由被代理人承擔。可見，表見代理無須權力人追認，即對其產生法律效力，因此，嚴格地說，表見代理不屬於效力待定的行為。需要注意的是，表見代理強調相對人主觀上是善意的、無過失的，並且有合理理由相信無權代理人取得了授權。

第四節　合同的履行

一、合同履行的概述

(一) 合同履行的概念

合同的履行，是指合同成立並生效後，合同當事人按照合同約定或者法律規定全面、適當地履行自己所承擔的義務。從合同消滅原因上來看，合同的履行又稱為債的清償，當合同債務人全面、適當地履行了義務，合同債權即達到目的而得到滿足，合同關係即歸於消滅。

(二) 合同履行的原則

1. 全面履行原則

全面履行原則，是指當事人按照合同約定的標的及其品質、數量，在適當的履行時間、履行地點，以適當的履行方式全面完成合同義務的履行原則。

中國《民法典》第五百零九條規定：「當事人應當按照約定全面履行自己的義務。」該原則是合同履行的一項最根本的要求。可以說，全面履行是判斷合同是否履行或者是否違約的標準，也是衡量合同履行程度和違約責任的尺度。

2. 協作履行原則

協作履行原則，是指當事人應當按照誠實信用原則協助對方履行義務的履行原則。這要求當事人不僅要約定履行義務，還要根據合同的性質、目的和交易習慣，履行通知、協助、保密等義務，即附隨義務。具體包括下列內容：一是債務人履行債務，債權人應當受領給付；二是債務人履行債務，債權人應當創造必要的條件，提供必要的方便；三是因故不能履行或不能完全履行時，應積極採取措施，避免或減少損失；四

是合同一旦發生糾紛，各自應主動承擔責任，不得推諉拖延；五是從訂立合同開始，就應注意通知相關事項及為對方保密等。

3. 綠色原則

綠色原則，是指當事人在履行合同過程中，應當避免浪費資源、污染環境和破壞生態。這是民法典中最新增加的原則，遵守綠色原則就成為民事主體在合同履行中的一個法定義務。

二、合同履行的規則

（一）合同約定不明時的履行規則

通常，當事人訂立合同應當盡量具體、明確而詳盡，但在實踐中，由於種種原因，合同總有各種未盡事宜，這給合同的履行帶來了麻煩和困擾。

對此，《民法典》做了相應的規定。合同生效後，當事人就質量、價款或者報酬、履行地點等內容沒有約定或者約定不明確的，當事人雙方可以協議補充；不能達成補充協議的，按照合同的有關條款或者交易習慣確定，如果按上述辦法仍不能確定的，則適用下列規定：

（1）質量要求不明確的，按照強制性國家標準履行；沒有強制性國家標準的，按照推薦性國家標準履行；沒有推薦性國家標準的，按照行業標準履行；沒有國家標準、行業標準的，按照通常標準或者符合合同目的的特定標準履行。

（2）價款或者報酬不明確的，按照訂立合同時履行地的市場價格履行；依法應當執行政府定價或者政府指導價的，依照規定履行。

（3）履行地點不明確，給付貨幣的，在接受貨幣一方所在地履行；交付不動產的，在不動產所在地履行；其他標的，在履行義務一方所在地履行。

（4）履行期限不明確的，債務人可以隨時履行，債權人也可以隨時請求履行，但是應當給對方必要的準備時間。

（5）履行方式不明確的，按照有利於實現合同目的的方式履行。

（6）履行費用的負擔不明確的，由履行義務一方負擔；因債權人原因增加的履行費用，由債權人負擔。

（二）代為履行與代為接受履行的規則

在一般情況下，合同是由當事人親自履行或親自接受履行，但在不涉及人身性質的合同中，當事人也可以約定由第三人代為履行或者代為接受履行。需要注意的是，此時的第三人只是履行主體，並非合同的當事人。因此，第三人代為履行或代為接受履行的，應遵循《民法典》第五百二十二條與第五百二十三條規則：

（1）當事人約定由債務人向第三人履行債務的，債務人未向第三人履行債務或者履行債務不符合約定，應當向債權人承擔違約責任。

法律規定或者當事人約定第三人可以直接請求債務人向其履行債務，第三人未在合理期限內明確拒絕，債務人未向第三人履行債務或者履行債務不符合約定的，第三人可以請求債務人承擔違約責任；債務人對債權人的抗辯，可以向第三人主張。

（2）當事人約定由第三人向債權人履行債務的，第三人不履行債務或者履行債務不符合約定，債務人應當向債權人承擔違約責任。

(三) 提前履行與部分履行的規則

提前履行，是指債務人在合同履行期限到來之前就開始履行合同的行為。部分履行，是指債務人沒有按照合同約定全部履行合同義務而只是履行一部分合同義務的行為。這兩種履行應遵循《民法典》第五百三十條與第五百三十一條規則：

（1）債務人提前履行的，債權人可以拒絕接受，但提前履行不損害債權人利益的除外。因債務人提前履行債務給債權人增加的費用，由債務人負擔。

（2）債務人部分履行的，債權人可以拒絕接受，但部分履行不損害債權人利益的除外，因債務人部分履行債務給債權人增加的費用，由債務人負擔。

三、雙務合同履行中的抗辯權

(一) 抗辯權的概念

抗辯權，又稱異議權，是指對抗對方請求權或否認對方的權利主張的權利，即合同一方當事人對抗對方當事人的履行請求權，暫時拒絕履行自己義務的權利。值得注意的是，這裡抗辯權是一種延期抗辯權，不具有消滅對方請求權的效力，而僅產生使對方請求權延期的效力。當產生抗辯權的原因消滅後，債務人仍應當履行其債務。

(二) 合同履行抗辯權的種類

1. 同時履行抗辯權

同時履行抗辯權，是指在互負債務，沒有先後履行順序的雙務合同中，一方當事人在對方未履行債務或履行債務不符合約定時，有拒絕履行自己的債務的權利。同時履行抗辯權是誠實信用原則所要求的，具有擔保實現自己的債權和迫使對方履行合同義務的雙重功效，有利於實現當事人之間的利益平衡。

同時履行抗辯權應具備以下四個要件：一是當事人因同一雙務合同而互負債務；二是當事人所互負之債務沒有先後履行順序並均已屆清償期；三是對方當事人沒有履行其所負債務或履行不符合約定；四是對方當事人的對待履行是可能履行的。如果當事人所負的債務成為不能履行的債務，則不發生同時履行抗辯權的問題，當事人只能通過其他途徑請求補救，因而只有在債務可以履行的情況下，同時履行抗辯權才有意義。

2. 後履行抗辯權

後履行抗辯權，是指在約定了履行先後順序的雙務合同中，應當先履行義務的一方當事人未履行時，後履行的一方當事人有權拒絕其履行要求的權利。

後履行抗辯權應具備以下三個要件：一是雙方當事人因同一雙務合同而互負債務；二是雙方所負債務有履行的先後順序，這是其區別於同時履行抗辯權的關鍵；三是先履行一方到期未履行或履行不符合約定，這是先履行抗辯權的實質條件。

3. 不安抗辯權

不安抗辯權，是指在雙務合同中，應當先履行債務的當事人有確切證據證明對方有喪失和或可能喪失履行能力的情形時，有中止履行自己債務的權利。不安抗辯權是大陸法的概念，一般為大陸法系國家民法所規定。法律設置該抗辯權意在保護當事人的合法權益，貫徹公平原則，防範合同詐欺。

不安抗辯權應具備以下四個要件：一是雙方當事人因同一雙務合同而互負債務；二是當事人一方有先履行的義務並已屆履行期；三是後履行一方有喪失或可能喪失履

約能力的情形；四是後履行義務一方沒有對待給付或未提供擔保。

根據《民法典》第五百二十七條規定，應當先履行債務的當事人，有確切證據證明對方有下列情形之一的，可以中止履行：①經營狀況嚴重惡化；②轉移財產、抽逃資金，以逃避債務；③喪失商業信譽；④有喪失或可能喪失履行債務能力的其他情形。如果當事人沒有證據中止履行的，應當承擔違約責任。

不安抗辯權的效力主要在於中止合同，並且在中止合同時，先履行方負有及時通知對方的義務。對方提供適當擔保時，應當恢復履行。中止履行後，對方在合理期限內未恢復履行能力並且未提供適當擔保的，中止履行的一方可以解除合同。

案例5.2

簽合約為賣菌種　不履行遭訴訟[①]

案情： 8月14日，被告漯河市某食用菌開發有限公司與該公司法定代表人邢某找到原告孔某、寇某簽訂了香菇種植、收購合同一份。合同約定孔某、寇某負責提供場地、種植及種植設施，並從該食用菌公司定購菌袋42,000袋，按公司要求搭建大棚70個。被告必須於當年11月15日前向原告交付菌袋42,000袋，並保證菌袋質量。協議簽訂後，二原告按照協議約定向被告支付了定金92,400元，並且按照協議約定找工人建種植大棚，先後投入數萬元。但在二原告履行協議的同時，被告無正當理由拒不履行合同義務，致使孔某、寇某遭受重大經濟損失。

河南省西平縣人民法院審理後認為，合法有效的合同應該得到履行。被告漯河市某食用菌開發有限公司未及時向二原告交付其所定購的菌袋，致使合同無法履行，違約的事實清楚，證據、充分。因此判決被告漯河市某食用菌開發有限公司返還原告孔某、寇某款129,360元；若被告漯河市某食用菌開發有限公司不能清償該債務，則由被告邢某對公司債務不能清償的部分承擔補充責任。

第五節　合同的擔保與保全

一、合同擔保與合同保全的關係

合同擔保，是指依據法律規定或當事人約定而設立的確保合同義務履行和債權實現的法律制度。合同保全，是指債權人為了防止債務人的財產不當減少而危害其債權，從而對債務人或第三人實施的行為行使代位權或撤銷權，以保護其債權的制度。合同擔保與合同保全均是合同債權的保障方式，但二者又有著明顯的區別，具體如下：

（一）第三人的地位不同

合同擔保體現的是合同的對內效力。在合同擔保中，第三人是合同的當事人，而不是合同關係以外的第三人，他所承擔的擔保責任是依據法律或合同約定所應當承擔的義務。而合同保全體現的是合同的對外效力，涉及的第三人不是合同的當事人，而是合同關係以外的第三人。

[①] 資料來源：http://lawyer.95089.com/jingjianli/1922.html。

(二) 產生的依據不同

合同擔保產生的依據可以是法律的規定，如留置，也可以是當事人的約定，而且這也是主要的依據，如保證、抵押、質押等方式。而合同保全產生的依據只能是法律的規定。

(三) 保障的作用不同

相對而言，合同擔保對債權的保障作用更為重要。在絕大多數情況下，被擔保合同訂立之時或訂立之後履行之前，擔保形式就已經確定，因此非常有利於督促債務人履行債務。而通常在運用合同保全的措施時，債權人的實際掌控能力相對較弱，而且也不能對第三人享有優先受償的權利。

(四) 適用的前提不同

合同擔保通常是在債務人不履行債務的情況下適用，而合同保全不以此為前提，主要是為防止債務人的財產不當減少給債權人帶來嚴重危害而設立的。

二、合同的擔保

合同的擔保方式一般包括：保證、抵押、質押、留置和定金。其中保證和定金這兩種方式是合同中比較特有的擔保方式，因此這裡著重介紹這兩種。

(一) 保證

1. 保證的概念

保證，是指保證人和債權人約定，當債務人屆期不履行合同債務時，保證人按照約定履行債務或者承擔責任的擔保方式。保證合同具有從屬性，其當事人是保證人和債權人，而債務人不是保證合同的當事人。

2. 保證人的資格

保證人應當是主合同債權人、債務人以外的第三人，並且具有一定的資格。根據《民法典》的規定，保證人必須有代為清償債務的能力，並且以下組織不得作為擔保人：一是機關法人，但是經國務院批准為使用外國政府或者國際經濟組織貸款進行轉貸的除外；二是以公益為目的的非營利法人、非法人組織，比如以公益為目的的學校、幼兒園、醫院等事業單位。

3. 保證方式

（1）一般保證。所謂一般保證，是指當事人在保證合同中約定，債務人不能履行債務時，由保證人承擔保證責任的保證。一般保證的保證人對債權人享有先訴抗辯權，即一般保證的保證人在主合同糾紛未經審判或者仲裁，並就債務人財產依法強制執行仍不能履行債務前，有權拒絕向債權人承擔保證責任。但是有下列情形之一的除外：①債務人下落不明，且無財產可供執行；②人民法院已經受理債務人破產案件；③債權人有證據證明債務人的財產不足以履行全部債務或者喪失履行債務能力；④保證人書面表示放棄本款規定的權利。需要注意的是，當事人在保證合同中對保證方式沒有約定或者約定不明確的，按照一般保證承擔保證責任。

（2）連帶責任保證。所謂連帶責任保證，是指當事人在保證合同中約定，保證人和債務人對債務承擔連帶責任的保證。連帶責任保證一般以當事人約定而成立。連帶責任保證的保證人對債權人沒有先訴抗辯權，即連帶責任保證的債務人不履行到期債

務或者發生當事人約定的情形時，債權人可以請求債務人履行債務，也可以請求保證人在其保證範圍內承擔保證責任。

4. 保證合同

（1）保證合同的訂立。《民法典》第六百八十五條規定：「保證合同可以是單獨訂立的書面合同，也可以是主債權債務合同中的保證條款。第三人單方以書面形式向債權人做出保證，債權人接收且未提出異議的，保證合同成立。」

（2）保證合同的內容。《民法典》第六百八十四條規定：「保證合同的內容一般包括被保證的主債權的種類、數額，債務人履行債務的期限，保證的方式、範圍和期間等條款。」

5. 保證責任

（1）保證責任的範圍。保證責任的範圍可以由當事人約定，如果沒有約定或者約定不明的，保證人應當對全部債務承擔責任，責任的範圍包括主債權及利息、違約金、損害賠償金和實現債權的費用。

（2）保證期間。保證期間是確定保證人承擔保證責任的期間，不發生中止、中斷和延長。債權人與保證人可以約定保證期間，但是約定的保證期間早於主債務履行期限或者與主債務履行期限同時屆滿的，視為沒有約定。

沒有約定或者約定不明確的，保證期間為主債務履行期限屆滿之日起六個月，保證期間自債權人請求債務人履行債務的寬限期屆滿之日起計算。

（二）定金

1. 定金的概念

定金，是指當事人為確保合同的履行，依法律或當事雙方的約定，由當事人一方在合同尚未訂立或合同訂立後、履行前，按合同標的額的一定比例先行給付對方貨幣或其他代替物。

定金有成約定金、證約定金、違約定金、解約定金、立約定金等種類，中國現行法上的定金兼具證約定金和違約定金的性質。具體體現在：合同履行後，定金應當抵作價款或者收回。如果因當事人一方的過錯不履行債務時，給付定金的一方不履行義務的，無權要求返還定金；收受定金的一方不履行或者不完全履行義務的，應當雙倍返還不履行部分的定金。

值得一提的是，當事人既約定違約金，又約定定金的，一方違約時，對方可以選擇適用違約金或定金條款。定金不足以彌補一方違約造成的損失的，對方可以請求賠償超過定金數額的損失。

2. 定金合同

定金的成立必須有書面合同。定金合同是實踐性合同，從實際交付定金之日起生效。定金合同時主合同的從合同，其成立以主合同的存在為前提。定金的數額由當事人約定，但不得超過主合同標的額的20%，超過部分不產生定金的效力。如果實際交付的定金數額多於或者少於約定數額的，視為變更約定的定金數額。

案例5.3

委託購車簽訂協議　訂金改成定金[1]

案情：李某為了取得車輛能掛靠唐河縣某運輸公司的營運權，於當年4月11日與運輸公司簽訂購車協議，李某依協議約定向運輸公司交納訂金2萬元。4月14日，運輸公司又與鄭州某汽貿公司也簽訂了購車協議，並交納定金2萬元，不提貨定金不予返還，其他約定的內容同李某簽訂協議所約定的內容一致。之後李某未再向運輸公司交納任何購車款項，運輸公司也未再向汽貿公司交納任何購車款項。當年6月中旬，李某從南陽某公司另行購置了所需的車輛。李某向運輸公司追要訂金，運輸公司以李某違約不予返還。於是李某將運輸公司訴至法院。

法院審理認為，兩份協議內容基本相同，從協議內容可以看出李某與運輸公司所簽的買賣合同，實為委託合同，合同內容是雙方的真實意思表示，應為有效合同。運輸公司超越委託指示，在與汽貿公司簽合同時把2萬元訂金約定為定金，運輸公司具有一定的過錯。李某另行購車的行為導致運輸公司與汽貿公司所簽合同無法履行，造成運輸公司的損失也應承擔賠償責任。遂依據相關法規做出下述判決：唐河某運輸公司賠償李某訂金損失的一半，即1萬元。

三、合同的保全

（一）合同保全的概念

合同保全，即合同債權的保全，是指債權人為了防止債務人的財產不當減少而危害其債權，可以對債務人或第三人實施的行為行使代位權或撤銷權，以保護其債權的制度。合同保全制度體現為合同的對外效力，是對債的相對性原理的突破，意義十分重大，它是在消除債務人損害債權人利益的行為，對保障債權實現具有積極的預防作用。

根據中國《民法典》的規定，合同的保全方式有兩種：一是為保持債務人的財產而設的債權人的代位權，二是為恢復債務人的財產而設的債權人的撤銷權。

（二）債權人的代位權

1. 代位權的概念

債權人代位權，是指債權人為了保全自己的債權，以自己的名義代替債務人直接向第三人行使權利的權利。《民法典》第五百三十五條規定：「因債務人怠於行使其債權或者與該債權有關的從權利，影響債權人的到期債權實現的，債權人可以向人民法院請求以自己的名義代位行使債務人對相對人的權利，但是該權利專屬於債務人自身的除外。代位權的行使範圍以債權人的到期債權為限。債權人行使代位權的必要費用，由債務人負擔。相對人對債務人的抗辯，可以向債權人主張。」

2. 代位權的成立要件

（1）債權人與債務人之間存在合法的債權債務關係，這是代位權成立的前提條件。

（2）債務人怠於行使其債權，且影響債權人的到期債權實現。所謂怠於行使是指債務人應當行使且能行使而不行使。

---

[1] 資料來源：http://www.chinalawedu.com/new/1900a22a2010/20109a21chengf151127.shtml.

(3) 債務人的債權是非專屬於債務人自身的債權。所謂專屬於債務人自身的債權，是指基於收養關係、扶養關係、撫養關係、贍養關係、繼承關係產生的給付請求權和勞動報酬、退休金、養老金、撫恤金、安置費、人壽保險、人身傷害賠償請求權等權利。

3. 代位權的行使方式

代位權的行使必須通過訴訟的方式進行。訴訟當事人是以自己名義提起訴訟的債權人，次債務人為代位權訴訟中的被告，而債務人則為第三人。

(三) 債權人的撤銷權

1. 撤銷權的概念

債權人的撤銷權，又稱廢罷訴權，是指當債務人實施的減少其財產的行為危害債權人的債權實現時，債權人有權請求人民法院對該行為予以撤銷。

根據《民法典》第五百三十八條、五百三十九規定，以下兩類情況債權人可以請求人民法院撤銷債務人的行為：①債務人以放棄其債權、放棄債權擔保、無償轉讓財產等方式無償處分財產權益，或者惡意延長其到期債權的履行期限，影響債權人的債權實現。②債務人以明顯不合理的低價轉讓財產、以明顯不合理的高價受讓他人財產或者為他人的債務提供擔保，影響債權人的債權實現，債務人的相對人知道或者應當知道該情形。需要說明的是，這裡的「明顯不合理的低價」，法院應當以交易當地一般經營者的判斷，並參考交易當時交易地的物價部門指導價或者市場交易價，結合其他相關因素綜合考慮予以確認。

2. 撤銷權的行使方式

債權人行使撤銷權應以債權人自己的名義在法定的期間內以訴訟方式進行。撤銷權的行使範圍以債權人的債權為限。債權人行使撤銷權的必要費用，由債務人負擔。

關於法定期間，《民法典》五百四十一條規定：「撤銷權自債權人知道或應當知道撤銷事由之日起一年內行使。自債務人的行為發生之日起五年內沒有行使撤銷權的，該撤銷權消滅。」

第六節　合同的變更與轉讓

一、合同的變更

(一) 合同變更的概念與特徵

1. 合同變更的概念

合同的變更有廣義與狹義之分。廣義的合同變更包括合同內容的變更與合同主體的變更。前者是指在不改變合同當事人的前提下，改變合同的內容。後者是指在不改變合同內容的前提下，變更合同的主體。狹義的合同變更則是僅對合同內容的變更，這也是中國合同法上對合同變更的界定；而主體的變化，在中國合同法上稱之為合同的轉讓。

合同的變更，是指合同在成立後，尚未履行或尚未履行完畢以前，當事人經過協議在不改變合同主體的情況下改變合同的內容。通常，合同的變更是基於當事人協商一致，但也可以基於裁判而變更合同。

2. 合同變更的特徵

（1）合同變更的對象是合同內容，而合同當事人保持不變。這是區別合同變更與合同轉讓的主要標誌。

（2）合同變更只能發生在合同成立後，尚未履行或尚未完全履行之前。合同未有效成立，當事人之間就不存在合同關係，也就談不上合同的變更。如果合同履行完畢，當事人之間的合同關係已經消滅，也不存在變更的問題。

（3）合同的變更通常依據雙方當事人的約定，也可以是基於法律的直接規定。合同的變更有兩種：一是根據當事人之間的約定對合同進行變更，即約定的變更；二是當事人依據法律規定請求人民法院或仲裁機構進行變更，即法定的變更。中國《民法典》所規定的合同變更實際上就是約定的變更。

（二）合同變更與合同更新的區別

傳統的民法理論將合同變更與合同更新區別看待。合同的更新，又稱債務更新或債的更新，是指當事人雙方通過協商，變更了原合同的基本條款或主要內容，從而使變更後的合同與變更前的合同在內容上失去了同一性與連續性，導致原合同關係消滅，新合同關係發生。簡單地說，合同更新就是以一個新的合同代替一個舊的合同。

合同變更與合同更新的區別具體表現在：

（1）合同變更僅限於合同內容的變化，合同更新則可能是合同內容或主體的變化。例如，債權人解除舊債務人的債務而由新債務人代替，此時合同主體發生變化，為合同的更新。

（2）合同變更是合同內容的非根本性變化，合同更新則是合同內容的根本性變化。所謂「合同內容的非根本性變化」，是指合同變更只是對原合同關係的非要素內容做某些修改或補充，而不是對合同內容的全部變更。比如對標的數量、履行地點、履行時間、價款及結算方式等的變更等就屬於非要素內容。在非根本性變更的情況下，變更後的合同關係與原有的合同關係在性質上不變，屬於同一法律關係，即所謂的「同一性」。合同更新是合同內容的根本性變化，在新舊合同的內容之間，可能並無直接的內在聯繫，這種變化直接導致原合同關係的消滅，新合同關係的產生。需要注意的是，合同是否發生根本性變化，應依當事人的意思和一般交易觀念予以確定。

（3）合同變更主要通過當事人雙方協商而實現，但在特殊情況下也可以直接依據法律規定而發生；而合同更新只能是當事人雙方協商一致的結果。

（三）合同變更的條件

（1）須原已存在有效的合同關係。合同的變更是在原合同的基礎上，通過當事人雙方的協商或者法律的規定改變原合同關係的內容。因此，原合同的有效成立是合同變更的前提條件，無原合同關係就無變更的對象。

（2）合同變更原則上應當經過當事人協商一致。中國《民法典》第五百四十三條規定：「當事人協商一致，可以變更合同。」因此，任何一方不得採取詐欺、脅迫的方式來欺騙或強制他方當事人變更合同。如果變更合同的協議不能成立或不能生效，則當事人仍應按原合同的內容履行。但在某些特殊情形，合同變更也可依法律的規定並通過法院的判決或仲裁機構的裁決發生。

需要注意的是，為了維護合同關係的穩定性，《民法典》第五百四十四條規定：「當事人對合同變更的內容約定不明確的，推定為未變更。」

(3) 合同變更的方式。當事人變更合同的形式通常可以協商決定，一般要與原合同的形式相一致。如果原合同為書面形式，變更合同也應採取書面形式；如果原合同為口頭形式，變更合同既可以採取口頭形式，也可以採取書面形式。但在某些情況下，法律為了維護國家利益、社會利益和當事人的利益，預防和減少不必要的糾紛，對部分合同規定了其成立的方式，比如保證合同、抵押合同應當採用書面形式。

(4) 合同變更應有合同內容的變化。合同內容發生變化是合同變更必不可少的條件。當然，合同變更必須是非實質性內容的變更，變更後的合同關係與原合同關係應當保持同一性。

(四) 合同變更的效力

(1) 在合同發生變更後，當事人應當按照變更後的合同的內容履行，任何一方違反變更後的合同內容都構成違約。

(2) 合同的變更僅對未履行部分產生法律效力，對已履行的債務沒有溯及力。任何一方都不能因為合同的變更而單方面要求另一方返還已經做出的履行。

(3) 合同的變更不影響當事人要求賠償的權利。原則上，提出變更的一方當事人對對方當事人因合同變更所受損失應負賠償責任。

二、合同的轉讓

(一) 合同轉讓的概念與特徵

1. 合同轉讓的概念

合同的轉讓，即合同主體的變更，是指合同當事人一方依法將其合同的權利和義務全部或部分轉讓給第三人。

2. 合同轉讓的特徵

合同轉讓具有以下法律特徵：

(1) 合同轉讓是合同主體的轉讓。即合同當事人一方將自己在合同中的權利或者義務全部或部分地轉讓給合同當事人以外的第三人。

(2) 合同轉讓不改變原合同的權利義務內容。無論何種形式的轉讓，都只是合同主體發生變更，而合同的性質和內容均未改變，轉讓後的合同內容仍保持了同一性。

(3) 合同轉讓應當經過對方同意或者通知對方才可產生法律效力。《民法典》第五百五十一條規定：「債務人將債務的全部或者部分轉移給第三人的，應當經債權人同意。債務人或者第三人可以催告債權人在合理期限內予以同意，債權人未做表示的，視為不同意。」

(二) 合同轉讓的條件

(1) 須原已存在有效的合同關係。這是合同轉讓的前提條件，如果合同不存在或被宣告無效，被依法撤銷、解除、轉讓的行為屬無效行為，轉讓人應對善意的受讓人所遭受的損失承擔損害賠償責任。

(2) 應當由轉讓人與受讓人達成有效協議。該協議應該是在平等自願的基礎上進行的協商，而且符合民事法律行為的有效要件，否則，該轉讓行為屬無效行為或可撤銷行為。

(3) 合同轉讓應當符合法律規定的程序。合同轉讓人應徵得對方同意並盡到通知義務。

(三) 合同轉讓的種類

按照所轉讓的權利義務不同，合同轉讓可以分為債權讓與、債務承擔、債的概括承受三種。

1. 債權讓與

（1）債權讓與的概念。債權讓與，又稱合同權利的轉讓，是指合同債權人與第三人協議將其債權轉讓給第三人的法律行為。債權人轉讓的可以是全部權利，也可以是部分權利。在權利全部轉讓的情形，受讓人取代原債權人成為合同關係的新的債權人；而在權利部分轉讓的情形，受讓人則加入債的關係，與原債權人共享債權，形成多數人之債。

（2）債權讓與的自由與限制。合同權利原則上可以自由轉讓，這是市場經濟條件下市場主體自主性的要求和體現，但是，有的合同或基於當事人之間的人身信賴關係，或基於特定社會政策考慮，合同債權轉讓自由原則得受限制。根據《民法典》第五百四十五條規定，有下列情形之一的債權不得轉讓：①根據債權性質不得轉讓；②按照當事人約定不得轉讓；③依照法律規定不得轉讓。另外，當事人約定非金錢債權不得轉讓的，不得對抗善意第三人。當事人約定金錢債權不得轉讓的，不得對抗第三人。

（3）債權讓與的法律效力。從受讓人角度看，債權人轉讓債權的，受讓人取得與債權有關的從權利，但是該從權利專屬於債權人自身的除外。需要注意的是，受讓人取得從權利不應該從權利未辦理轉移登記手續或者未轉移佔有而受到影響。從債務人角度看，債務人接到債權轉讓通知後，債務人對讓與人的抗辯，可以向受讓人主張。有下列情形之一的，債務人可以向受讓人主張抵銷：①債務人接到債權轉讓通知時，債務人對讓與人享有債權，且債務人的債權先於轉讓的債權到期或者同時到期；②債務人的債權與轉讓的債權是基於同一合同產生。因債權轉讓增加的履行費用，由讓與人負擔。

2. 債務承擔

（1）債務承擔的概念。債務承擔，又稱合同義務的轉移，是指在不改變合同內容的情況下，合同債務人經債權人同意將其合同義務全部或部分轉讓給第三人的法律行為。

（2）債務承擔的種類。債務承擔包括兩種情形：一是債務全部轉移，即免責的債務承擔。此時由第三人取代原債務人的地位，成為新的債務人。二是債務部分轉移，即並存的債務承擔。此時債務的受讓人即第三人加入債的關係，與原債務人共擔債務，原債務人並不退出合同關係。

（3）債務承擔的法律效力。免責的債務承擔後，原合同之債務人脫離合同債務關係，債權人向承擔人主張權利。並存的債務承擔時，原合同債務人與第三人承擔的是連帶責任還是按份責任須在承擔合同中明確；新債務人可以主張原債務人對債權人的抗辯，此外還應當承擔與主債務有關的從債務，但專屬於原債務人自身的從債務除外。

3. 債的概括承受

債的概括承受的概念。債的概括承受，又稱合同債權債務的概括移轉，是指合同當事人一方經對方同意將其合同的權利與義務一併轉讓給第三人，由第三人概括承受的法律行為。《民法典》第五百五十六條規定：「合同的權利和義務一併轉讓的，適用債權轉讓、債務轉移的有關規定。」

第七節　合同權利義務的終止

一、合同權利義務終止的概述

(一) 合同權利義務終止的概念

合同權利義務終止，簡稱合同終止，也稱合同的消滅，是指合同雙方當事人在合同關係建立以後，因一定的法律事實的出現，使合同確立的權利義務關係消滅，即合同當事人不再具有法律約束力。

合同終止不同於合同效力的停止或減弱，也不同於合同的解除。合同效力的停止是指因債務人行使抗辯權而拒絕債權人的履行請求，從而使債權的效力受到阻止。合同效力的減弱是指債權人不能行使給付請求權而僅能受領債務人的給付。合同的解除與合同的終止一直是一個有爭議的問題，各國立法也持有不同的態度。從中國《民法典》的規定來看，合同解除只是合同終止的一種原因。總的來說，合同的終止，意味著合同權利義務關係不復存在。

(二) 合同終止的效力

合同終止的效力具體表現為：一是當事人之間的合同關係消滅。債權人不再享有債權，債務人也不再承擔債務；二是債權的擔保及其他從屬的權利、義務消滅。如利息債權、擔保物權、利息保證物權、違約金債權等於合同消滅時消滅；三是負債字據的返還；四是後合同義。合同終止後，當事人還是應當遵循誠實信用原則，根據交易習慣履行通知、協助、保密的義務；五是合同終止不影響合同中結算和清理條款的效力。

二、合同終止的情形

根據《民法典》第五百五十七條規定，有下列情形之一的，債權債務終止：①債務已經履行；②債務相互抵銷；③債務人依法將標的物提存；④債權人免除債務；⑤債權債務同歸於一人；⑥法律規定或者當事人約定終止的其他情形。此外，合同解除的，該合同的權利義務關係終止。

(一) 合同解除

1. 合同解除的概念與特點

根據中國《民法典》的規定可知，中國對合解除則採取了廣義的概念，包括協商解除、約定解除、法定解除。因此可以這樣理解，合同的解除，是指在合同依法成立後而尚未全部履行前，當事人基於法律規定、協商或當事人約定而使合同關係歸於消滅的一種法律行為。

合同解除具有以下特點：

(1) 合同的解除以當事人之間存在有效合同為前提。無效合同、可撤銷合同以及效力待定合同不發生合同的解除。

(2) 合同的解除應具備一定的條件。合同依法成立後，任何一方不得擅自解除，除非具備了合同解除的條件。這個條件可以是當事人約定或協商的，也可以法律規定的。

（3）合同解除使合同效力歸於消滅。合同解除不僅要具備解除的條件，還需要有當事人的解除行為，即合同不能自動解除。這種解除行為是一種法律行為，可以是單方法律行為，也可以是雙方法律行為。

2. 合同解除的種類

（1）協商解除。協議解除是指在合同成立後履行完畢之前，當事人通過協商而解除合同，從而使合同效力歸於消滅的行為。《民法典》第五百六十二條第一款規定：「當事人協商一致，可以解除合同。」協議解除的實質在於，它是當事人通過協商一致從而達成一個解除原合同的新合同，這個新的合同又被稱為反對合同。這種解除方式在實踐中經常用到。

（2）約定解除。約定解除是指在合同成立後履行完畢之前，當事人基於雙方事先約定的事由行使解除權，從而使合同效力歸於消滅的行為。中國《民法典》第五百六十二條第二款規定：「當事人可以約定一方解除合同的事由。解除合同的事由發生時，解除權人可以解除合同。」約定解除的實質在於，一旦事先約定的條件成就時，當事人就可行使解除權。因此，約定解除為單方解除，此時不需要雙方再進行意思表示。

約定解除與協商解除的區別主要體現在二者適用的條件不同：約定解除的條件必須是當事人事先確定的；而協商解除則不須事先約定，往往是在出現了當事人不欲使合同繼續存在的情形時，基於當事人的合意而解除合同。

（3）法定解除。法定解除是指在合同成立後且履行完畢之前，一方當事人基於法律規定的事由行使解除權，從而使合同效力歸於消滅的行為。法定解除也是一種單方行為，根據《民商法》第五百六十三條規定，有下列情形之一的，當事人可以解除合同：①因不可抗力致使不能實現合同目的；②在履行期限屆滿前，當事人一方明確表示或者以自己的行為表明不履行主要債務；③當事人一方遲延履行主要債務，經催告後在合理期限內仍未履行；④當事人一方遲延履行債務或者有其他違約行為致使不能實現合同目的；⑤法律規定的其他情形。此外，以持續履行的債務為內容的不定期合同，當事人可以隨時解除合同，但是應當在合理期限之前通知對方。

3. 合同解除的程序

（1）解除權行使期限。法律規定或者當事人約定解除權行使期限，期限屆滿當事人不行使的，該權利消滅。法律沒有規定或者當事人沒有約定解除權行使期限，自解除權人知道或者應當知道解除事由之日起一年內不行使，或者經對方催告後在合理期限內不行使的，該權利消滅。

（2）行使解除權解除合同，應當通知對方。合同自通知到達對方時解除；通知載明債務人在一定期限內不履行債務則合同自動解除，債務人在該期限內未履行債務的，合同自通知載明的期限屆滿時解除。對方對解除合同有異議的，任何一方當事人均可以請求人民法院或者仲裁機構確認解除行為的效力。

當事人一方未通知對方，直接以提起訴訟或者申請仲裁的方式依法主張解除合同，人民法院或者仲裁機構確認該主張的，合同自起訴狀副本或者仲裁申請書副本送達對方時解除。

4. 合同解除的效力

合同解除後，尚未履行的，終止履行；已經履行的，根據履行情況和合同性質，當事人可以請求恢復原狀或者採取其他補救措施，並有權請求賠償損失。

合同因違約解除的，解除權人可以請求違約方承擔違約責任，但是當事人另有約定的除外。

主合同解除後，擔保人對債務人應當承擔的民事責任仍應當承擔擔保責任，但是擔保合同另有約定的除外。

（二）抵銷

1. 抵銷的概念與種類

抵銷，是指合同雙方當事人互負債務時，各自以其債權充當債務之清償，從而使其債務與對方的債務在對等數額內相互消滅。

抵銷基於其產生根據的不同，可以分為法定抵銷與約定抵銷。法定抵銷，是指合同當事人依據法律規定的條件依法行使抵銷權。約定抵銷，又稱合意抵銷、意定抵銷，是指合同雙方當事人基於合意所為的抵銷。

2. 法定抵銷

（1）法定抵銷的適用條件。《民法典》第五百六十八條第一款規定：「當事人互負債務，該債務的標的物種類、品質相同的，任何一方可以將自己的債務與對方的到期債務抵銷；但是，根據債務性質、按照當事人約定或者依照法律規定不得抵銷的除外。」

（2）法定抵銷的行使方式。《民法典》第五百六十八條第二款規定：「當事人主張抵銷的，應當通知對方。通知自到達對方時生效。抵銷不得附條件或者附期限。」法律對通知的具體形式沒有規定，因此，主張抵銷的通知可以採取口頭形式、書面形式。

（3）法定抵銷的法律效力。雙方當事人的債權債務在抵銷數額內消滅；法定抵銷的意思表示可以溯及可為抵銷時，其主要內容包括自可為抵銷之時起，利息支付的債務消滅，債務人所發生的損害賠償責任、違約金責任免除，也不再發生當事人的遲延責任。

3. 約定抵銷

《民法典》第五百六十九條規定：「當事人互負債務，標的物種類、品質不相同的，經協商一致，也可以抵銷。」約定抵銷與法定抵銷具有同等效力，即都具有消滅當事人之間同等數額的債權債務關係。約定抵銷可以改變法定抵銷的條件，即在抵銷合同中，當事人可以約定減輕或加重法定抵銷的條件。抵銷合同生效時，發生抵銷的效力。

（三）提存

1. 提存的概念

提存，是指由於債權人的原因使債務人無法向其交付合同標的物時，債務人將該標的物提交給提存機關，以消滅合同債務的行為。

2. 提存的條件

（1）提存主體合格。提存涉及三方當事人，即提存人、提存機關和提存受領人。提存人一般為債務人，但又不以債務人為限，凡債務的清償人均為可提存人。至於提存機關，中國目前還沒有專門的提存所，但可以根據提存標的物的性質，選擇公安機關、公證處、法院、銀行等為提存機關。提存受領人主要是提存之債的債權人，同時，能為受領清償的第三人也可為提存受領人。

（2）提存的合同之債有效且已屆履行期。對於無效合同、可撤銷合同、效力待定合同，都不能提存。

（3）提存標的物適當。根據《提存公證規則》第七條的規定，貨幣、有價證券、票據、提單、權利證書、貴重物品、擔保物（金）或其他替代物等可以提存。如果標的物不適於提存或者提存費用過高的，債務人依法可以拍賣或者變賣標的物，提存所得的價款。

3. 提存的適用情形。《民法典》第五百七十條規定，有下列情形之一，難以履行債務的，債務人可以將標的物提存：①債權人無正當理由拒絕受領；②債權人下落不明；③債權人死亡未確定繼承人、遺產管理人，或者喪失民事行為能力未確定監護人；④法律規定的其他情形。

4. 提存的法律效力

債務人將標的物或者將標的物依法拍賣、變賣所得價款交付提存部門時，提存成立。提存成立的，視為債務人在其提存範圍內已經交付標的物。

標的物提存後，債務人有及時通知義務。債務人應當及時通知債權人或者債權人的繼承人、遺產管理人、監護人、財產代管人。

標的物提存後，毀損、滅失的風險由債權人承擔。提存期間，標的物的孳息歸債權人所有。提存費用由債權人負擔。債權人可以隨時領取提存物。但是，債權人對債務人負有到期債務的，在債權人未履行債務或者提供擔保之前，提存部門根據債務人的要求應當拒絕其領取提存物。債權人領取提存物的權利，自提存之日起五年內不行使而消滅，提存物扣除提存費用後歸國家所有。但是，債權人未履行對債務人的到期債務，或者債權人向提存部門書面表示放棄領取提存物權利的，債務人負擔提存費用後有權取回提存物。

（四）債務免除

1. 債務免除的概念

債務免除，是指債權人拋棄債權從而使債務全部或部分歸於消滅的行為。債務免除是債權人的單方法律行為，即債權人根據其單方的意思表示就可以免除債務人的債務。並且債權人一旦做出了免除債務的意思表示，該意思表示就不得撤回。

2. 債務免除的條件

債務免除是一種法律行為，其成立除了具備民事法律行為成立的一般條件，還應具備以下條件：

（1）債務免除的意思表示應向債務人做出。債務免除的意思表示到達債務人或其代理人時生效。債權人向第三人做出的債務免除的意思表示不產生免除的效力。

（2）債權人應具有處分能力。債權人對法律禁止拋棄的債權而免除債務的，免除無效。

（3）免除不得損害第三人的利益。債權人免除債務人的債務，雖然是債權人的權利，但該權利的行使不得損害第三人的利益。比如，已就債權設定質權的債權人，不得免除債務人的債務而對抗質權人。

3. 債務免除的效力

《民法典》第五百七十五條規定：「債權人免除債務人部分或者全部債務的，債權債務部分或者全部終止，但是債務人在合理期限內拒絕的除外。」債務免除可以憑藉債權人單方意思產生，但債務人在合理期限內享有拒絕的權利。

(五) 混同

1. 混同的概念

混同，是指債權與債務同歸於一人，從而使合同關係消滅的事實。混同有廣義與狹義之分。廣義的混同包括權利與權利的混同、義務與義務的混同、權利與義務的混同；狹義的混同僅指權利與義務的混同。這裡的混同即為狹義的混同。

2. 混同的效力

《民法典》第五百七十六條規定：「債權和債務同歸於一人的，債權債務終止，但是損害第三人利益的除外。」

因此，混同是一種事實，其本身並非行為，無須意思表示，只要有債權債務同歸於一人的情形，即發生債權債務消滅的後果。但在法律另有規定或合同標的損害第三人利益時，混同不發生債權債務消滅的效力。例如，在債權出質時，債權人不因混同而消滅；票據的債權人與債務人混同時，債也不當然消滅。

在連帶債務中，當連帶債務人之一與債權人混同，或者連帶債權人與債權人混同時，債權在該連帶債務人應負擔的債務額限度內消滅，其他連帶債務人對剩餘部分的債務仍應負連帶責任。在連帶債權人中一人與債務人混同時，債也僅在該連帶債權人所享有的債權額限度內消滅，其他連帶債權人對剩餘部分的債權仍應享有連帶債權。

第八節　合同的責任

一、締約過失責任

(一) 締約過失責任的概念與特徵

1. 締約過失責任的概念

締約過失責任，是指在締約過程中，當事人因自己的過失違反基於誠信原則負有的先合同義務，導致合同不成立，或者合同雖然成立，但不符合法定的生效條件而被確認為無效、可變更或可撤銷，並給對方造成損失時所應承擔的民事責任。

2. 締約過失責任的法律特徵

（1）法定性。締約過失責任是基於法律的規定而產生的一種民事責任。依據《民法典》第五百條、第五百零一條規定，只有在符合下列情況下，並給對方造成經濟損失的，才應承擔該責任：①假借訂立合同，惡意進行磋商；②故意隱瞞與訂立合同有關的重要事實或者提供虛假情況；③有其他違背誠信原則的行為；④洩露、不正當地使用該商業秘密或者信息。

（2）相對性。締約過失責任只能發生在締約階段，也只能在締約當事人之間產生。這是該責任與違約責任的一個主要不同之處。

（3）補償性。締約過失責任旨在彌補或者補償因締約過失行為所造成的財產損害，這是民法意義上的平等、等價原則的具體體現，也是市場交易關係在法律上的內在要求。

(二) 締約過失責任的構成要件

締約過失責任採取的是過錯責任原則，其構成要件主要有：

（1）締約一方違反先合同義務。所謂「先合同義務」，又稱先契約義務或締約過程中的附隨義務，是指自締約當事人因簽訂合同而相互磋商，至合同有效成立前，雙方當事人基於誠信原則負有的協助、通知、告知、保護、照管、保密、忠實等義務。

（2）違反先合同義務的行為給對方造成了信賴利益的損失。所謂「信賴利益損失」，是指相對方因合理地信賴合同會有效成立卻由於合同最終不成立或無效而受到的利益損失。需要注意的是，如果從客觀的事實中不能對合同的成立或生效產生信賴的，即使已經支付了大量費用，也不能視為信賴利益的損失，因為這是由於締約人自己判斷失誤造成的。

（3）違反先合同義務者主觀上存在過錯。這裡的過錯既包括故意也包括過失，但必須是在締約過程中，違反先合同義務者主觀上應具備的條件。

（4）違反先合同義務與對方的損失之間存在因果關係。即相對方的信賴利益損失是由行為人的締約過失行為造成的，而不是其他行為造成的。

(三) 締約過失責任的賠償範圍

中國現行法律對締約過失責任的賠償範圍未做明確規定，但通常認為，其賠償範圍限於信賴利益的損失，主要體現直接損失與間接損失兩部分。一是直接損失，指因為信賴合同成立和生效而支出的各種費用，比如締約費用、準備履約和實際履行所支付的費用及利息等；二是間接損失，指如果締約一方能夠獲得各種機會，而在因另一方的過錯導致合同不成立時，這些機會喪失所帶來的損失。比如因信賴合同有效成立而放棄獲利機會的損失，亦即喪失與第三人另訂合同機會所蒙受的損失；因身體受到傷害而減少的誤工收入；其他可得利益損失等。

二、違約責任

(一) 違約責任的概念

1. 違約責任的概念

違約責任，又稱違反合同的民事責任，是指合同當事人不履行合同義務或者履行合同義務不符合約定時所應承擔的民事法律責任。

2. 違約責任與締約過失責任的區別

違約責任與締約過失責任不同，二者的區別主要體現在：

（1）成立的前提不同。違約責任以合同有效成立為前提；締約過失責任只發生在締約過程中，其成立不以合同成立或有效為前提。

（2）責任方式不同。違約責任的方式多樣，比如賠償損失、支付違約金、實際履行等；締約過失責任則只有賠償損失這一種責任。

（3）發生依據不同。違約責任主要基於當事人在合同中的約定，具有約定性；締約過失責任則是基於法律的明確規定，具有法定性。

（4）歸責原則不同。違約責任一般採用嚴格責任的歸責原則，並且法律規定了免責的事由；締約過失責任則採用過錯責任的歸責原則，法律沒有規定免責事由。

（5）賠償範圍不同。違約責任通常要求賠償期待利益的損失；締約過失責任的賠償往往限於信賴利益的損失。

（二）違約責任的構成要件

1. 違約行為

違約行為是指合同當事人違反合同義務的行為，即合同當事人不履行合同或履行合同不符合約定，這是承擔違約責任的前提條件。

2. 不存在免責事由

如果有法定或約定的免責事由，即使有違約行為也不承擔違約責任。確立免責事由，主要是基於建立風險合理分配機制及有效防止風險的激勵制度。免責事由可以分為法定的免責事與約定的免責事由。根據《民法典》的相關規定，法定的免責事由有以下幾種類型：一是不可抗力，這裡的不可抗力，是指不能預見、不能避免、不能克服的客觀情況，包括颱風、洪水等自然災害和戰爭等社會現象；二是債權人有過錯。約定的免責事由是由雙方當事人事預先在合同中約定的，只要其約定不違反法律、社會公序良俗和《民法典》對免責條款的兩項限制，那就可以依據此約定免除違約方應承擔的違約責任。《民法典》中的兩項限制為：提供格式條款一方免除其責任，加重對方責任，排除對方權利的，該條款無效；免除造成對方人身傷害或免除因故意重大過失造成對方財產損失的責任的免責條款無效。

（三）違約行為的形態

違約行為形態，是指違約行為的具體表現形式。根據不同的標準，其可以分為不同的形態，主要的分類有以下幾種：

1. 預期違約與實際違約

根據違約發生在合同履行期限屆滿前還是屆滿後，違約可以分為預期違約與實際違約。

（1）預期違約。預期違約，又稱先期違約，是指在履行期限到來之前，當事人一方無正當理由以明示或暗示的行為表示在履行期限到來後將不履行合同。《民法典》第五百七十八條規定：「當事人一方明確表示或者以自己的行為表明不履行合同義務的，對方可以在履行期限屆滿之前要求其承擔違約責任。」可見，預期違約又分為明示預期違約與默示預期違約。需要注意的是，在默示預期違約的構成要件中包括非違約方應有確鑿的證據證明對方確有違約行為。如果另一方只是預見或推測一方在履行期限屆滿時將不履行合同，不能構成確切證據。預期違約制度有利於保護當事人的權益，防止損失進一步擴大。

（2）實際違約。實際違約，是指在履行期限屆滿之後，當事人不履行或者不完全履行合同義務。實際違約行為的具體類型有：一是拒絕履行，即不履行。這是指在合同期限到來以後，一方當事人無正當理由拒絕履行合同的全部義務。二是遲延履行。這是指合同當事人的履行違反了履行期限的規定。廣義的遲延履行包括債務人的給付遲延和債權人的受領遲延，狹義的遲延履行只是債務人的給付遲延。中國《民法典》採用的是廣義的概念。三是不適當履行，即質量有瑕疵的履行。這是指當事人交付的標的物不符合合同規定的質量要求。四是部分履行。這是指合同雖然履行但履行不符合數量的規定，或者說履行在數量上存在著不足。五是其他不完全履行的行為，比如在履行地點、方法等方面的不適當履行。

2. 根本違約與非根本違約

根據違約行為是否影響到合同目的的實現，違約可以分為根本違約與非根本違約。

（1）根本違約。這是指合同當事人不履行合同義務，致使合同目的不能實現。此時非違約方可以解除合同。

（2）非根本違約。這是指合同當事人不履行合同義務的行為沒有達到合同目的無法實現的程度。此時非違約方不能解除合同。

（四）承擔違約責任的方式

根據《民法典》的相關規定，承擔違約責任的方式主要有：繼續履行、違約補救、損害賠償、違約金。

1. 繼續履行

（1）繼續履行的概念。繼續履行，又稱強制實際履行、依約履行，是指當事人一方不履行合同義務或者履行不符合約定條件時，另一方有權請求法院強制違約方按合同的約定繼續履行義務。繼續履行是承擔違約責任的一種基本方式。

中國《民法典》第五百七十九條規定了金錢債務的繼續履行：「當事人一方未支付價款、報酬、租金、利息，或者不履行其他金錢債務的，對方可以請求其支付。」《民法典》第五百八十條規定了非金錢債務的繼續履行，但下列情形除外：法律上或者事實上不能履行；債務的標的不適於強制履行或者履行費用過高；債權人在合理期限內未要求履行。但需要注意的是，當事人一方不履行債務或者履行債務不符合約定，根據債務的性質不得強制履行的，對方可以請求其負擔由第三人替代履行的費用。

（2）繼續履行的適用條件。繼續履行作為一種違約責任形式，其適用條件包括：一是應有違約行為的存在；二是非違約方應在合理期限內提出繼續履行的請求；三是應依據法律和合同的性質能夠履行的，比如提供個人服務的合同、一些基於人身依賴關係而產生的合同（委託合同、信託合同、合夥合同等）就不能適用繼續履行的形式；四是實際履行在事實上是可能的和在經濟上是合理的。

（3）繼續履行與損害賠償的關係。繼續履行與損害賠償這兩種違約責任形式可以同時適用，即繼續履行仍然不能彌補其他損失的，或者還有其他損失的，對於其他損失仍然需要賠償。《民法典》第五百八十三條規定：「當事人一方不履行合同義務或者履行合同義務不符合約定的，在履行義務或者採取補救措施後，對方還有其他損失的，應當賠償損失。」

2. 違約補救

（1）違約補救的概念。違約補救有廣義與狹義之分，廣義的違約補救包括繼續履行、損害賠償、違約金等。這裡採用的是狹義的概念，是指履行合同不符合約定，當事人應採取措施予以補救使其盡可能符合約定。

（2）違約補救的具體種類。違約補救常適用於質量不符合約定的合同。《民法典》第五百八十二條規定：「履行不符合約定的，應當按照當事人的約定承擔違約責任。對違約責任沒有約定或者約定不明確，依本法第五百一十條的規定仍然不能確定的，受損害方根據標的性質以及損失的大小，可以合理選擇要求對方承擔修理、更換、重做、退貨、減少價款或者報酬等違約責任。」也就是說，交付的產品質量不符合約定的，受損害方根據標的的性質以及損失的金額，可以合理選擇要求對方承擔修理、更換、重做、退貨、減少價款或者報酬等違約責任。

（3）違約補救與損害賠償的關係。根據《民法典》第五百八十三條的規定，違約補救與損害賠償這兩種違約責任形式可以同時適用，即違約補救仍然不能彌補其他損

失的，或者還有其他損失的，對於其他損失仍然需要賠償。

3. 損害賠償

（1）損害賠償的概念。損害賠償，又稱違約損害賠償，是指一方當事人因違約行為而給對方造成損失，應依法和依約賠償對方當事人所受的損失。

（2）損害賠償的特點。損害賠償具有以下特點：一是損害賠償是因債務人不履行合同義務所產生的責任；二是損害賠償原則上僅具有補償性而不具有懲罰性；三是損害賠償具有一定的任意性。基於合同自由原則，當事人在訂立合同時，可以預先約定一方當事人在違約時應向另一方當事人支付的一定的金錢；四是損害賠償以賠償當事人實際遭受的全部損失為原則。

（3）損害賠償的範圍與限制。損害賠償的範圍包括實際損失與可得利益損失兩部分。所謂實際損失，是指因違約給對方造成的現有財產的毀損、滅失、減少和債權人為減少或者消除損害所支出的必要的合理的費用。所謂可得利益，是指合同在履行以後可以實現和取得的利益。可得利益必須是一種通過合同的實際履行才能實現的未來的利益，是當事人訂立合同時能夠合理預見到的利益。《民法典》第五百八十四條規定：「當事人一方不履行合同義務或者履行合同義務不符合約定，給對方造成損失的，損失賠償額應當相當於因違約所造成的損失，包括合同履行後可以獲得的利益，但不得超過違反合同一方訂立合同時預見到或者可以預見到的因違反合同可能造成的損失。」

需要注意的是，損害賠償受到兩方面的限制：一是可預見規則的限制。如果損害不可預見，則違約方不應賠償。採用此限制規則的根本原因在於，只有在交易發生時，訂約當事人對其未來的風險和責任可以預見，才能計算其費用和利潤，從而正常地進行交易活動。二是減輕損失規則的限制。所謂減輕損失規則，是指在一方違約並造成損失後，另一方應及時採取合理的措施防止損失擴大，否則，無權要求就擴大部分的損失要求違約方賠償。當事人因防止損失擴大而支出的合理費用，由違約方負擔。

4. 違約金

（1）違約金的概念。違約金，是指當事人通過協商預先確定的，在違約發生後做出的獨立於履行行為以外的給付。《民法典》第五百八十五條第一款規定：「當事人可以約定一方違約時應當根據違約情況向對方支付一定數額的違約金，也可以約定因違約產生的損失賠償額的計算方法。」

（2）違約金的種類。違約金根據其性質的不同可以分為懲罰性違約金與補償性違約金兩種。所謂懲罰性違約金，是指違約金具有懲罰性質，當一方的違約行為未給對方造成損失時，或者約定違約金的數額大於損失額時，此時的違約金即具有一定的懲罰性質。所謂補償性違約金，又稱賠償性違約金，則具有賠償損失的性質，當一方的違約行為給對方造成了損失，並且損失大於或者等於違約金時，此時的違約金即具有補償性質。中國《民法典》更注重強調後者，雖然違約金的約定屬於合同自由的範圍，但這種自由要受到國家干預的限制。《民法典》第五百八十五條第二款規定：「約定的違約金低於造成的損失的，人民法院或者仲裁機構可以根據當事人的請求予以增加；約定的違約金過分高於造成的損失的，人民法院或者仲裁機構可以根據當事人的請求予以適當減少。」

（3）違約金與其他責任形式的關係。一是違約金與繼續履行。在實踐中，違約金

的支付是獨立於履行之外的，如果沒有特別約定當事人不得在支付違約金後免除履行主債務的義務，則債務人不得以支付違約金完全代替繼續履行。《民法典》第五百八十五條第三款規定：「當事人就遲延履行約定違約金的，違約方支付違約金後，還應當履行債務。」因此，違約金的支付與繼續履行可以同時適用。二是違約金與損害賠償。違約金與損害賠償具有不同的特點，二者不能同時適用。通常，違約金為約定，賠償金為法定，根據民法意義自治原則，約定優先，因此當事人之間只要約定了違約金，就應當優先適用，但同時也要滿足前述《民法典》第五百八十五條第二款的限制。三是違約金與定金。根據《民法典》第五百八十八條規定，違約金與定金只能選擇適用其一，即當事人既約定違約金，又約定定金的，一方違約時，對方可以選擇適用違約金或定金條款。但是，定金不足以彌補一方違約造成的損失的，對方可以請求賠償超過定金數額的損失。

本章思考

1. 理解下列術語：
諾成合同　實踐合同　要約　承諾　不安抗辯權　定金
合同保全　抵銷　提存　債務免除　混同　預期違約　根本違約
2. 簡述合同法的基本原則。
3. 比較要約與要約邀請的區別。
4. 試述要約與承諾的認定與法律效力。
5. 試述無效合同、可撤銷合同和效力待定合同的認定規則。
6. 試述合同擔保中的定金規則。
7. 簡述合同的變更的條件與效力。
8. 簡述提存的條件與法律效力。
9. 簡述締約過失責任與違約責任區別。

第六章

國際貨物買賣法

■本章要點

1. 國際貨物買賣的概念與特點
2. 買賣雙方的權利與義務
3. 國際貨物買賣中的貨物保全
4. 買賣雙方違約的救濟方法
5. 貨物所有權與貨物風險的轉移

第一節 概述

一、國際貨物買賣的概念與特點

國際貨物買賣通常是由買賣雙方以簽訂國際貨物買賣合同的形式進行的。國際貨物買賣合同是指不同國家的當事人之間以轉讓貨物所有權為目的所達成的具有國際因素的貨物買賣合同。

國際貨物買賣的特點主要有：

1. 國際貨物買賣中的「國際性」

根據1980《聯合國國際貨物銷售合同公約》（以下簡稱《公約》）的規定，這裡的國際性採用了單一的「營業地」標準，即凡營業地處於不同國家的當事人之間所訂立的貨物買賣合同，即為國際貨物買賣合同。而當事人的國籍、住所、交易標的是否跨越國境等不再作為確定貨物買賣合同是否具有國際性的因素。自此，許多國際條約都以「營業地」為標準確定貨物買賣的國際性。

2. 國際貨物買賣的標的物是「貨物」

《公約》中並未明確規定何謂「貨物」，但採用了排除法的規定，在第二條規定了

不適用該公約的貨物買賣包括：①僅供私人、家人或家庭適用的貨物的銷售；②經由拍賣方式進行的銷售；③根據法律執行令狀或其他令狀的銷售；④公債、股票、投資證券、流通票據或貨幣的銷售；⑤船舶、船隻、氣墊船或飛機的銷售；⑥電力的銷售。《公約》不調整不被視為貨物或有爭議的貨物，也不調整一般不視為動產的貨物。但值得注意的是，《公約》所調整的貨物既包括存在物，也包括尚在製造或生產的貨物。

3. 國際貨物交易的性質是「買賣」

交易性質不同，適用的法律也有所不同。國際貨物買賣合同是指賣方將貨物所有權轉移給買方，買方須支付相應對價給賣方的合同。

二、關於國際貨物買賣的立法與慣例

(一) 各國國內立法

（1）大陸法系國家通常有兩種做法：①民商分立的做法。商法與民法是特別法與一般法的關係，商法優先適用，當商法沒有規定的情況下，適用民法的規定。②民商合一的做法。一般在民法的「債」篇中加以規定。

（2）普通法系國家，沒有民法與商法的區分，其買賣法由兩個部分組成：①由法院判例形式確立的法律原則。②成文法，主要體現為單行法規。典型的成文法如：英國1893年《貨物買賣法》、英國現行的1995年修訂的《貨物買賣法》、美國1906年的《統一買賣法》、1994年《統一商法典》（簡稱UCC）。

（3）中國沒有專門的貨物買賣法，民法通則的原則性規定作為一般法適用於貨物買賣關係，1999年生效的《合同法》是調整中國貨物買賣關係的主要國內立法，該法同時適用於國內和涉外的買賣關係。1986年中國加入了《公約》，因此，在符合公約適用條件的情形下，該《公約》可以適用於與中國有關的國際貨物買賣關係。

(二) 關於國際貨物買賣的國際公約

這裡著重介紹與中國國際貿易聯繫最為密切的《聯合國國際貨物銷售合同公約》。

1. 產生背景

聯合國國際貿易法委員會（The United Nations Commission on International Trade Law）從1969年開始，經過大約10年的醞釀準備，於1978年完成起草了一項新的公約，即《聯合國國際貨物銷售合同公約》。該《公約》於1980年3月在維也納召開的外交會議上獲得通過，並於1988年1月1日起生效。中國政府派代表團出席了該會議，參與了《公約》草案的討論，並於1986年12月11日向聯合國秘書處交存了關於該《公約》的核准書，從而成為該《公約》的最早締約國之一。截至2015年12月29日，該《公約》的締約國已達84個。

2. 加入《公約》時的兩個保留

中國在加入該《公約》時提出了兩個保留：

（1）關於適用《公約》情形的保留。《公約》第一條規定了當營業地在不同國家的當事人之間所訂立的貨物銷售合同可以適用《公約》的兩種情形，一是如果這些國家是締約國；二是如果國際私法規則導致適用某一締約國的法律。中國對後一種情形予以了保留。因為當時中國由於經濟體制的原因，在經濟貿易方面制定了兩套法律，一套適用於國內商貿，另一套適用於國際商貿，如果對公約不進行保留，那麼國內的涉外經貿立法就無法得到適用。但1999年中國實行了統一的《合同法》後，原《中華人

民共和國經濟合同法》《中華人民共和國涉外經濟合同法》《中華人民共和國技術合同法》同時廢止，這一保留已無意義。2021年1月1日，中國《民法典》開始施行，《合同法》同時廢止。

(2) 關於合同形式的保留。《公約》第十一條規定，銷售合同無須以書面訂立或書面證明，在形式方面也不受任何其他條件的限制。銷售合同可以用包括人證在內的任何方法證明。中國對此提出了保留，強調營業地位於中國的締約方締結的國際銷售合同必須採用書面形式。

但需要特別說明的是，2013年1月中國政府正式通知聯合國秘書長，撤回對《聯合國國際貨物銷售合同公約》所作「不受公約第十一條及與第十一條內容有關規定的約束」的聲明，該撤回已正式生效。至此，中國《合同法》與《公約》對合同形式的規定及適用趨於統一。

(三) 關於國際貨物買賣的商事交易習慣

這裡著重介紹影響較大並在實踐中得到廣泛應用的國際商會編纂的《國際貿易術語解釋通則》(2000年)，同時對2010的最新版本進行比較。

資料卡 6.1

國際商會簡介[①]

國際商會 (The International Chamber of Commerce, ICC) 於1919年在美國發起，1920年正式成立。其總部設在法國巴黎，發展至今已擁有來自130多個國家的成員公司和協會，國際商會是為世界商業服務的非政府間組織，是聯合國等政府間組織的諮詢機構。

國際商會以貿易為促進和平、繁榮的強大力量，推行一種開放的國際貿易、投資體系和市場經濟。由於國際商會的成員公司和協會本身從事於國際商業活動，因此它所制定用以規範國際商業合作的規章，如《托收統一規則》《跟單信用證統一慣例》《國際商會2000國際貿易術語解釋通則》等被廣泛地應用於國際貿易中，並成為國際貿易不可缺少的一部分，國際商會屬下的國際仲裁法庭是全球最高的仲裁機構，為解決國際貿易爭議起著重大的作用。

資料卡 6.2

中國國際商會簡介[②]

中國國際商會 (China Chamber of International Commerce, CCOIC) 是在中國從事國際商事活動的企業、團體和其他組織組成的國家級國際性會員制商會組織 (民政部登記證號：社證字第4768號)。

1988年，國務院批准成立中國國際商會。中國國際商會以為會員提供專屬優質服務為宗旨，其職責是向國際組織和政府部門反映中國工商業界的利益訴求，參與國際經貿規則與慣例的制定和推廣，促進國內外經貿交流與合作，提供法律服務、商務諮詢、信息資訊和業務培訓等服務，倡導社會責任與公益事業等。

[①] 資料來源：http://baike.soso.com/v266614.htm? pid=baike.box。

[②] 資料來源：http://www.ccoic.cn 中國國際商會。

中國國際商會於 1994 年代表中國加入了國際商業組織——國際商會，國際商會中國國家委員會（The Affiliate of International Chamber of Commerce in China，ICC CHINA）秘書局設在中國國際商會。中國國際商會在開展與國際商會（ICC）相關業務時，使用 ICC CHINA 的名義。中國國際商會組織會員單位，全面深入地參與國際商會的各種活動，利用國際商會的全球商業網絡，同各國商界、政府相關機構以及國際組織建立廣泛聯繫，促進中外企業的合作與交流，推動中國經濟融入世界的進程。

《國際貿易術語解釋通則》（International Rules for the Interpretation of Trade Terms）最早由國際商會（ICC）於 1936 年制定，後分別於 1953 年、1967 年、1976 年、1980 年、1990 年、2000 年和 2010 年進行了修改和補充，其中 2000 年版和 2010 年版影響較大，下面分別對此進行介紹。

1.《2000 年國際貿易術語解釋通則》

《2000 年國際貿易術語解釋通則》從 2000 年 1 月 1 日起生效，按照賣方的責任逐漸增大，買方的責任逐漸減小的規律規定了 13 種貿易術語，分為 E 組、F 組、C 組和 D 組。其中，FOB、CIF、CFR 在海運中常用，FCA、CPT、CIP 隨著多式聯運的不斷發展，其作用也在日益擴大。

（1）E 組術語（內陸交貨合同）。

E 組中只有 1 種術語，即 EXW（工廠交貨）。該術語全稱為 Ex work（named place），其中文意為：工廠交貨（指定地點）。

該術語指出口方在自己的工廠交貨，並由進口方負責運輸和保險。在 13 個貿易術語中，這個術語的特點是賣方的責任最小，而買方的責任最大。

（2）F 組術語（主要付費未付——裝運合同）。

①FCA。該術語全稱為 Free Carrier（named place），其中文意為貨交承運人（指定地點）。該術語指賣方只要將貨物在指定地點交給由買方指定的承運人，並辦理了出口清關手續，即履行了其交貨義務，貨物的風險亦從交貨轉移至買方。買方負責運輸和保險。

②FAS。該術語全稱為 Free Alongside Ship（named port of shipment），其中文意為船邊交貨（指定裝運港）。該術語指賣方在指定的裝運港將貨物交至買方指定船只的船邊，即履行其交貨義務。在交貨時風險轉移，即風險的轉移以指定的船邊為界。在辦理海關清關手續的義務上，該術語要求賣方辦理出口清關手續，而買方辦理進口清關手續。該術語僅適用於海運或內河運輸。與 FOB 不同的是，賣方不需要安排裝貨的事宜，與港口接洽安排裝貨是買方的事情。

③FOB（船上交貨）。該術語全稱為 Free On Board（named port of shipment），其中文意為船上交貨（指定裝運港），在中國又稱「離岸價格」。該術語指賣方在合同規定的裝運港負責將貨物裝到買方指定的船上，並負擔貨物越過船舷前的一切費用和風險。這意味著買方必須從貨物在裝運港越過船舷時起承擔一切費用以及貨物滅失或損壞的一切風險。該術語僅適用於海運或內河運輸。在船舷無實際意義的情況下，如在滾裝/滾卸或集裝箱運輸的場合，使用 FCA 術語更為合適。

FOB 的主要特徵：第一，賣方必須承擔把貨物交到船上的責任並支付有關費用；第二，賣方在裝運港交貨；第三，貨物風險從越過船舷時起即轉移至買方；第四，買方

負責運輸與保險。

FOB 在使用中應注意，FOB 條件下賣方的交貨義務有兩項：第一，將貨物裝上船；第二，裝船之後，必須及時向買方發出已裝船通知。而通知義務往往被忽視，如果賣方沒有及時通知買方，即構成違約。

（3）C 組術語（主要運費已付——裝運合同）。

①CFR。該術語全稱為 Cost and Freight（named port of destination），其中文意為成本加運費（指定目的港）。該術語指在裝運港貨物越過船舷，賣方即完成交貨，賣方必須支付將貨物運至指定目的港所需的運費。但貨物風險是在裝運港船舷轉移的。

CFR 在使用中應注意：裝船運輸由賣方負責，而購買保險由買方負責，若銜接不好，容易出現漏保的現象，因此，賣方在裝船後應給買方充分的通知，否則，賣方應承擔貨物在運輸途中的風險。

CFR 與 CIF 相比，在價格構成中少了保險費，因此，在 CFR 價格條件下，除了保險是由買方辦理外，其他方面的雙方義務與 CIF 基本相同。

②CIF。該術語全稱為 Cost, Insurance and Freight（named port of destination），其中文意為成本、保險費加運費（指定目的港）。在中國被稱為「到岸價格」。該術語指賣方除必須負有與 CFR 術語相同的義務外，還必須辦理貨物在運輸途中應由買方承擔的貨物滅失或損壞的風險的保險。賣方簽訂保險合同並支付保險費。買方應注意根據 CIF 術語，只能要求賣方投保最低的保險險別。貨物裝船後滅失或損壞的風險及貨物裝船後所發生的任何額外費用，則自貨物於裝運港越過船舷時起從賣方轉由買方承擔。

CIF 的主要特點：賣方是以向買方提供適當的裝運單據來履行其交貨義務的，而不是以向買方交付貨物是實物來完成其交貨義務。

與 FOB 的區別：一是貨物的價格構成不同；二是賣方承擔的責任不同；三是貿易術語的表述不同，如「FOB 上海」中的上海指的是裝運港，而「CIF 上海」中的上海指的是目的港。

③CPT。術語全稱為 Carriage Paid To（named place of destination），其中文意為運費付至（指定目的地）。賣方向其指定的承運人交貨，但賣方還必須支付將貨物運至目的地的運費。此術語適用於各種運輸方式。在貨物由多個承運人先後聯合承運的情況下，如果由後繼承運人將貨物運至目的地，則風險自貨物交付第一承運人時起由賣方轉移至買方。

④CIP。該術語全稱為 Carriage and Insurance Paid TO（named place of destination），其中文意為運費和保險費付至（指定目的地）。該術語指賣方除必須負有與 CPT 術語相同的義務外，還必須辦理貨物在運輸途中應由買方承擔的貨物滅失或損壞風險的保險。由賣方簽訂保險合同並支付保險費。不過，買方應注意，根據 CIP 術語，只能要求賣方以最低的保險險別投保。

（4）D 組術語（到貨合同）。

①DAF。該術語全稱為 Delivered at Frontier（named place），其中文意為邊境交貨（指定地點）。

②DES。該術語全稱為 Delivered EX Ship（named port of destination），其中文意為船上交貨（指定目的港）。

③DEQ。該術語全稱為 Delivered EX Quay（named port of destination），其中文意為

目的港碼頭交貨（關稅已付）（指定目的港）。

④DDU。該術語全稱為 Delivered Duty Unpaid（named place of destination），其中文意為未完稅交貨（指定目的地）。

⑤DDP。該術語全稱為 Delivered Duty Unpaid（named place of destination），其中文意為完稅後交貨（指定目的地） 賣方必須承擔將貨物運至目的地的一切風險和費用，包括辦理出口及進口手續。

資料卡 6.3

《2000 年通則》解釋的貿易術語

貿易術語	交貨地點	風險轉移	運輸	保險	運輸方式
EXW 工廠交貨	賣方工廠	交貨時	買方	無義務	各種運輸
FCA 貨交承運人	交承運人	交貨時	買方	無義務	各種運輸
FAS 船邊交貨	裝運港船邊	交貨時	買方	無義務	海運 內河
FOB 船上交貨	裝運港船上	裝運港船舷	買方	無義務	海運 內河
CFR 成本加運費	裝運港船上	裝運港船舷	賣方	無義務	海運 內河
CIF 成本運費保險費	裝運港船上	裝運港船舷	賣方	賣方	海運 內河
CPT 運費付至	交承運人	交貨時	賣方	無義務	各種運輸
CIP 運費保險費付至	交承運人	交貨時	賣方	賣方	各種運輸
DAF 邊境交易	邊境指定地點	交貨時	賣方	無義務	陸上運輸
DES 目的港船上交貨	目的港船上	交貨時	賣方	無義務	海運 內河
DEQ 目的港碼頭交貨	目的港碼頭	交貨時	賣方	無義務	海運 內河
DDU 未完稅交貨	指定目的地	交貨時	賣方	無義務	各種運輸
DDP 完稅交貨	指定目的地	交貨時	賣方	無義務	各種運輸

註：在《Incoterms 2000》中，除了 CIF 和 CFR 之外，在保險合同的項目下，賣方和買方的義務中均註明「無義務」，所謂無義務，是指一方對另一方不承擔義務的情況。但在 D 組中，均為到貨合同，即賣方在目的地完成交貨，那麼在交貨前的風險自然由賣方承擔。因此，賣方為了貨物的安全，應自費辦理保險。

2. 2010 年國際貿易術語解釋通則

2010 年 9 月國際商會公布了新版本《國際貿易術語解釋通則 2010──國際商會制定的適用於國內和國際貿易的術語通則》（以下簡稱《2010 年通則》），於 2011 年 1 月 1 日正式實施。值得一提的是，《2000 年通則》並不是自動作廢，因為國際貿易慣例本身不是法律，對國際貿易當事人不產生必然的強制性約束力。

《2010 年通則》考慮了無關稅區的不斷擴大，商業交易中電子信息使用的增加，貨物運輸中對安全問題的進一步關注以及運輸方式的變化。《2010 年通則》更新並整合與「交貨」相關的規制，將術語總數由原來的 4 組 13 個減少至 2 組 11 個，並對所有規制做出更加簡潔、明確的陳述。

資料卡 6.4

《2010 年通則》解釋的貿易術語

組別	貿易術語	中文名稱
適用於任何運輸方式或多種運輸方式的術語	EXW（ex works）	工廠交貨（指定交貨地點）
	FCA（free carrier）	貨交承運人（指定交貨地點）
	CPT（carriage paid to）	運費付至（指定目的地）
	CIP（carriage and insurance paid to）	運費保險費付至（指定目的地）
	DAT（delivered at terminal）	運輸終端交貨（指定港口或目的地運輸終端）
	DAP（delivered at place）	目的地交貨（指定目的地）
	DDP（delivered duty paid）	完稅後交貨（指定目的地）
適用於海運和內河水運的術語	FAS（free alongside ship）	船邊交貨（指定裝運港）
	FOB（free on board）	船上交貨（指定裝運港）
	CFR（cost and freight）	成本加運費（指定目的港）
	CIF（cost insurance and freight）	成本、保險費加運費（指定目的港）

《2000 年通則》與《2010 年通則》的主要區別：

（1）術語分類調整：E、F、C、D 四組貿易術語適用於兩類貿易，即水運和各種運輸方式。

（2）貿易術語的數量減少。由原來的 13 種減少為 11 種：

①刪除《2000 年通則》中 D 組貿易術語，即 DDU、DAF、DES、DEQ，只保留 D 組中的 DDP 術語。

②新增兩種 D 組貿易術語，即 DAT 與 DAP：DAT（Delivered at Terminal），目的地或目的港集散站交貨。該術語類似於 DEQ 術語，指賣方在指定的目的地卸貨後將貨物交給買方處置即完成交貨，術語所指目的地包括港口。賣方應承擔將貨物運至指定的目的地的一切風險和費用（除進口費用外）。本術語適用於任何運輸方式或多式聯運；DAP（Delivered at Place），目的地交貨。該術語類似於 DAF、DES 和 DDU 術語，指賣方在指定的目的地交貨，只需做好卸貨準備無須卸貨即完成交貨。術語所指到的到達車輛包括船舶，目的地包括港口。賣方應承擔將貨物運至指定的目的地的一切風險和費用（除進口費用外）。本術語適用於任何運輸方式、多式聯運方式及海運。

③E 組、F 組、C 組的貿易術語基本沒有變化。

（3）新貿易術語通則取消了「船舷」的概念。賣方承擔貨物裝上船為止的一切風險，買方承擔貨物自裝運港裝上船之後的一切風險。比如：FOB 術語中，一直以來風險轉移以「在裝運港越過船舷」為界限，但這一原則在實踐中缺乏操作性，比如由於裝貨方式的改進，有些貨物在裝船時並不需要越過船舷，此時「以船舷為界」就失去了意義。《2010 年通則》將風險轉移的界限修改為「以約定的交貨日期或交貨期限屆滿之日」，這樣修改既增強了可操作性，同時也更有利於平衡當事人的權益。

（4）在 FAS、FOB、CFR 和 CIF 等貿易術語中加入了在貨物運輸期間被多次買賣（連環貿易）的責任義務的劃分。

（5）賦予電子單據與書面單據同樣的效力，增加對出口國安檢的義務分配，要求雙方明確交貨位置，將承運人定義為締約承運人。

（6）適用的貿易合同範圍擴大。考慮到對於一些區域貿易集團內部貿易的特點，《2010年通則》不僅適用於國際銷售合同，也適用於國內銷售合同。

其他貿易術語的內容基本沒有變化，從E組到D組，11種貿易術語還是呈現出賣方責任逐漸增大，買方責任逐漸減小的特點。

第二節　買賣雙方的義務

買賣雙方的義務是國際貨物買賣合同的核心內容。本節的內容主要以《聯合國國際貨物銷售合同公約》為依據進行介紹。

一、賣方的義務

根據《公約》的規定，賣方的主要義務包括三項：①交付貨物和移交單據；②貨物相符義務，即品質擔保義務；③權利擔保義務，也稱第三方要求。

（一）交付貨物和移交單據

對於貨物銷售合同的賣方而言，交付貨物和移交貨物單據是其最基本的合同義務。

1. 交貨方式

所謂交貨（delivery），是指賣方自願地轉移貨物的佔有權，使貨物的佔有權從賣方手中轉移到買方手中。交貨的方式可以由買賣雙方在合同中約定。在國際貨物銷售中，存在兩種交貨方式：

（1）實際交貨（physical delivery）。實際交貨指將貨物本身連同單據一併轉移給買方。比如，在EXW、DES、DEQ、DDP等貿易術語中，賣方必須在指定的地點將貨物置於買方的支配之下，這就是一種實際交貨的方式。

（2）象徵性交貨（symbolic delivery）。象徵性交貨指賣方將代表貨物所有權的證書交給買方就視為完成交貨的義務。比如在CIF貿易術語中，當賣方將貨物交給了指定的承運人，取得了提單或類似的裝運單據，並將該提單或單據交給買方，就視為已經履行了交貨義務。

2. 交貨地點

《公約》第三十一條規定，如果根據合同，賣方沒有義務在其他特定地點交貨，那麼，其交貨義務如下：①如果銷售合同涉及貨物的運輸，賣方就應當把貨物交給第一承運人，以由後者運交給買方；②在不涉及貨物運輸的情況下，如果合同指定的是特定貨物或從特定存貨中提取的或尚待製造或生產的未經特定化的貨物，而且雙方當事人在訂立合同時已經知道這些貨物是在某一特定地點，或將在某一特定地點製造或生產，那麼，賣方就應當在該地點把貨物交由買方處置；③在其他情況下，賣方應當在訂立合同時的營業地把貨物交由買方處置。

3. 交貨時間

《公約》第三十三條規定，賣方必須按以下規定的日期交貨：①如果合同規定了交貨日期，或者，雖合同未明確規定交貨日期，但從合同中可以確定交貨日期，賣方就

應當在該日期交貨；②如果合同規定有一段時間，或從合同中可以確定一段時間為交貨期，那麼除非情況表明應由買方選定一個日期以外，賣方就應在該段時間內的任何時候交貨；③在其他情況下，賣方應在訂立合同後的一段合理時間內交貨。

4. 移交單據

《公約》第三十四條規定，如果按照合同的規定，賣方有義務移交與貨物有關的單據，那麼，賣方就必須按照合同規定的時間、地點和方式移交這些單據。如果賣方在合同所規定的交單時間以前已經移交了這些單據，賣方可以在合同所規定的交單時間到達以前，糾正單據中任何不符合合同規定的情形，但是，賣方的這種權利的行使不利使買方遭受不合理的不便或承擔不合理的開支。而且，在這種情況下，買方仍然保留根據公約的規定其所具有的要求損害賠償的任何權利。

有關貨物的單據一般包括提單、裝箱單、保單、商業發票、領事發票、原產地證書、重量證書或品質檢驗證書等。

（二）貨物相符的義務（品質擔保義務）

1. 明示義務

《公約》第三十五條第一款規定，賣方交付的貨物必須與合同所規定的數量、質量和規格相符，須按照合同所規定的方式裝箱或包裝。

2. 默示義務

《公約》第三十五條第二款規定，除雙方當事人另有約定外，貨物必須符合以下規定，否則即為與合同不符：①貨物適用於同規格貨物通常的目的；②貨物適用於訂立合同時曾明示或默示地通知賣方的任何特定目的，除非情況表明買方並不依賴賣方的技能和判斷力，或者這種依賴對賣方是不合理的；③貨物的質量與賣方向買方提供的貨物樣品或樣式相同；④貨物按照同類貨物通用的方式裝箱或包裝，如果沒有此種通用方式，則按照足以保全和保護貨物的方式裝箱或包裝。

買方有權檢驗貨物，以確定貨物是否與合同相符。如果因貨物與合同不符而向賣方索賠，買方必須在發現或理應發現不符情形後一段合理時間內通知賣方，說明不符合同情形的性質，否則，買方就喪失就貨物與合同不符而向賣方索賠的權利。

但是，無論如何，如果買方未在其實際收到貨物之日起 2 年內將貨物不符合同的情形通知賣方，那麼，買方就喪失因貨物與合同不符而主張損害賠償的權利，除非這一時限與合同所規定的保證期限不一致。

（三）權利擔保義務（第三方要求）

賣方保證對其出售的貨物享有合法權利，沒有侵犯任何第三人權利，第三人也不能就貨物向買方主張任何權利。

1. 具體內容

權利擔保義務是法定義務，無須合同約定，其具體內容包括：①賣方有權出售；②貨物不存在任何未曾披露的擔保物權；③沒有侵犯他人的知識產權。

2.《公約》的相關規定

《公約》第四十一條規定了賣方的一般權利擔保義務，即賣方所交付的貨物，必須是第三方不能提出任何權利或要求的貨物，除非買方同意在這種權利或要求的條件下收取貨物。

《公約》第四十二條規定了賣方的知識產權權利擔保義務，即賣方所交付的貨物，

必須是第三方不能根據工業產權或其他知識產權主張任何權利或要求的貨物。但以賣方在訂立合同時已經知道或不可能不知道的權利或要求為限，而且這種權利或要求根據以下國家的法律規定是以工業產權或其他知識產權為基礎的：①如果雙方當事人在訂立合同時預期貨物將在某一國境內轉售或做其他使用，則根據貨物將在其境內轉售或做其他使用的國家的法律；②在任何其他情況下，根據買方營業地所在國家的法律。

上述對賣方規定的義務不適用於以下情況：①買方在訂立合同時已經知道或不可能不知道此項權利或要求；②此項權利或要求的發生，是由於賣方要遵照買方所提供的技術圖樣、圖案、程式或其他規格。

案例 6.1

賣方的權利擔保責任[①]

某年，中國某機械進出口公司向一法國商人出售一批機床。法國又將該機床轉售到美國及一些歐洲國家。機床進入美國後，美國進口商被起訴侵犯了美國某一有效的專利權，法院判令被告賠償專利人損失，隨後美國進口商向法國出口商追索，法國商人又向我方索賠。

問題：我方是否應該承擔責任，為什麼？

評析：根據《公約》規定，作為賣方的中國某機械進出口公司應該向買方——法國商人承擔所出售的貨物不會侵犯他人知識產權的義務，但這種擔保應該以買方告知賣方所要銷往的國家為限，否則，賣方只保證不會侵犯買方所在國家的知識產權人的權利。

二、買方的義務

根據《公約》的規定，買方的義務主要包括兩個：一是支付貨款，二是收取貨物。

（一）支付貨款

支付貨款是買方在貿易合同中最基本的義務。

1. 確定貨物的價格

根據《公約》第五十五條規定，如果合同已經訂立，但沒有明示或暗示地規定價格或規定如何確定價格，在沒有任何相反表示的情況下，雙方當事人應視為已默示地引用訂立合同時此種貨物在有關貿易的類似情況下銷售的通常價格。

《公約》第五十六條規定，如果價格是按貨物的重量規定的，如有疑問，應按淨重確定。

溫故知新

根據《聯合國國際銷售合同公約》的規定，如合同沒有明示或默示地規定貨物的價格或規定價格的方法時，應（　　）。

A. 按交貨時的合理價格來確定貨物的價格
B. 按提貨時的合理價格來確定貨物的價格

---

① 資料來源：http://news.9ask.cn/gjmy/fg/201004/542213.html.

C. 按照進口國法律規定來確定貨物的價格
D. 按訂立合同時的通常價格來確定貨物的價格

【參考答案】D

2. 付款地點

根據《公約》第五十七條的規定，如果買方沒有義務在其他特定地點支付貨物價款，那麼，買方就必須在以下地點向賣方支付價款：①賣方的營業地；②在移交貨物或單據支付價款的場合，移交貨物或單據的地點。需要注意的是，如果在訂立合同後，賣方的營業地發生了變動，那麼，賣方就必須承擔因其營業地變動而使買方增加的與支付價款有關的費用。

3. 付款時間

《公約》第五十八條對買方的付款時間規定了3條規則：①如果按照合同的規定，買方沒有義務在任何其他特定的時間內付款，那麼，買方就必須於賣方按照合同和公約的規定將貨物或控制貨物處置權的單據交給買方處置時付款。賣方可以將買方的付款作為其移交貨物或單據的條件；②如果合同涉及貨物的運輸，賣方可以將在買方付款後，才把貨物或控制貨物處置權的單據移交給買方，作為發運貨物的條件；③買方在未有機會檢驗貨物前，無義務支付貨款，除非這種機會與雙方當事人所約定的交貨或付款程序相抵觸。比如雙方採用FOB、不可撤銷信用證的方式。

(二) 收取貨物

買方的第二項基本合同義務是收取貨物。按照《公約》第六十條的規定，買方收取貨物的義務有以下兩個方面：①採取一切理應採取的行動，以期賣方能交付貨物；②接收貨物。值得一提的是，「接收」並非「接受」。「接受」是買方認為貨物在品質、數量等各方面均符合合同的要求時的行為。如果貨到目的地經檢驗後，貨物不符合合同規定，買方也應「接收」貨物，但可向賣方及時提出索賠。假如買方將貨物置於碼頭或露天任其遭受風吹雨打，則買方違反了收取貨物的義務，由此造成的損失應由買方負責。

三、買賣雙方的共同義務

(一) 合同履行中的通知義務

在履行合同的過程中，買賣雙方需要根據合同的實際履行情況，相互發出通知。如果不發出通知，則違反了《公約》規定的通知義務。

《公約》對不同通知的效力分別進行了規定：

1. 發出即生效

通知發出方履行了義務，該通知發出即產生效力，對方收到與否都不影響發送方的權利。這類通知包括：檢驗缺陷的通知、要求索賠或補救的通知、交付寬限期的決定的通知、宣告合同無效的通知。

2. 到達才生效的通知

如果收到的通知是進一步行為或不行為、或產生某種後果的條件，則通知只有在收到後才產生效力。這類通知包括：為對方設立的履約寬限期和合理期限的通知、遇到履行障礙的一方發出的通知。

(二) 保全貨物

保全貨物是公約對不同情況下的買方和賣方規定的一項非常富於實務性的義務。《公約》第八十五條至八十八條是關於保全貨物的規定。

(1) 保全貨物的含義。保全貨物是指在一方當事人違約時，另一方當事人仍持有貨物或控制貨物的處置權時，該當事人有義務對他所持有的或控制的貨物進行保全。其目的是為了減少違約一方當事人因違約而給自己帶來的損失。

(2) 保全貨物的條件。買賣雙方都有保全貨物的義務，但條件不同：①賣方：買方沒有支付貨款或接受貨物，而賣方仍擁有貨物或控制貨物的處置權。②買方：買方已接受了貨物，但打算退貨。

(3) 保全貨物的方式。保全貨物的方式：①將貨物寄放於第三方的倉庫，由違約方承擔費用，但費用必須合理；②將易壞貨物出售，並應將出售貨物的打算在可能的範圍內通知對方。出售貨物的一方可從出售貨物的價款中扣除保全貨物和銷售貨物發生的合理費用。

(4) 提前發出意向通知。如果另一方當事人在收取貨物、收回貨物、支付價款或保全貨物費用方面有不合理的遲延，那麼，有義務保全貨物的當事人可以採取任何適當辦法出售貨物，但必須提前向另一方當事人發出合理的意向通知。

第三節　買賣雙方違約的救濟方法

一、賣方違約的救濟方法

賣方違約主要有不交貨、延遲交貨或所交貨物與合同不符三種情形。《公約》第四十五條至第五十二條對賣方違約的救濟方法做了詳細規定，賣方違約的救濟方法分以下幾種：

1. 要求實際履行合同義務

公約將此作為第一補救辦法，目的是為了保證合同履行的穩定性。根據《公約》第四十六條規定，有三種情形：①買方可以要求賣方履行義務，除非買方已採取與此要求相抵觸的某種補救辦法。②如果貨物不符合同，買方只有在此種不符合同情形構成根本違反合同時，才可以要求交付替代貨物。而且關於替代貨物的要求，應當在向對方發出不符合合同通知的同時或者之後的一段合理時間內提出。③如果貨物不符合同，買方可以要求賣方通過修理對不符合同之處做出補救，除非他考慮了所有情況之後，認為這樣做是不合理的。修理的要求應當在向對方發出不符合合同通知的同時或者之後一段合理時間內提出。

2. 給賣方合理寬限期

這是針對賣方延遲交貨而規定的一種救濟方法。根據《公約》第四十七條規定，買方可以規定一段合理時限的額外時間，讓賣方履行其義務。除非買方收到賣方的通知，聲稱他將不在所規定的時間內履行義務，買方在這段時間內不得對違反合同採取任何補救辦法。但是，買方並不因此喪失他對遲延履行義務可能享有的要求損害賠償的任何權利。

3. 減低貨價

如貨物與合同不符，無論貨款是否已付，買方都可要求減低價款。減價應按實際交付的貨物在交貨時的價值，與符合合同的貨物在當時的價值兩者之間的比例進行計算。但如果賣方已經對貨物不符合同的規定做了補救，或者買方拒絕賣方對此做出補救，則買方無權採用這種救濟方法。

案例 6.2

如何計算減價後應支付的貨款 ①

買賣雙方之間達成一筆關於糧食買賣的合同，合同規定賣方應在 10 月 10 日交付一級糧食 100MT，價格為 200 美元/MT，總價為 20,000 美元。但賣方直到 11 月 10 日才交貨，並且交的是三級的糧食。11 月份糧食的整體價格下降 50%，即一級糧食的價格為 100 美元，三級糧食的價格為 50 美元。這時買方應支付的貨款為多少？

解：$20,000 - 20,000 \times \dfrac{5,000}{10,000} = 10,000$（美元）

4. 買方宣告合同無效

宣告合同無效是買賣雙方都可以採取的最為嚴厲的救濟手段。宣告合同無效解除了雙方在合同中規定的義務，即使合同已經部分履行或全部履行，也應該相互返還財產，使合同恢復到未成立以前的狀態。宣告合同無效不僅會造成社會財富的極大浪費，更不利於交易的進行。因此《公約》對於這一救濟措施採用了非常謹慎的態度，規定只有在一方根本違反合同時，另一方才可以採用宣告合同無效的救濟措施。

當賣方根本違約時，買方可以宣告合同無效。根本違約在這裡具體包括三項內容：①賣方不交付貨物，延遲交貨或交貨不符或所有權有瑕疵；②賣方聲明他不在規定時間內履行合同；③在買方給予的寬限期屆滿後仍不履行合同。另外，需要注意的是，買方宣告合同無效的聲明，只有在向賣方發出通知時才產生效力。還有若貨物部分符合合同，買方應接受符合的部分，只有當賣方完全不交貨或不按規定交貨構成根本違約時，才能宣告合同無效。

根據《公約》規定，宣告合同無效並不妨礙另一方採取損害賠償措施，合同中有關解決爭議的條款仍然有效。

資料卡 6.5

根本違約 ②

根本違約是從英國普通法上發展出來的一種制度，其影響力之大在聯合國國際貨物銷售合同公約、國際商事合同通則、歐洲合同法原則中均有體現。

在 19 世紀的英國，法院開始將合同條款依其重要程度之輕重區分為「條件」(condition) 和「擔保」(warranty)，相應地有不同的法律效果。「條件可定義為一種對事實的陳述，或者一個允諾，它構成了合同的基本條款 (an essential term of the contract)；如果此一對事實的陳述被證明為不真實，或者該允諾未經履行，則無辜方可將此種違反

---

① 資料來源：田東文. 國際商法 [M]. 2 版. 北京：機械工業出版社，2014：165.
② 資料來源：韓世遠. 根本違約論 [J]. 吉林大學社會科學學報，1999 (4).

作為毀約，並使他從合同的繼續履行中解脫出來。」換言之，違反條件被作為根本違約，非違約方可以因此而解除合同。而擔保作為合同中次要的和附屬性的條款，當它被違反時，並不能夠使無辜方以毀約待之，不能夠解除合同而只能夠請求損害賠償。

不過，上述產生於19世紀的英國普通法上的合同條款分類方法，在近些年有了新的發展。英國的法官們通過發展出一類稱為中間條款（intermediate terms, or innominate terms）的合同條款新類型，對非違約方的合同解除權加以了限制。從此，該條款打破了19世紀的過分強調條款之性質的「條件」和「擔保」之分類，開闢出了一個更富於彈性的基於違約及其後果的嚴重程度的檢驗方式。如果合同不履行並非違反條件，而是違反中間條款，非違反方當事人將自己從繼續履行中解脫出來的權利將取決於違約及其後果的嚴重程度。英國法院近年來不斷擴大中間條款的範圍，除了法律或合同明文規定了為條件或擔保的條款，幾乎所有條款都可以被視為中間條款。

總的說來，英國普通法上在判斷是否構成根本違約問題上，經歷了一個從以所違反的合同條款的性質為依據到以違約及其後果的嚴重程度為依據的過程，目前英國法已主要是根據違約及其後果的嚴重程度判斷是否構成根本違約。

英國普通法上對合同條款所作的「條件」與「擔保」之分類，對美國合同法也產生了較大的影響，美國法沒有使用「根本違約」之概念，通常使用的是「重大違約」（marterial breach）或「實質不履行」（substantial non-performance）。當一方當事人構成重大違約時，另一方有權解除合同。儘管「重大違約」與「違反條件」在法律後果上相似，但實際上卻代表著兩種完全不同的思維方法。「條件」是對合同條款性質的表述，判斷某一條款是否屬於「條件」，必須考察雙方當事人在訂立合同時是否把它當作合同的要素（essence），因而是主觀性的；「重大」違約則是對違約後果的描述，判斷違約是否重大，必須考察違約給對方所造成的實際損害的大小，因而是客觀的。

就大陸法系的情況而言，在法國，法院在判斷是否允許非違約方解除合同時，違約的嚴重程度是一個重要的參考因素，唯法國法就違約嚴重程度之判斷並未形成任何統一的明確的標準和概念。德國對違約的嚴重程度雖然沒有給出一個統一的標準，但值得注意的是，當因一方的原因致部分給付不能、給付遲延或不完全給付時，如果「合同的履行對於對方無利益」，對方得解除合同。此處所謂「無利益」，是指受害方已無法獲得訂立合同所期待獲得的利益。學說上認為德國法此一概念與英美法中的「根本違約」或「重大違約」頗為相似，惟其內容及適用要窄一些。

1980年《聯合國國際貨物銷售合同公約》第二十五條規定，根本違約是指「一方當事人違反合同的結果，如使另一方當事人蒙受損害，以致於實際上剝奪了他根據合同規定有權期待得到的東西，即為根本違反合同，除非違反合同一方並不預知而且一個同等資格、通情達理的人處於相同情況中也沒有理由預知會發生這種結果」。從公約這一界定中可以看出這裡已轉向了違約所致損害的程度，公約對根本違約的構成有兩個要件：一是違約後果的嚴重程度；二是違約後果的可預見性。

國際統一私法協會1994年《國際商事合同通則》也有關於根本違約的規定，只不過其所使用的概念是「根本不履行」，此即第7.3.1條（終止合同的權利）：「①合同一方當事人可終止合同，如另一方當事人未履行其合同義務構成對合同的根本不履行。②在確定不履行義務是否構成根本不履行時，應特別考慮到以下情況：不履行是否實質性地剝奪了受損害方當事人根據合同有權期待的利益；對未履行義務的嚴格遵守是

否為合同項下的實質內容；不履行是否有意所致還是疏忽所致；若合同終止，不履行方當事人是否將因已準備或已履行而蒙受不相稱的損失。3. 在延遲履行的情況下，只要另一方當事人未在第 7.1.5 條允許的額外期限屆滿前履行合同，受損害方當事人亦可終止合同。」

在中國《民法典》中，根本違約系作為非違約方當事人解除合同的理由之一加以規定的，第五百六十三條第（4）項規定：「當事人一方遲延履行債務或者有其他違約行為致使不能實現合同目的。」

5. 損害賠償

損害賠償是買賣雙方都可以採用的一種重要的救濟方式。

（1）損害賠償的責任範圍。《公約》第七十四條規定，一方當事人違反合同應負的損害賠償額，應與另一方當事人因他違反合同而遭受的包括利潤在內的損失額相等。這種損害賠償不得超過違反合同一方在訂立合同時，依照他當時已知道或理應知道的事實和情況，對違反合同預料到或理應預料到的可能損失。需要注意的是，違約責任的損害賠償並不以過失為構成要件，只要給另一方當事人造成損失，就應承擔責任。

（2）可以與其他一些救濟方法並用。《公約》第七十五條規定，如果合同被宣告無效，而在宣告無效後一段合理時間內，買方已以合理方式購買替代貨物，或者賣方已以合理方式把貨物轉賣，則要求損害賠償的一方可以取得合同價格和替代貨物交易價格之間的差額以及按照第七十四條規定可以取得的任何其他損害賠償。

（3）減輕損失原則。《公約》第七十七條規定，聲稱另一方違反合同的一方，必須按情況採取合理措施，減輕由於該另一方違反合同而引起的損失，包括利潤方面的損失。如果他不採取這種措施，違反合同一方可以要求從損害賠償中扣除原可以減輕的損失數額。

案例 6.3

額外損失是否賠償[1]？

案情：某年 11 月，美國 S 公司與北京 A 公司簽訂了購進 100 噸鉬鐵的買賣合同，交貨條件是天津 FOB 每噸 3,000 美金，於 2004 年 2 月前交貨。合同簽訂後，A 公司立即與各生產廠家聯繫，但由於當時鉬鐵市場需求量很大，各廠家供貨成問題，A 公司向 S 公司要求推遲交貨期，遭到 S 公司拒絕。2004 年開始，國際市場鉬鐵價格暴漲，A 公司要求 S 公司抬高合同價格，也遭到拒絕。2 月前，A 公司未能履行交貨義務，4 月份，國際市場鉬鐵價格已漲到合同簽訂時的近 2 倍。6 月 5 日，S 公司根據合同中仲裁條款向中國貿易仲裁委員會提請仲裁，要求 A 公司賠償 S 公司於 6 月初補進的 100 噸鉬鐵與合同價格的差額貨款。

問題：S 公司的要求是否合法？應由哪家公司對未能及時補進貨物而產生的額外損失負責？

評析：S 公司的請求不合法，應由 S 公司自行承擔因未能及時補進貨物而產生的額外損失。

理由：本案主要涉及國際貨物買賣合同違約後的損害賠償問題。根據《聯合國國

---

[1] 資料來源：http://news.9ask.cn/gjmy/fg/201004/542221.html.

際貨物銷售合同公約》（簡稱《公約》）的規定，損害賠償是一種主要的救濟方法。當一方違反合同時，另一方有權利要求賠償損失，而且要求損害賠償的權利，並不因已採取其他救濟方法而喪失。另外《公約》第七十四條至七十七條對損害賠償的責任範圍和計算方法作了具體的規定。第七十四條的規定對買賣雙方都同樣適用，而且適用於因各種不同的違約事項所提出的損害賠償要求。這裡，《公約》沒有採用過失責任原則，而是採取了嚴格責任原則。根據《公約》的規定，當一方請求損害賠償時，無須證明違約的一方有過失。只要一方違反合同，並給對方造成了損失，對方就可以要求其賠償損失。另外，《公約》第七十七條規定適用於買方或賣方的各種違約索賠情況。本案中買方美國 S 公司明知賣方不能按時履行合同，買方有義務自行及早購買合同標的的替代物，卻不及時採取措施減輕損失。

二、買方違約的救濟方法

買方違約主要是指買方拒付貨款和拒收貨物。《公約》第六十一條至第六十五條規定了買方違約的救濟方法，除了與賣方一樣也具有請求損害賠償的權利外，還有以下幾種方法：

1. 實際履行

賣方可以要求買方支付貨物價款、收取貨物或履行其任何其他合同義務。

2. 給予寬限期

賣方可以規定一段合理時限的額外時間，讓買方履行義務。除非賣方收到買方的通知，聲稱他將不在所規定的時間內履行義務，賣方不得在這段時間內對違反合同採取任何補救辦法。但是，賣方並不因此喪失他對遲延履行義務可能享有的要求損害賠償的任何權利。

3. 宣告合同無效

根據《公約》第六十四條規定，賣方在以下情況下可以宣告合同無效：①買方不履行其在合同或本公約中的任何義務，等於根本違反合同；②買方在規定的額外時間內不履行支付價款的義務或收取貨物，或買方聲明他將不在所規定的時間內這樣做。但是，如果買方已支付價款，無特殊情況時，賣必須在合理時間內行使上述權利，否則將喪失這一權利。

案例 6.4

可以宣告整個合同無效嗎？

中國食品糧油公司向美國一家公司訂購 500 噸優良大米，合同規定分 6 批完成。前兩批大米均按期按質到貨，但在收到第 3 批大米時，中國公司發現該批大棗發霉變質，存在嚴重的質量問題。

此種情況下，根據《聯合國國際貨物銷售合同公約》的規定：

(1) 中國食品糧油公司應該如何處理？

(2) 為什麼？

評析：本案考查的是分批交付貨物無效處理的問題。

(1) 中國食品糧油公司有權宣告合同對該批貨物無效。

(2)《聯合國國際貨物買賣合同公約》第七十三條第一款規定，對於分批交付貨物

的合同，如果一方當事人不履行對任何一批貨物的義務，便對該批貨物構成根本違反合同，則另一方當事人可以宣告合同對該批貨物無效。本案中合同項下的各批貨物是相互依存、不可分割的，因此買方可以宣告整個合同無效。

4. 賣方可自行訂明貨物規格

根據《公約》第六十五條規定，有兩種情況可以自行訂明貨物規格：①如果買方應根據合同規定訂明貨物的形狀、大小或其他特徵，而他在議定的日期或在收到賣方的要求後一段合理時間內沒有訂明這些規格，賣方在不損害其可能享有的任何其他權利的情況下，可以依照他所知的買方的要求，自己訂明規格；②如果賣方自己訂明規格，他必須把訂明規格的細節通知買方，而且必須規定一段合理時間，讓買方可以在該段時間內訂出不同的規格。如果買方在收到這種通知後沒有在該段時間內這樣做，賣方所訂的規格就具有約束力。

第四節　貨物所有權與風險的轉移

一、貨物所有權的轉移

（一）確定貨物所有權的意義

確定貨物所有權的重要意義主要表現在：①如果因意外事故導致貨物滅失損害，除非當事人另有約定，這種損失的風險將隨所有權轉移，由買方承擔。②針對貨物損失向第三人（如保險人、承運人）起訴的權利也取決於起訴方是否擁有所有權。③當買賣雙方有一方破產時，認定交易中的貨物所有權就非常重要了。如果是賣方破產，即使其佔有貨物，但貨物所有權已轉移到買方，買方可以對抗賣方清算人。如果是買方破產，即使其佔有貨物，賣方仍保留貨物的所有權，買方可以以此對抗買方破產清算人。

（二）各國法的規定

由於各國國情和經濟發展狀況都存在極大差異，各國的法律難以統一。《公約》在無法調和各國法律衝突的情況下，僅規定了賣方的所有權擔保義務，而對所有權何時轉移以及合同對所有權可能產生的影響都沒有規定。因此，關於所有權的轉移應該根據當事人所選擇的國際慣例以及各國的國內法律來解決。

1. 大陸法系國家的一般規定

大陸法系國家關於貨物所有權的問題存在兩種不同的規定方式：

（1）雙方當事人在合同予以明確約定。如果沒有約定，則貨物所有權於合同成立之時起轉移至買方。法國、比利時、義大利、葡萄牙等國均實行這一原則。

（2）區分動產與不動產。如果為動產，貨物所有權於貨物交付時轉移至買方，如果為不動產，其所有權向主管機關登記時轉移。德國、荷蘭、西班牙等國則實行這一原則。

2. 英美法國家的一般規定

（1）英國《1979年貨物買賣法》。貨物所有權轉移也分為兩種情況：①特定化貨

物。其所有權轉移應依據雙方當事人的合同約定；②非特定化貨物，其所有權轉移一般在貨物特定化的時候才可轉移給買方。所謂貨物特定化，是指將貨物無條件地劃撥於合同項下的行為。

（2）美國《統一商法典》。貨物在特定於合同項下之前的所有權不發生轉移，除雙方另有約定外，特定化後的貨物所有權在交貨時發生轉移。

3. 《公約》的有關規定

《公約》對貨物所有權轉移的問題沒有做出具體規定，只是在第三十條規定了賣方有義務將貨物所有權轉移給買方，並保證其所交貨物必須是第三方不能提出任何權利要求或請求權的貨物。至於所有權轉移中的細節，如時間、地點和條件等均未做任何規定。

4. 中國的相關規定

中國沒有專門的貨物買賣法，根據《民法典》的規定，依據合同或其他合法方法取得財產的，財產的所有權從交付時起轉移，法律另有規定的除外。另外還規定買賣合同可以設定貨物留置權，當事人可以在買賣合同中約定買方未履行支付價款或其他主要義務的，貨物所有權屬於賣方。總體來看，中國《民法典》對貨物所有權轉移的原則是：有約定依約定，無約定的貨物所有權在交付時轉移。

二、貨物風險的轉移

貨物發生損失的原因很多，因雙方責任導致的損失，由責任方承擔，因風險造成的損失則應由承擔風險的一方當事人來承擔。國際貨物買賣合同中的風險一般是指貨物在高溫、水浸、火災、嚴寒、盜竊或者查封等非正常情況下發生的短少、變質或滅失的損失。在國際貨物買賣合同中貨物風險的劃分和轉移非常重要，其目的是確定由誰對貨物風險承擔責任。比如貨物所有權已經轉移給買方，但風險仍由賣方承擔，一旦貨物發生毀損或滅失，賣方仍需向買方交付貨物；反之，若風險已經轉移至買方，即使貨物發生毀損或滅失，買方仍需向賣方支付貨款。

《公約》第六十六條至第七十條對貨物風險轉移做出了一些原則性規定，且與貿易術語關係密切。

1. 風險轉移的效果

根據《公約》第六十六條規定，貨物在風險移轉到買方承擔後遺失或損壞，買方支付價款的義務並不因此解除，除非這種遺失或損壞是由於賣方的行為或不行為所造成。

2. 風險轉移的時間

關於這一問題，一般有兩類規定，一是將風險轉移與貨物所有權聯繫在一起；二是將兩者分開，《公約》採用的就是這一類。

（1）貨物涉及運輸時的風險轉移。根據《公約》第六十七條規定，如果銷售合同涉及貨物的運輸，但賣方沒有義務在某一特定地點交付貨物，自貨物按照銷售合同交付給第一承運人以轉交給買方時起，風險就移轉到買方承擔。如果賣方有義務在某一特定地點把貨物交付給承運人，在貨物於該地點交付給承運人以前，風險不移轉到買方承擔。賣方受權保留控制貨物處置權的單據，並不影響風險的移轉。需要注意的是，在貨物以貨物上加標記、或以裝運單據、或向買方發出通知或其他方式清楚地註明有關合同以前，風險不移轉到買方承擔。

溫故知新

據《聯合國國際貨物買賣合同公約》規定，如買賣合同對風險沒有約定，且賣方沒有義務在某一特定地點將貨物交給承運人，則貨物風險轉移的時間為（　　）。

A. 賣方將貨物交給第一承運人時　　B. 賣方將貨物交給買方時
C. 賣方將貨物在該特定地點交給承運人時　　D. 賣方將貨物起運時

【參考答案】A

（2）貨物在運輸途中的風險轉移。《公約》第六十八條規定了貨物在運輸途中銷售，即「路貨」風險的轉移時間：對於在運輸途中銷售的貨物，從訂立合同時起，風險就移轉到買方承擔。但是，如果情況表明有此需要，從貨物交付給簽發載有運輸合同單據的承運人時起，風險就由買方承擔。儘管如此，如果賣方在訂立合同時已知道或理應知道貨物已經遺失或損壞，而他又不將這一事實告之買方，則這種遺失或損壞應由賣方負責。

（3）其他情況下風險轉移的時間。《公約》第六十九條對其他情況下風險的轉移做了規定：①在賣方營業地交貨，此時，風險從買方接收貨物時轉移給買方。如果買方不在適當時間內接收貨物或在貨物交買方處置時遭到無理拒收的，認為是買方違約，此時風險移轉到買方承擔。②如果買方有義務在賣方營業地以外的某一地點接收貨物，當交貨時間已到而買方知道貨物已在該地點交給他處置時，風險開始轉移給買方。③如果合同指的是當時未加識別的貨物，則這些貨物在未清楚註明有關合同以前，不得視為已交給買方處置。

3. 風險轉移與賣方違約的關係

根據《公約》第七十條規定，如果貨物的損壞或滅失是由於賣方違反合同所致，則買方仍然有權向賣方提出索賠，採取因此種違反合同而可以採取的各種補救辦法。

本章思考

1. 理解下列術語：
   FOB　　CFR　　CIF　　保全貨物　　根本違約
2. 比較FOB、CFR、CIF三個貿易的異同。
3. 試論國際貨物買賣中買賣雙方的義務。
4. 試論保全貨物的意義和方式。
5. 簡述賣方違約時買方可以採取的救濟措施。
6. 簡述《聯合國國際貨物銷售合同公約》中關於貨物風險轉移的規定。

第七章

國際貨物運輸與保險法

■本章要點

1. 班輪運輸、租船運輸的概念與種類
2. 關於約束提單的公約
3. 有關鐵路運輸的公約
4. 有關航空運輸的公約
5. 海上貨物運輸保險的基本原則
6. 海上貨物運輸承保的風險範圍

第一節 概述

一、國際貨物運輸合同的概念及特點

國際貨物運輸合同是指承運人採用某種運輸方式將貨物托運人托運的貨物從一國運至另一國，而由托運人支付運費的合同。

國際貨物運輸合同除了具有國際性、雙務有償性、諾成性等特徵外，還具有不同於一般合同的特點：

（1）國際貨物運輸合同多為格式合同，受相應的國際立法或國內立法強制性規範的調整。為了防止承運人利用其優勢地位侵害貨主的合法權益，一些國際公約和國內立法對國際貨物運輸合同的當事人的權利、義務、責任和豁免做了強制性規定，當事人一旦選擇適用或根據衝突規則適用某一立法，該立法就對其有約束，因此可以說，國際貨物運輸合同當事人「意思自治」的權利是受到相應限制的。

（2）國際貨物運輸合同往往是為第三人利益訂立的合同。國際貨物運輸合同的當

事人是托運人和承運人，而收貨人則不是合同的當事人，屬於合同的利害關係人①。但是由於作為合同證明的運輸單據轉移至收貨人手中，因此使其享有了向承運人要求提貨的權利，從而可以直接取得合同規定的利益。因此，根據當事人的約定或法律的規定，收貨人也應承擔合同項下的某些義務，比如《中華人民共和國海商法》（以下簡稱《海商法》）第七十八條就明確規定承運人和收貨人之間的權利義務關係，依據提單的規定而確定，並規定了收貨人及時領取貨物的義務。

二、國際貨物運輸的種類

國際貨物運輸的方式和種類很多，也比國內運輸更為複雜，但總的來看，海上貨物運輸是目前採用最廣泛的運輸方式，因此本章也著重介紹海上貨物運輸以及海上貨物保險。

1. 國際海上貨物運輸

這是歷史最為悠久的運輸方式，具有運輸量大、運費低廉、對貨物的適應性強等優越性。近年來，隨著航海技術的提高及貨物包裝方式的改進，集裝箱運輸成為海上貨物運輸的主要方式，從而使海上運輸固有的風險大、航速慢等缺點得到了很大的改善。

2. 國際鐵路貨物運輸

與其他運輸方式相比，國際鐵路運輸具有運輸速度快、運輸量大、安全可靠、運輸成本低、運輸準確性和連續性強以及受氣候因素影響小等特點，因此其在以陸路連接的不同國家之間的貨物運輸中佔有較高的比例。

3. 國際航空貨物運輸

航空運輸業開始於 20 世紀初，是一種出現時間較晚但是發展速度很快的運輸方式。國際航空運輸的優勢和局限都比較明顯，其具有運送速度快、手續簡便、節省費用（如保險、包裝、儲存等）、安全準確並且不受地面條件的影響，可以深入內陸地區等優點，同時其具有運費較高、艙容有限、受氣候影響較大等局限性。但隨著航空技術的發展，飛機的運載能力、運航性能等不斷提高，國際航空運輸在國際貿易中將越來越顯現其優越性。

4. 國際貨物多式聯運

這種運輸方式是在集裝箱運輸的基礎上產生和發展起來的新型運輸方式，也是近年來發展較快的一種綜合連貫的運輸方式。聯運經營通過運用上述運輸方式中的一種或多種，有效解決了不同國家的兩地間無法以單一運輸方式完成運輸的問題。

三、國際貨物運輸單證

目前，國際貨物運輸中常用的運輸單證有運單和提單兩種。

1. 運單（waybill or consignment note）

運單是由承運人簽發的，證明貨物運輸合同和貨物由承運人接管或裝船，以及承運人保證將貨物交給指定的收貨人的一種不可流通的單證。

---

① 1990 年《國際海事委員會海運單統一規則》第三條規定了代理原則，即托運人同時是收貨人的代理人，收貨人被視為海運單所包含的運輸合同的當事人之一。這與傳統的理論是不同的。

運單根據運輸方式的不同可以分為海上貨運單、鐵路運單、航空運單。運單通常由托運人填寫有關的貨物信息和運輸要求，承運人將之與貨物核查無誤後予以簽字確認。因此，運單具有合同證明和貨物收據的作用。但是需要注意的是，運單不具有物權憑證的作用，是一種不可轉讓的債權憑證。

2. 提單（bill of lading，B/L）

提單是國際海上貨物運輸所特有的單證，同時也是象徵性交貨和銀行結匯的重要貿易單證，其與國際貿易術語、信用證共同構成現代國際貿易體系的三大支柱。提單與運單最大的區別在於提單具有物權憑證的作用，可以流通、轉讓。

3. 國際貨物多式聯運單據（international multimodal transport document）

根據《聯合國國際貨物多式聯運公約》的規定，多式聯運單據是在多種運輸方式運送貨物的情況下，由多式聯運經營人簽發的證明貨物已由其接管並將負責完成國際多式聯運的合同。多式聯運單據的作用具體有：多式聯運單據是多式聯運合同的證明，也是多式聯運經營人在貨物接收地接管貨物和在目的地交付貨物的憑證。

四、《UCP600》基本規範

運輸與支付是兩個伴隨國際貿易活動的緊密相連的基本行為，在目前的國際貿易支付中，信用證成為最常用的一種支付工具，其主要依據的規則是《跟單信用證統一慣例》。

跟單信用證統一慣例（Uniform Customs and Practice for Documentary Credits，UCP），是國際銀行界、律師界、學術界自覺遵守的規則，是全世界公認的、到目前為止最為成功的一套非官方規定。

2006年10月25日，經71個國家和地區ICC委員會以105票讚成，《跟單信用證統一慣例》（2007年修訂本）第600號出版物（簡稱《UCP600》）最終得以通過。與《UCP500》相比，《UCP600》重新規整、定義了相關術語，條文數量雖然減少了10條，只有39條，但是卻更準確、清晰，更易掌握和操作。實質性的變動主要有：改進了議付的定義；銀行審單時間縮短為5個工作日；刪除了信用證可撤銷的表述；增加了銀行對不符單據的處理方式；審單標準表述改為「不必完全一致，但不衝突」；改進了有關轉讓信用證的規定。從《UCP600》的內容變化來看，總體上遵循一個基本原則，即扶持信用證在國際結算中的地位，對信用證業務的運行起到更好的規範作用。

案例7.1

這批貨物是分批裝運嗎[①]？

中國某農產品進出口公司向國外某貿易公司出口一批花生仁，國外客戶在合同中規定的開證時間內開出一份不可撤銷信用證，其中裝運條款規定「Shipment from Chinese port to Singapore in May, Partial shipment prohibited」。農產品進出口公司按證中規定，於5月15日將200公噸花生仁在福州港裝上「嘉陵」號輪，又由同輪在廈門港續裝300公噸花生仁，5月20日農產品進出口公司同時取得了福州港和廈門港簽發的兩套提單。農產品公司在信用證有效期內到銀行交單議付，卻遭到銀行以單證不符為

---

① 資料來源：https://www.docin.com/p-2160051987.html。

由拒付貨款。

問：銀行的拒付是否有理？為什麼？

評析：銀行的拒付沒有道理。信用證中的裝運條款規定：「Shipment from Chinese port to Singapore in May, Partial shipment prohibited.」即規定不允許分批裝運。而我方的兩百公噸貨物分別在福州和廈門裝運，且同為「嘉陵」號，因此，本案的主要問題是要確定運往同一目的地的貨物在不同的時間和地點分別裝上同一航次，同一艘載貨船只，屬不屬於分批裝運的問題。

《UCP600》第三十一條規定：「表明使用同一運輸工具並經由同次航程運輸的數套運輸單據在同一次提交時，只要顯示相同目的地，將不視為部分發運，即使運輸單據上標明的發運日期不同或裝卸港、接管地或發送地點不同。」由此可見，本案中，我方的做法不屬於分批裝運。所以，銀行拒絕付款沒有道理。

第二節　國際海上貨物運輸法

一、國際海上貨物運輸的種類

國際海上貨物運輸按照其運輸特點和法律特徵，一般可以分為班輪運輸和租船運輸兩種。

1. 班輪運輸（line transport）

班輪運輸，也稱定期運輸或提單運輸，是船舶在固定的航線上和港口間按事先公布的船舶表航行，從事貨物運輸業務並按事先公布的費率收取運費的運輸方式。班輪運輸的特點表現為：①「四固定」，即航線固定、港口固定、船期固定和費率相對固定；②「一負責」，班輪運輸的運費中包括裝卸費、班輪公司和托運人不計滯期費和速遣費。因此，班輪運輸適合於一般雜貨和小額貨物運輸，手續簡便，方便貨方操作。

2. 租船運輸（shipping by chartering）

租船運輸，也稱不定期運輸，是租船人與船東臨時商談租船合同加以確定，運價一般比班輪運費低，它是通過租船市場並由船舶經紀人參與進行的。租船運輸根據租用方式的不同，分為航次租船（voyage charter）、定期租船（time charter）和光船租船（bare boat charter）。

二、國際海上貨物運輸合同

（一）海上貨物運輸合同的含義與特徵

根據中國《海商法》第四十一條規定，海上貨物運輸合同，是指承運人收取運費，負責將托運人的貨物經由一港運至另一港的合同。

海上貨物運輸合同的特徵主要體現在：

（1）合同主體。運輸合同的主體是承運人和托運人。承運人常被稱為船方，通常指的是船舶所有人，但也有可能是船舶經營人或船舶承租人。

（2）海上貨物運輸合同是承攬合同。承運人與托運人簽訂運輸合同的目的，是要求承運人完成對貨物從一個港口運至另一個港口的位移服務，而不是要求其單純提供勞

務，因此海上貨物運輸合同不是雇傭合同，而是屬於承攬合同的性質。

（3）海上貨物運輸合同是諾成性合同。當雙方當事人就貨物及法律上運輸條款達成一致，只要不違反法律的強制規定，運輸合同即告成立並生效。

（4）「貨物」的範圍。中國《海商法》第四十二條第五款對貨物的規定除了通常意義上的貨物外，還包括活動物、由托運人提供的用於集裝貨物的集裝箱、貨盤或者類似的裝運器具。而對風險較大的活動物、艙面貨是否屬於海商法所調整的「貨物」，各國立法不同。

（二）海上貨物運輸合同的種類

1. 班輪貨物運輸合同

此種合同通常並不締結書面的運輸合同，運輸合同的存在及其內容通常由提單或海運單證明，如果沒有相反證明，提單或海運單背面所記載的條款即為運輸合同的內容。

2. 租船運輸合同

不同的租船方式，其合同的性質也不同。

（1）航次租船合同。航次租船合同這是典型的運輸合同。其在租船運輸中應用較廣，是指船舶出租人向承租人提供船舶或者船舶的部分艙位，裝運約定的貨物，從一港運至另一港，由承租人支付約定運費的合同。航次租船合同多以標準格式出現，常見的有波羅的海國際航運公會制訂的《統一雜貨租船合同》（簡稱「金康」合同）、《澳大利亞穀物租船合同》（簡稱「奧斯特拉爾」）等。

中國《海商法》對航次租船合同中出租人與承租人的責任做出了比較詳細的規定，值得注意的是，這些規定僅在合同沒有約定或沒有不同約定時適用。

第一，出租人的主要義務與權利。①出租人應當提供約定的船舶。經承租人同意，可以更換船舶。但是提供的船舶或者更換的船舶不符合合同約定的，承租人有權拒絕或者解除合同。因出租人過失未提供約定的船舶致使承租人遭受損失的，出租人應當負賠償責任。②出租人應在約定的受載期限內提供船舶，否則承租人有權解除合同。但是，出租人將船舶延誤情況和船舶預期抵達裝貨港的日期通知承租人的，承租人應當自收到通知時起48小時內，將是否解除合同的決定通知出租人。因出租人過失延誤提供船舶致使承租人遭受損失的，出租人應當負賠償責任。③出租人應當在合同約定的卸貨港卸貨。合同訂有承租人選擇卸貨港條款的，在承租人未按照合同約定及時通知確定的卸貨港時，船長可以從約定的選卸港中自行選定一港卸貨。出租人未按照合同約定，擅自選定港口卸貨致使承租人遭受損失的，應當負賠償責任。

第二，承租人的主要義務與權利。①承租人可以將其租用的船舶轉租。轉租後，原合同約定的權利和義務不受影響。②承租人應當提供約定的貨物。經出租人同意，可以更換貨物。但是更換的貨物對出租人不利的，出租人有權拒絕或者解除合同。因未提供約定的貨物致使出租人遭受損失的，承租人應當負賠償責任。③承租人未按照合同約定及時通知確定的卸貨港，致使出租人遭受損失的，應當負賠償責任。

（2）定期租船合同。定期租船合同兼具運輸合同和財產租賃合同的性質。定期租船合同，是指船舶出租人向承租人提供約定的由出租人配備船員的船舶，由承租人在約定的期間內按照約定的用途使用，並支付租金的合同。

根據中國《海商法》的規定，出租人與承租人的權利與義務如下：

第一，出租人的主要義務與權利。①出租人應當按照合同約定的時間交付約定的船舶，否則承租人有權解除合同。因出租人過失未提供船舶或者延誤提供船舶致使承租人遭受損失的，出租人應當負賠償責任。②出租人交付的船舶具有適航性。交付的船舶應當適於約定的用途，否則承租人有權解除合同，並有權要求賠償因此遭受的損失。船舶在租期內不符合約定的適航狀態或者其他狀態，出租人應當採取可能採取的合理措施，使之盡快恢復。船舶不符合約定的適航狀態或者其他狀態而不能正常營運連續滿24小時的，對因此而損失的營運時間，承租人不付租金，但是前述狀態是由承租人造成的除外。

第二，承租人的主要義務與權利。①承租人應當向出租人支付租金或者履行合同約定的其他義務。否則出租人對船上屬於承租人的貨物和財產以及轉租船舶的收入有留置權。②承租人應當保證船舶在約定航區內的安全港口或者地點之間從事約定的海上運輸。否則出租人有權解除合同，並有權要求賠償因此遭受的損失。③承租人應當保證船舶用於運輸約定的合法的貨物。承租人將船舶用於運輸活動物或者危險貨物的，應當事先徵得出租人的同意。④承租人可以將租用的船舶轉租，但是應當將轉租的情況及時通知出租人。租用的船舶轉租後，原租船合同約定的權利和義務不受影響。

資料卡 7.1

航次租船合同與定期租船合同的區別[①]

	航次租船合同	定期租船合同
合同性質	運輸合同	運輸合同，兼具財產租賃性質
營運管理及費用	出租人負責	承租人負責
出租人責任	適用提單運輸中承運人的責任	按約定提供適航船舶
租金的計算標準	按航程計算	按時間計算
承租人性質	貨主或托運人	租船從事海運業務的運輸公司

（3）光船租賃合同。光船租賃合同的性質為財產租賃合同，而非運輸合同。光船租賃合同，是指船舶出租人向承租人提供不配備船員的船舶，在約定的期間內由承租人佔有、使用和營運，並向出租人支付租金的合同。

根據中國《海商法》的規定，出租人與承租人的權利與義務如下：

第一，出租人的主要義務與權利。①出租人應依約向承租人交付船舶以及船舶證書。交船時，出租人應當做到謹慎處理，使船舶適航。交付的船舶應當適於合同約定的用途，否則承租人有權解除合同，並有權要求賠償因此遭受的損失。②因船舶所有權爭議或者出租人所負的債務致使船舶被扣押，出租人應當保證承租人的利益不受影響；致使承租人遭受損失的，出租人應當負賠償責任。③未經承租人事先書面同意，出租人不得在光船租賃期間對船舶設定抵押權。出租人違反此規定致使承租人遭受損失的，應當負賠償責任。

第二，承租人的主要義務與權利。①在光船租賃期間，承租人負責船舶的保養、

[①] 資料參考：田東文．國際商法［M］．2 版．北京：機械工業出版社，2014：191.

維修和保險。承租人應當按照合同約定的船舶價值，以出租人同意的保險方式為船舶進行保險，並負擔保險費用。②在光船租賃期間，因承租人對船舶佔有、使用和營運的原因使出租人的利益受到影響或者遭受損失的，承租人應當負責消除影響或者賠償損失。③在光船租賃期間，未經出租人書面同意，承租人不得轉讓合同的權利和義務或者以光船租賃的方式將船舶進行轉租。④承租人應當按照合同約定支付租金。承租人未按照合同約定的時間支付租金連續超過 7 日的，出租人有權解除合同，並有權要求賠償因此遭受的損失。船舶發生滅失或者失蹤的，租金應當自船舶滅失或者得知其最後消息之日起停止支付，預付租金應當按照比例退還。⑤訂有租購條款的光船租賃合同，承租人按照合同約定向出租人付清租購費時，船舶所有權即歸於承租人。

三、提單

在國際海上運輸中提單是使用頻率最高的運輸單證，因此這裡專門進行介紹。

（一）提單的定義與作用

提單，是指用以證明海上貨物運輸合同和貨物已經由承運人接收或者裝船，以及承運人保證據以交付貨物的單證。

提單的作用主要體現在以下幾點：

（1）提單是運輸合同的證明。在班輪運輸中，如果托運人於承運人之間事先訂有貨運協議（如訂艙單、托運單），提單就是雙方運輸合同的證明；如果事先無貨運協議，提單則可以看作就是雙方訂立的運輸合同，其背面所記載的條款即為運輸合同的內容。

（2）提單是收貨憑證。當托運人將貨物交給承運人後，承運人（船長或者代理人）簽發給托運人提單以證明收到了提單上所列的貨物，同時提單也是承運人向收貨人據以交付貨物的保證。

（3）提單是物權憑證。這是提單最根本的作用，作為權利憑證，提單可以進行買賣和自由轉讓，誰持有提單，誰就有權提取貨物。

溫故知新

下列不屬於提單的主要作用的是（　　）。
A. 物權憑證　　　　　　　B. 裝船憑證
C. 收貨憑證　　　　　　　D. 運輸合同的證明

【參考答案】B

（二）調整提單的三個國際公約

1. 海牙規則（Hague Rules）

《海牙規則》全稱為《統一提單的若干法律規則的國際公約》，1924 年 8 月 25 日訂立於布魯塞爾，於 1931 年 6 月 2 日生效。全文共 16 條，主要規定了承運人的最低限度責任與義務，權利與豁免；責任起訖，最低賠償限額，托運人義務以及索賠與訴訟時效等，目前有 88 個成員。

2. 維斯比規則（Visby Rules）

《維斯比規則》，全稱為《修改統一提單若干法律規定的國際公約議定書》。1968 年 2 月 23 日簽訂於布魯塞爾，於 1977 年 6 月 23 日生效，目前有 29 個成員，影響不大。

3. 漢堡規則（Hamburg Rules）

《漢堡規則》，全稱為1978年《聯合國海上貨物運輸公約》，1978年3月漢堡會議通過，於1992年11月1日生效。至1996年6月14日已有25個締約成員。該規則按照船方和貨方合理分擔風險的原則，適當加重了承運人的責任，使雙方權利義務趨於合理、平等。

資料卡 7.2

調整提單三個國際公約的比較[1]

	《海牙規則》	《維斯比規則》	《漢堡規則》
歸責原則		不完全過失責任	推定過失責任
責任期間		鈎至鈎	港至港
遲延交貨		無規定	承運人承擔賠償責任
管轄權		無規定	被告營業地、合同簽訂地、裝卸港等地法院
責任限制	100英鎊/件	1萬金法郎/件或30法郎/kg，改為666.67結算單位/件或2結算單位/kg，取高值	835結算單位/件或2.5結算單位/kg，取高值
運輸對象	甲板貨和活動物除外	①同《海牙規則》；②集裝箱	包括甲板貨和活動物
訴訟時效	1年	1年，但可協議延長	2年
適用範圍	所有締約國簽發的提單	①同《海牙規則》；②在締約國簽發、從一個締約國港口開始運輸的提單；③當事人選擇適用	①在某一締約國簽發的提單；②裝、卸港位於締約國的提單；③當事人選擇適用

（三）中國《海商法》關於提單的規定

中國雖然不是前述三個國際公約的締約國，但中國在制定《海商法》中有關提單的法律規定時是以《海牙規則》為基礎的，同時吸收了《漢堡規則》中華關於清潔提單、延遲交貨的概念。

《海商法》中對提單做了如下規定：

1. 收貨待運提單視為已裝船提單的情形

根據《海商法》第七十四條的規定，貨物裝船前，承運人已經應托運人的要求簽發收貨待運提單或者其他單證的，貨物裝船完畢，托運人可以將收貨待運提單或者其他單證退還承運人，以換取已裝船提單；承運人也可以在收貨待運提單上加註承運船舶的船名和裝船日期，加註後的收貨待運提單視為已裝船提單。

2. 承運人的責任

承運人的責任包括以下四點：①承運人或者代其簽發提單的人，知道或者有合理的根據懷疑提單記載的貨物的品名、標誌、包數或者件數、重量或者體積與實際接收的貨物不符，在簽發已裝船提單的情況下懷疑與已裝船的貨物不符，或者沒有適當的

---

[1] 資料參考：田東文. 國際商法 [M]. 2版. 北京：機械工業出版社，2014：181.

方法核對提單記載的，可以在提單上批註，說明不符之處、懷疑的根據或者說明無法核對。②承運人或者代其簽發未在提單上批註貨物表面狀況的，視為貨物的表面狀況良好。③承運人或者代其簽發提單的人簽發的提單，是承運人已經按照提單所載狀況收到貨物或者貨物已經裝船的初步證據；承運人向善意受讓提單的包括收貨人在內的第三人提出的與提單所載狀況不同的證據，不予承認。④承運人簽發提單以外的單證用以證明收到待運貨物的，此項單證即為訂立海上貨物運輸合同和承運人接收該單證中所列貨物的初步證據。承運人簽發的此類單證不得轉讓。

3. 收貨人、提單持有人的權利

收貨人、提單持有人不承擔在裝貨港發生的滯期費、虧艙費和其他與裝貨有關的費用，但是提單中明確載明上述費用由收貨人、提單持有人承擔的除外。

4. 提單的轉讓

根據《海商法》第七十九條的規定，提單的轉讓，依照下列規定執行：①記名提單：不得轉讓。②指示提單：經過記名背書或者空白背書轉讓。③不記名提單：無須背書，即可轉讓。

案例 7.2

提單與損失賠償案[①]

某年 4 月 1 日，中國甲公司與加拿大乙公司簽訂了一份國際貨物買賣合同。合同約定：交貨條件為 CIF 寧波；貨物應於當年 5 月 1 日之前裝船；買方應於 4 月 10 日之前開出以賣方為受益人的不可撤銷的即期信用證。4 月 5 日，買方開出了信用證。4 月 24 日，賣方向承運人瑞典丙公司提交貨物，並向英國丁保險公司投保。4 月 27 日，承運人向賣方簽發了提單。提單載明：承運人為瑞典丙公司；提單簽發日期為 4 月 27 日；本提單生效後為已裝船提單。賣方即向買方發出貨物已裝船及已辦理保險的通知。隨後，賣方憑藉提單及有關單據向議付行結匯。實際上，貨物於 5 月 5 日才開始裝船，至 5 月 15 日始裝運完畢，船舶於 5 月 25 日抵達目的港。另外，在運輸途中，由於遭遇臺風和海嘯，貨物遭受部分損壞。接到賣方的通知以後，買方即與韓國戊公司簽訂了一份貨物轉售合同，交貨日期為 5 月 15 日。但由於貨物於 5 月 25 日才抵達目的港，買方無法如期向韓國戊公司交貨；韓國戊公司解除了合同。由此，買方不但喪失了其預期利潤，而且還承擔了向韓國戊公司的損害賠償，此外，由於市場行情發生了很大的變化，買方只得以低價就地轉售，又遭受了一筆損失。買方在查實情況後，即向法院起訴。但承運人丙公司提出：其所簽發的提單只是一份備運提單，只有在貨物實際裝船以後，才能被認為是已裝船提單，這是國際慣例。因此，買方的損失與其無關。

問題：（1）承運人丙公司的理由是否成立？為什麼？

（2）承運人丙公司簽發上述提單屬於什麼性質的行為？為什麼？

（3）貨物在運輸途中遭受的損失由誰承擔？為什麼？

（4）如何確定被告方的賠償範圍？

評析：（1）不成立。已裝船提單是在貨物已經實際裝船以後簽發的提單。但在本案中，承運人簽發的提單實質上符合已裝船提單的特徵，構成一份已裝船提單。

[①] 資料來源：http://news.9ask.cn/gjmy/fg/201004/542214.html.

（2）屬於簽發了預借提單。由於提單是在貨物未開始裝船或未全部裝船的情況下簽發的提單。

（3）應由賣方承擔，因為在 CIF 術語下，貨物在運輸途中的一切風險歸於賣方，買方及保險人不對此承擔責任。

（4）根據《聯合同國際貨物銷售合同公約》第七十四條，賠償範圍應為買方的全部實際損失。這種損害賠償不得超過違反合同一方在訂立合同時，依照他當時已知道或理應知道的事實和情況，對違反合同預料或理應預料到的可能損失。

四、國際海上貨物運輸承運人的強制性義務

為了防止承運人減輕自己的義務和責任，保護貨方的合法權益，各國際組織在制定的公約中基本都規定承運人除了承擔一般運輸合同承運人的基本義務外，還應承擔強制性的義務和責任，承運人利用提單背面條款和其他約定減輕這些義務的行為是無效的①。

（一）船舶的適航性

適航性（sea worthiness）最早是英國普通法中的概念。根據《海牙規則》第三條第一款的規定，船舶的適航性包括三個方面：

（1）適船。適船即船舶必須在設計、結構、條件和設備等方面經受得起航程中通常出現的或可能合理預見的一般風險。

（2）適員。適員即配備合格、數量適當的船長和船員，船舶航行所用的各種設備必須齊全，資料、淡水、食品等供應品必須充足，以便船舶能安全地把貨物運送到目的地。

（3）適貨。適貨即適宜於接收、保管和運輸貨物。貨艙、載貨處所設備完善，能滿足所運貨物的要求，包括貨艙清潔、乾燥、無味、無污水和通風暢通，艙蓋嚴密，裝卸貨機械和索具齊全並處於有效工作狀態。

值得注意的是，這裡的適航性並不是絕對的，而是相對適航，即只要承運人「謹慎處理」使船舶適航。何謂「謹慎處理」，一般是指承運人在考慮一致或事前能合理預見到所有情況後所採取的合理措施。如果承運人能夠證明船舶不適航是由於雖然經過謹慎處理仍不能發現的潛在的缺陷所致，承運人可以免責。在海運業務中，承運人往往以船舶領有適航證書作為其已經流行提供適航船舶義務的依據。

（二）妥善和謹慎地管理貨物

承運人要妥善、謹慎地承擔貨物在轉載、搬運、積載、運送、保管、照料和裝卸等七個環節的責任。「妥善」要求承運人及其代理人應發揮通常要求的或為所運貨物特殊要求的知識和技能，並建立有效的工作系統。「謹慎」則要求承運人及其代理人在管理貨物時表現出一名能勝任海上貨物運輸工作的人所應表現出的合理謹慎程度，採用合理有效的方法處理貨物。

---

① 從英國法的規定來看，承運人的強制性義務並不是條件條款，而是一個中間條款，即只有承運人違反強制性義務達到損害貨主根本利益，使其合同目的落空的程度，托運人才能解除合同。否則，貨主只能要求承運人對此承擔賠償責任。

與適航義務不同的是,這個義務是承運人的絕對性義務,是一種嚴格責任。雖然在某些場合承運人可以援引免責條款,但如果他沒有採取減少損失的措施,致使損失擴大,也可能被認為是不謹慎的,對擴大的損失應承擔賠償責任。

(三) 不得進行不合理繞航

承運人應以合理的速度,按照合理的航線或地理上、習慣上的航線將貨物運送到目的港交貨,不得無故繞航。但如果為了海上拯救生命或救助財產,或有其他合理理由(如為了避免船舶發生危險)所進行的繞航,均不能認為是違反運輸合同的行為,承運人對由此造成的損失概不負責。

案例7.3

買方可以拒收貨物嗎[①]?

一份買賣日用品的 CIF 合同規定「9月份裝運」,即期信用證的有效期為 10月 15日,賣方 10月 6日向銀行辦理議付所提交的單據中,包括 9月 29日簽發的已裝船清潔提單。經銀行審核,單單相符、單證相符,銀行接受單據並支付了貨款。但買方收到貨物後,發現貨物嚴重受損,且短少 50 箱。買方因此拒絕收貨,並要求賣方退回貨款。

問: (1) 買方有無拒收貨物並要求退款的權利,為什麼?
(2) 買方應該如何處理才合理?

評析: (1) 買方沒有拒收貨物並要求退款的權利。因為:首先,在信用證支付方式下,銀行承擔第一付款責任,只要銀行審核單據時,確認賣方所提交的單據表面上與信用證的規定相符,付款銀行就應該履行付款義務。其次,CIF 術語成交術語象徵性交貨,賣方憑單交貨,賣方憑單付款。本案中,我方已於 10月 6日向銀行提交單據,經銀行審核,單單相符、單證相符並支付了貨款,這說明我方已完成了交貨,我方可以按信用證的規定取回貨款。

(2) 買方應與有關方面聯繫,確認貨物受損和短少的原因,然後憑保險單及其他證據向有關方面提出索賠以彌補自己的損失。

第三節　其他國際貨物運輸法

一、國際鐵路貨物運輸法

(一) 鐵路貨物運輸的含義及立法

鐵路貨物運輸是指使用統一的國際鐵路聯運單據,由鐵路部門經過兩個或兩個以上國家的鐵路進行的運輸。鐵路貨物運輸在國際運輸中的地位僅次於海上運輸,中國與周邊國家的進出口貨物多數採用鐵路運輸方式。

目前,國際上關於鐵路貨物運輸的國際公約有兩個:

---

① 資料來源:https://zhidao.baidu.com/question/1111723395814737979.html。

1. 《國際鐵路貨物運輸公約》

《國際鐵路貨物運輸公約》簡稱《國際貨約》(CIM)，該公約於 1961 年在伯爾尼簽字，1975 年 1 月 1 日生效。其成員國包括了主要的歐洲國家，如法國、德國、比利時、義大利、瑞典、瑞士、西班牙及東歐各國，此外還有西亞的伊朗、伊拉克、敘利亞、西非的摩洛哥、突尼斯、阿爾及利亞等。

2. 《國際鐵路貨物聯運協定》

《國際鐵路貨物聯運協定》簡稱《國際貨協》(CMIC)，該公約於 1951 年 5 在華沙訂立。中國於 1953 年加入。1974 年 7 月 1 日生效的修訂本包括 12 個成員，如蘇聯、蒙古、朝鮮、越南等。2018 年 7 月 1 日生效的修訂本是最新的版本，此時，成員已經增加到 25 個。中國的國際鐵路貨物運輸都是按照《國際貨協》的規定執行的。

（二）運單的作用及當事人的責任

1. 運單的作用

根據《國際貨協》第十四條第三項至第五項的規定，運單為締結運輸合同的憑證。運單中記載的事項不正確或不準確，或者承運人丟失運單，均不影響運輸合同的存在及效力。每一接續承運人自接收附有運單的貨物時起，即參加了運輸合同，並承擔由此而產生的義務。

2. 承運人的責任

（1）承運人基本責任。根據《國際貨協》第三十七條規定，承運人的責任包括以下三項：①承運人按協定規定的辦法和範圍，對發貨人或收貨人承擔僅由運輸合同產生的責任。②承運人自承運貨物時起，至交付貨物時為止，對貨物滅失、短少、毀損（腐壞）所造成的損失負責。對於承運人負有責任的貨物滅失、短少、毀損（腐壞）情況，應以商務記錄作為證明。③承運人對貨物因逾期運到所造成的損失負責。

（2）承運人責任範圍。根據《國際貨協》第三十九條規定，承運人的責任有一定限度，其範圍不應超過貨物滅失時承運人應支付的賠償額度。如果承運的貨物，由於下列原因發生滅失、短少、毀損（腐壞），則承運人不予負責：①由於鐵路不能預防和不能消除的情況。②由於貨物、容器、包裝質量不符合要求或由於貨物、容器、包裝的自然和物理特性，以致引起其毀損（腐壞）。③由於發貨人或收貨人的過失或由於其要求，而不能歸咎於承運人。④由於發貨人或收貨人裝車或卸車的原因所造成。⑤由於貨物沒有運送該貨物所需的容器或包裝。⑥由於發貨人在托運貨物時，使用不正確、不確切或不完全的名稱，或未遵守本協定的條件。⑦由於發貨人將貨物裝入不適於運送該貨物的車輛或集裝箱。⑧由於發貨人錯誤地選擇了易腐貨物運送方法或車輛（集裝箱）種類。⑨由於發貨人、收貨人未執行或未適當執行海關或其他行政手續。⑩由於與承運人無關的原因國家機關檢查、扣留、沒收貨物。

如果承運的貨物，由於下列原因在國際鐵路—輪渡直通聯運中發生滅失、短少、毀損（腐壞）或運到逾期，則承運人對貨物滅失、短少、毀損（腐壞）或運到逾期也不負責任：①由於火災。如承運人能證明火災不是由於其過失，也不是由於在其履行運輸合同時為其提供服務的其他人在履行職責時的過失造成。②為拯救生命而採取的措施或為搶救財產而採取的合理措施。③風險、危險或不幸事故。同時，承運人僅在能夠證明貨物滅失、短少、毀損（腐壞）或貨物運到逾期發生在水路區段上，即從車輛上的貨物裝到水運交通工具上開始直至從水運交通工具卸下為止的期間內，才可引

用上述免責原因。

3. 賠償請求

根據《國際貨協》第四十六條規定，發貨人和收貨人有權向承運人提出賠償請求。賠償請求應附有相應依據並註明賠償款額，由發貨人向締約承運人，收貨人向交付貨物的承運人提出。賠償請求以紙質形式提出，當運送參加者之間有協議時，以電子形式提出。

承運人必須在收到賠償請求書之日起的 180 天內對其進行審查，並給賠償請求人以答復，在全部或部分承認賠償請求時，向賠償請求人支付應付的款額。

4. 訴訟

根據《國際貨協》第四十七條規定，當事人在下列情況下可以提起訴訟：① 如承運人沒有在規定的賠償請求審查期限內對賠償請求做出答復；② 如在賠償請求審查期限內已將全部或部分拒絕賠償請求一事通知請求人。當事人應向被告所在地的相應司法機關提起訴訟。

二、國際航空貨物運輸法

(一) 國際航空貨物運輸的立法

國際航空貨物運輸這種方式是在第二次世界大戰後出現的，其具有速度快、安全性高、破損率低、不受地面條件影響等優點，適合運送鮮活貨物、易碎易損貨物及貴重物品。

目前，調整國際航空貨物運輸的國際公約主要有：

1. 華沙公約

《關於統一國際航空運輸某些規則的公約》，簡稱《華沙公約》，1929 年簽訂，1933 年 2 月 13 日生效，中國於 1958 年 7 月加入該公約。該公約是國際航空運輸的一項最基本公約，規定了以航空運輸承運人為一方和以旅客和貨物托運人與收貨人為另一方的法律義務和相互關係。《華沙公約》適用於運輸合同中規定的起運地和目的地都屬於該公約成員國的航空運輸，也適用於起運地和目的地都在一個成員國境內，但飛機停留地在其他國家的航空運輸。

2. 海牙議定書

《修改 1929 年 10 月 12 日在華沙簽訂的統一國際航空運輸某些規則的公約的議定書》，簡稱《海牙議定書》。1955 年 9 月簽訂，1963 年 8 月 1 日生效。中國於 1975 年加入該協定書。《海牙議定書》的適用範圍比《華沙公約》更廣泛，無論有無轉運，無論是否是連續運輸，只要起運地和目的地在兩個成員的領域內，或者在一個成員領域內而在另一個成員或非成員領域內有一定的經停點的任何運輸都適用。

3. 瓜達拉哈拉公約

《統一非締約承運人所辦國際航空》，簡稱《瓜達拉哈拉公約》，訂於 1961 年，1964 年 5 月 1 日生效。該公約主要是為補充《華沙公約》而訂立的，它將《華沙公約》中有關承運人的各項規定擴及至非合同承運人，即根據與托運人訂立航空運輸合同的承運人的授權來辦理全部或部分國際航空運輸的實際承運人。中國未加入該公約。

4. 蒙特利爾附加議定書

1975 年國際民航組織在蒙特利爾召開會議，簽訂了 4 個《蒙特利爾附加議定書》，

對《華沙公約》進行了一定的修改。

以上四個公約中，前兩個公約是目前規範國際航空貨物運輸最重要的國際公約。《海牙議定書》作為對《華沙公約》的修改，已經有100多個締約成員。中國也是這兩個公約的成員國，同時在制定《中華人民共和國民用航空法》時吸收了這兩個公約的規定。

（二）空運單

航空貨物運輸單，即空運單是當事人訂立合同、接受貨物、運輸條件及關於貨物的基本情況的初步證明。空運單與提單不同，其不是物權憑證，一般不能轉讓①。貨到目的地後，收貨人憑承運人的到貨通知及有關證明提貨，而不是憑空運單提貨。

（三）承運人與托運人的基本義務

1. 承運人的基本義務與免責

（1）承運人的基本義務

根據《華沙公約》的規定，承運人對貨物在空運期間所發生的毀滅、遺失或損壞承擔責任。承運人對貨物在空運過程中因延遲而造成的損失承擔責任。

（2）承運人的免責

根據《華沙公約》的規定，在下列情況下免除或減輕承運人的責任：①承運人證明自己和其代理人已經為避免損失採取了一切必要措施或不可能採取這種措施；②損失的發生是由於駕駛上、航空器的操作上貨領航上的過失。但《海牙議定書》刪除了這一免責規定；③貨物的滅失或損失是由於貨物的屬性或本身質量缺陷造成的；④損失是由受損人自己的過失造成的。

2. 托運人的基本義務

根據《華沙公約》的規定，托運人的基本義務如下：①托運人應正確填寫空運單上關於貨物的各項說明和聲明，如果因填寫不合規或不完備使承運人或其他任何人遭受損失，托運人應負賠償責任；②托運人應提供貨物或與貨物有關的必要的資料，如果因這種資料或證件的不足或不合理規定所造成的一切損失，都應由托運人對承運人負責；③支付規定的各項費用；④承擔承運人因執行其指示所造成的損失。

（四）索賠與訴訟

根據《華沙公約》的規定，除非有相反的證據，如果收貨人在收貨時沒有提出異議，就被認為貨物已完好地交付，並和運輸憑證相符，提取貨物後發生的損壞，應在收到貨物後7天內提出；如果是遲延交貨，最遲在14天內提出。異議必須以書面形式提出。《海牙議定書》對異議的期限作了延長；如果是貨物損壞，異議期限可以延長到14天；如果是遲延交付，異議期限可以延長到21天。如果貨物毀滅或遺失，一般應自空運單填開值日起120天內提出異議。

關於空運合同的訴訟時效為2年，從貨物到達目的地之日起或從運輸終止之日起計算。發貨人可以根據自己的意願選擇以下締約國之一的法院提出訴訟請求：承運人住所地、承運人的總管理處所在地、簽訂合同的機構所在地、目的地。訴訟程序遵循法院地的法律規定。

---

① 根據《海牙議定書》規定，承運人可以填發流通的航空貨運單。

三、國際貨物多式聯運法

(一) 國際貨物多式聯運的國際公約及慣例

1. 聯合國國際貨物多式聯運公約

1980年5月，在聯合國貿易與發展委員會的主持下，制定並通過了《聯合國國際貨物多式聯運公約》，中國在該公約上簽了字。由於具體實施該公約非常困難，該公約目前尚未生效。但該公約已經具有了相當的影響力，部分當事人開始參照該公約來訂立合同。

2. 多式聯運單證規則

聯合國貿易與發展委員會吸取了前述公約的教訓，於1992年與國際商會共同制定了具有指導性的規則，即《多式聯運單證規則》。該規則沒有普遍約束力，當事人可以自由選擇。

(二) 多式聯運經營人與發貨人的主要義務

1. 多式聯運經營人的主要義務

根據《聯合國國際貨物多式聯運公約》的規定，多式聯運經營人的主要義務如下：多式聯運經營人對全程運輸承擔責任，即責任期間為從其接管貨物時起至交付貨物時止的整個運輸期間，這是多式聯運經營人責任的典型特點。經營人的責任形式為網狀責任制，即經營人對全程運輸負責，各實際承運人僅對自己完成的運輸區段負責，且各區段適用的責任原則按適用於該區段的法律予以確定。因此，不論貨物損害發生在哪一區段，托運人或收貨人都可以向經營人或向損害發生區段的實際承運人索賠；如果無法確定損害發生的區段，即屬於貨物隱藏損失，只能依照法律向經營人提出。

2. 發貨人的主要義務

發貨人的主要義務包括：①保證責任。在多式聯運經營人接管貨物時，發貨人應視為已向經營人保證他在聯運單據中提供的貨物品類、標誌、件數、重量、數量及危險特性的陳述的準確無誤，並應對違反這項保證造成的損失負責賠償責任。②過失責任。凡因發貨人或其受雇人或代理人在受雇範圍內行事是的過失或疏忽給聯運經營人造成損失的，發貨人應負賠償責任。③運送危險品的特殊規則。發貨人應告知聯運經營人危險品的危險特性，必要時還應告知其應採取的預防措施，否則發貨人要對由於運載危險品而遭受的損失負賠償責任。

(三) 索賠與訴訟

1. 索賠

無論是哪一方提出索賠，都應在規定時間內就遭受的損失向對方發出書面的通知：①收貨人的通知。收貨人應在收貨後的下一個工作日內發出通知；對於貨物滅失或損壞不明顯的，則應在收貨後6天內發出通知；對於延遲交貨的，應在交貨後60天內提出索賠。②聯運經營人的通知。經營人應在損失發生後90天內，或在提交貨物後90天內，以較遲者為準，將損失的通知遞交發貨人。

2. 時效

國際多式聯運的訴訟時效是2年，自聯運經營人交付貨物或應交付貨物之日的下一日起算。但貨物交付之日或應交付之日起6個月內未提出書面索賠通知的，在此期限屆滿後訴訟時效即告結束。

根據《聯合國國際貨物多式聯運公約》規定，國際多式聯運的訴訟可以在下列有管轄權的法院提出：被告主營業地、多式聯運合同訂立地、接收或交付貨物地、多式聯運合同或單據載明地。當糾紛發生後，當事人還可以約定其他地點的法院。

（四）中國《海商法》關於多式聯運合同的規定

中國《海商法》第一百零二條至第一百零六條對多式聯運合同做了如下規定：

（1）多式聯運合同，是指多式聯運經營人以兩種以上的不同運輸方式，其中一種是海上運輸方式，負責將貨物從接收地運至目的地交付收貨人，並收取全程運費的合同。多式聯運經營人，是指本人或者委託他人以本人名義與托運人訂立多式聯運合同的人。

（2）多式聯運經營人對多式聯運貨物的責任期間，自接收貨物時起至交付貨物時止。

（3）多式聯運經營人負責履行或者組織履行多式聯運合同，並對全程運輸負責。多式聯運經營人與參加多式聯運的各區段承運人，可以就多式聯運合同的各區段運輸，另以合同約定相互之間的責任。但是，此項合同不得影響多式聯運經營人對全程運輸所承擔的責任。

（4）貨物的滅失或者損壞發生於多式聯運的某一運輸區段的，多式聯運經營人的賠償責任和責任限額，適用調整該區段運輸方式的有關法律規定。如果貨物的滅失或者損壞發生的運輸區段不能確定的，多式聯運經營人應當依照本章關於承運人賠償責任和責任限額的規定負賠償責任。

第四節　海上貨物運輸保險

在國際運輸保險中，海上貨物運輸保險歷史最悠久、影響最深遠，適用最廣泛，因此本章在「貨物運輸保險」這部分將著重介紹海上貨物運輸保險。

一、海上貨物運輸保險概述

（一）海上貨物運輸保險的含義

保險（insurance）以對被保險標的遭受的損失提供經濟補償為目的。國際貨物運輸保險是由保險人同被保險人雙方訂立保險合同，經被保險人繳付約定的保險費，當貨物在國際運輸途中遭受保險事故所致的損失，由保險人負責經濟補償的一種保險。

海上貨物運輸保險是保險人和被保險人通過協商、對船舶、貨物及其他海上標的可能遭遇的風險進行約定，被保險人承諾一旦上述風險在約定的時間內發生並對被保險人造成損失，保險人將按約定給予被保險人經濟補償的一種商務活動。

（二）海上貨物運輸保險承保的風險

為了明確責任，各國保險公司都會對其承保的風險加以規定。一般來看，海上貨物運輸保險承保的風險主要分為海上風險和外來風險，而海上風險又包括自然災害與意外事故。

1. 海上風險（perils of sea）

（1）自然災害。自然災害主要是指不以人的意志為轉移的、異常的自然力量所引

起的災害。但海上貨物運輸保險所承保的自然災害是有限的，主要包括：颱風或大浪暴雨等惡劣氣候、雷電、海嘯、浪擊落海、洪水、地震等。其中，浪擊落海不在中國海運保險的基本險中，可以通過附加投保艙面險而得到保障。洪水和地震實際上並非真正發生在海上的風險，但因這些風險是隨附海上航行而產生的，且危害大，逐漸被列入承保的風險範圍。

（2）意外事故（fortuitous accidents）

意外事故一般是指外來的、突然的、非意料之中的事故。該事故不局限發生在海上，也包括發生在陸地上。意外事故具體包括火災、爆炸、擱淺、觸礁、沉沒、碰撞、失蹤等。

2. 外來風險

外來風險一般是指海上風險以外的其他外來原因所造成的風險。外來風險包括一般外來風險和特殊外來風險兩種。

一般外來風險主要包括偷竊、滲漏、短量、碰損、破碎、鉤損、生鏽、沾污、串味、淡水雨淋、受熱受潮等。

特殊外來風險是指由於社會政治原因所造成的風險，主要包括戰爭、罷工、拒收以及交貨不到等。

溫故知新

在保險人承保的海上貨物運輸保險風險中，擱淺、觸礁屬於（　　）。

A. 自然災害　　　　　　　B. 意外事故
C. 一般外來風險　　　　　D. 特殊外來風險

【參考答案】B

（三）海上貨物運輸保險的基本原則

1. 保險利益原則

保險利益，又稱可保利益，是指投保人對保險標的具有的法律上承認的利害關係。在訂立和履行保險合同的過程中，投保人或被保險人對保險標的必須具有保險利益，否則運輸保險合同無效；或者保險合同生效後，投保人或被保險人失去了對保險標的的可保利益，運輸保險合同也隨之失效。

2. 最大誠信原則

誠實信用原則是當事人在任何民事活動中都應當遵循的基本原則，在保險活動中，由於法律關係的特殊性，法律所要求的誠信程度遠遠高於一般的民事活動，因此稱之為最大誠信原則。

海上貨物運輸保險合同的當事人應當做到：

（1）告知。也稱「披露」，指被保險人在簽訂保險合同時，應該將其知道的或推定應該知道的有關保險標的的重要情況如實向保險人進行說明。如實告知是保險人判斷是否承保和確定保險費率的重要依據。

（2）申報。也稱「陳述」，不同於告知的是，申報指在磋談簽約過程中，被保險人對保險人提出的問題進行如實答復。申報內容由於關係到保險人承保與否，涉及海上貨物運輸保險合同的真實有效，因此成為最大誠信原則的另一基本內容。

（3）保證。保證是指被保險人向保險人做出的履行某種特定義務的承諾。在海上

運輸保險合同中，保證分為明示保證和默示保證兩類。明示保證主要有開航保證、船舶狀態保證、船員人數保證、護航保證、國籍保證、中立性保證、部分不投保保證等。默示保證則主要包括船舶適航保證、船舶不改變航程和不繞航保證、船貨合法性保證等。

3. 損失補償原則

損失補償原則，是指保險標的發生保險責任範圍內的損失時，按照保險合同約定的條件，依據保險標的的實際損失，在保險金額以內進行補償的原則。補償原則的限制條件：①以實際損失為限，是補償原則最基本的限制條件。②以保險金額為限。③以被保險人對保險標的具有的保險利益為限。

4. 近因原則

各國在判定較為複雜的因果關係時通常採用近因原則。所謂近因，是指引起保險標的損失的直接、有效、起決定的因素，而非時間上距離損失發生最近的原因。中國雖然沒有採用「近因」這一概念，而是用「導致損失發生的重要原因」「主要原因」作為判定的依據，但在實踐中也適當參考了近因原則的精神。

二、海上貨物運輸保險合同

（一）海上保險合同的概念與內容

海上貨物運輸保險合同，是指保險人按照約定，對被保險人遭受保險事故造成保險標的的損失和產生的責任負責賠償，而由被保險人支付保險費的合同。所謂保險事故，是指保險人與被保險人約定的所有海上事故，包括與海上航行有關的發生於內河或者陸上的事故。

海上保險合同的內容，主要包括下列各項：保險人名稱、被保險人名稱、保險標的、保險價值、保險金額、保險責任和除外責任、保險期間、保險費。

（二）保險標的與保險價值

1. 保險標的

根據中國《海商法》第二百一十八條規定，下列各項可以作為保險標的：①船舶；②貨物；③船舶營運收入，包括運費、租金、旅客票款；④貨物預期利潤；⑤船員工資和其他報酬；⑥對第三人的責任；⑦由於發生保險事故可能受到損失的其他財產和產生的責任、費用。保險人可以將對前述保險標的的保險進行再保險。除合同另有約定外，原被保險人不得享有再保險的利益。

2. 保險價值

《海商法》第二百一十九條至第二百二十九條對保險價值做了如下規定：

（1）保險標的的保險價值由保險人與被保險人約定。保險人與被保險人未約定保險價值的，保險價值依照下列規定計算：①船舶的保險價值，是保險責任開始時船舶的價值，包括船殼、機器、設備的價值，以及船上燃料、物料、索具、給養、淡水的價值和保險費的總和；②貨物的保險價值，是保險責任開始時貨物在起運地的發票價格或者非貿易商品在起運地的實際價值以及運費和保險費的總和；③運費的保險價值，是保險責任開始時承運人應收運費總額和保險費的總和；④其他保險標的的保險價值，是保險責任開始時保險標的的實際價值和保險費的總和。

（2）保險金額由保險人與被保險人約定。保險金額不得超過保險價值；超過保險

價值的，超過部分無效。

（三）合同的訂立、解除和轉讓

1. 保險合同的訂立

（1）合同訂立程序。被保險人提出保險要求，經保險人同意承保，並就海上保險合同的條款達成協議後，合同成立。保險人應當及時向被保險人簽發保險單或者其他保險單證，並在保險單或者其他保險單證中載明當事人雙方約定的合同內容。

（2）被保險人的告知義務。合同訂立前，被保險人應當將其知道的或者在通常業務中應當知道的有關影響保險人據以確定保險費率或者確定是否同意承保的重要情況，如實告知保險人。保險人知道或者在通常業務中應當知道的情況，保險人沒有詢問的，被保險人無須告知。

如果由於被保險人的故意，未將前述規定的重要情況如實告知保險人的，保險人有權解除合同，並不退還保險費。合同解除前發生保險事故造成損失的，保險人不負賠償責任；如果不是由於被保險人的故意，未將前述規定的重要情況如實告知保險人的，保險人有權解除合同或者要求增加相應的保險費。保險人解除合同的，對合同解除前發生保險事故造成的損失，保險人應當負賠償責任。但未告知或者錯誤告知的重要情況對保險事故的發生有影響的除外。

2. 保險合同的解除

保險責任開始前，被保險人可以要求解除合同，但是應當向保險人支付手續費，保險人應當退還保險費。除合同另有約定外，保險責任開始後，被保險人和保險人均不得解除合同。根據合同約定在保險責任開始後可以解除合同的，被保險人要求解除合同，保險人有權收取自保險責任開始之日起至合同解除之日止的保險費，剩餘部分予以退還；保險人要求解除合同，應當將自合同解除之日起至保險期間屆滿之日止的保險費退還被保險人。根據《海商法》第二百二十八條規定，貨物運輸和船舶的航次保險，保險責任開始後，被保險人不得要求解除合同。

3. 保險合同的轉讓

海上貨物運輸保險合同可以由被保險人背書或者以其他方式轉讓，合同的權利、義務隨之轉移。合同轉讓時尚未支付保險費的，被保險人和合同受讓人負連帶支付責任。

因船舶轉讓而轉讓船舶保險合同的，應當取得保險人同意。未經保險人同意，船舶保險合同從船舶轉讓時起解除；船舶轉讓發生在航次之中的，船舶保險合同至航次終了時解除。合同解除後，保險人應當將自合同解除之日起至保險期間屆滿之日止的保險費退還被保險人。

（四）被保險人的義務

（1）支付保險費。除合同另有約定外，被保險人應當在合同訂立後立即支付保險費；被保險人支付保險費前，保險人可以拒絕簽發保險單證。

（2）通知義務。①被保險人違反合同約定的保證條款時，應當立即書面通知保險人。保險人收到通知後，可以解除合同，也可以要求修改承保條件、增加保險費。②一旦保險事故發生，被保險人應當立即通知保險人，並採取必要的合理措施，防止或者減少損失。被保險人收到保險人發出的有關採取防止或者減少損失的合理措施的特別通知的，應當按照保險人通知的要求處理。對於被保險人違反前述規定所造成的

擴大的損失，保險人不負賠償責任。

（五）保險人的責任

1. 支付賠償及其限額

發生保險事故造成損失後，保險人應當及時向被保險人支付保險賠償。

（1）保險人賠償保險事故造成的損失，以保險金額為限。

（2）保險金額低於保險價值的，在保險標的發生部分損失時，保險人按照保險金額與保險價值的比例負賠償責任。

（3）保險標的在保險期間發生幾次保險事故所造成的損失，即使損失金額的總和超過保險金額，保險人也應當賠償。但是對發生部分損失後未經修復又發生全部損失的，保險人按照全部損失賠償。

（4）被保險人為防止或者減少根據合同可以得到賠償的損失而支出的必要的合理費用，為確定保險事故的性質、程度而支出的檢驗、估價的合理費用，以及為執行保險人的特別通知而支出的費用，應當由保險人在保險標的損失賠償之外另行支付。保險人對上述規定的費用的支付，以相當於保險金額的數額為限。保險金額低於保險價值的，除合同另有約定外，保險人應當按照保險金額與保險價值的比例，支付本條規定的費用。

（5）保險金額低於共同海損分攤價值的，保險人按照保險金額同分攤價值的比例賠償共同海損分攤。

2. 保險人的免責

根據《海商法》的規定，下列情形發生時保險人可以免責：

（1）對於被保險人故意造成的損失，保險人不負賠償責任。

（2）除合同另有約定外，因下列原因之一造成貨物損失的，保險人不負賠償責任：①航行遲延、交貨遲延或者行市變化；②貨物的自然損耗、本身的缺陷和自然特性；③包裝不當。

（3）除合同另有約定外，因下列原因之一造成保險船舶損失的，保險人不負賠償責任：①船舶開航時不適航，但是在船舶定期保險中被保險人不知道的除外；②船舶自然磨損或者鏽蝕。

（六）保險標的的損失

1. 部分損失與全部損失

保險標的的損失可以分為部分損失和全部損失。全部損失又分為實際全損和推定全損。

（1）實際全損（actual total loss）。實際全損是指保險標的的物已全部毀滅，或受到損害而失去投保時原有的性質，或被保險人已經無法彌補地喪失了保險標的物。

保險標的發生保險事故後滅失，或者受到嚴重損壞完全失去原有形體、效用，或者不能再歸被保險人所擁有的，為實際全損。船舶在合理時間內未從被獲知最後消息的地點抵達目的地，除合同另有約定外，滿兩個月後仍沒有獲知其消息的，為船舶失蹤，船舶失蹤視為實際全損。

（2）推定全損（constructive total loss）。推定全損是指保險標的物因實際全損不可避免而合理地予以委付，或因如不支付超過其價值的費用就不能防止實際全損。

船舶發生保險事故後，認為實際全損已經不可避免，或者為避免發生實際全損所需支付的費用超過保險價值的，為推定全損。貨物發生保險事故後，認為實際全損已經不可避免，或者為避免發生實際全損所需支付的費用與繼續將貨物運抵目的地的費用之和超過保險價值的，為推定全損。

2. 單獨海損與共同海損

（1）單獨海損（particular average）。單獨海損是指因所保險引起不屬於共同海損性質的保險標的物的部分損失。它僅限於標的物本身的損失，而不包括由此引起的費用。

（2）共同海損（general average）。共同海損，是指在同一海上航程中，船舶、貨物和其他財產遭遇共同危險，為了共同安全，有意地合理地採取措施所直接造成的特殊犧牲、支付的特殊費用。無論在航程中或者在航程結束後發生的船舶或者貨物因遲延所造成的損失，包括船期損失和行市損失以及其他間接損失，均不得列入共同海損。

根據《海商法》第一百九十九條規定，共同海損應當由受益方按照各自的分攤價值的比例分攤。

溫故知新

在海上運輸過程中，被保險貨物茶葉經水浸已不能飲用，這種海上損失屬於（　　）。

A. 實際全損　　　　　　B. 推定全損
C. 單獨海損　　　　　　D. 共同海損

【參考答案】A

案例7.4

單獨海損與共同海損[①]

某貨輪從天津新港駛往新加坡，在航行途中船舶貨艙起火，大火蔓延至機艙，船長為了船貨共同安全決定採取緊急措施，往艙中灌水滅火。火雖被撲滅，但由於主機受損，無法繼續航行，於是船長決定雇傭拖輪將貨船拖回新港修理，檢修後重新駛往新加坡。其中的損失與費用有：（1）1,000箱貨被火燒毀；（2）600箱貨由於灌水受損；（3）主機和部分甲板被燒壞；（4）拖輪費用；（5）額外增加的燃料費，船長及船員工資。

問： 請指出這些損失中哪些是單獨海損，哪些是共同海損？

評析：（1）1,000箱貨被火燒毀屬單獨海損；（2）600箱貨由於灌水造成損失屬共同海損；（3）主機和部分甲板被燒壞屬單獨海損；（4）拖輪費用屬於共同海損；（5）額外增加的燃料費，船長及船員工資屬共同海損。

（七）委付與代位求償權

1. 委付

委付，是指在保險標的物發生推定全損時，被保險人把保險標的物所有權轉讓給

[①] 資料來源：https://www.examw.com/dz/Case/173946/.

保險人，而請求支付保險標的物全部保險金額。根據《海商法》第二百四十九條規定，保險標的發生推定全損，被保險人要求保險人按照全部損失賠償的，應當向保險人委付保險標的。保險人可以接受委付，也可以不接受委付，但是應當在合理的時間內將接受委付或者不接受委付的決定通知被保險人。委付不得附帶任何條件。委付一經保險人接受，不得撤回。《海商法》第二百五十條還規定，保險人接受委付的，被保險人對委付財產的全部權利和義務轉移給保險人。

2. 代位求償權

代位求償權，是指因第三者對保險標的的損害而造成保險事故的，保險人自向被保險人賠償保險金之日起，在賠償金額範圍內代位行使被保險人對第三者請求賠償的權利。保險事故發生後，被保險人已經從第三者取得損害賠償的，保險人賠償保險金時，可以相應扣減被保險人從第三者處已取得的賠償金額。

保險人行使代位請求賠償的權利，不影響被保險人就未取得賠償的部分向第三者請求賠償的權利。保險事故發生後，保險人未賠償保險金之前，被保險人放棄對第三者請求賠償的權利的，保險人不承擔賠償保險金的責任。保險人向被保險人賠償保險金後，被保險人未經保險人同意放棄對第三者請求賠償的權利的，該行為無效。被保險人故意或者因重大過失致使保險人不能行使代位請求賠償的權利的，保險人可以扣減或者要求返還相應的保險金。

資料卡 7.3

委付與代位求償權的區別

	委付	代位求償權
適用情形	推定全損	全部損失、部分損失
轉讓的權利	保險標的的所有權	向第三者的求償權
轉讓程序	權利轉讓後，保險公司賠付	保險公司賠付，權利轉讓

三、國際海上貨物運輸保險慣例

現代意義的保險法產生於 14 世紀之後的海上保險業務。1369 年義大利《熱那亞法令》中的規定已涉及保險業務，1425 年西班牙《巴塞羅那法令》規定了海上保險的承保規則和損害賠償程序，將西方的海運保險業務予以系統化，這就是最早的海上保險法。到了 19 世紀，歐洲的主要海運國家都把海上保險作為海商法的重要組成部分編入到商法典。其中，具有代表性的是 1807 年的《法國商法典》和 1861 年的《德國商法典》。

英國《1906 年海上保險法》是西方國家中影響最為深遠的一部海上保險法，被世界各國視為海上保險法的範本。目前全世界約有 2/3 的國家的海上保險法是參照其而制定的。該法制定的目的在於調整海上保險合同，承認其法律效力，解釋其法律含義並賦予法律上的其他支持。該法的規定相當完整，包括海上保險合同的定義、形成、形式要件、基本法律特徵、默示內容、合同條款的法律界限及適當解釋等。

目前，在共同海損理算方面適用最廣泛的規則是《約克·安特衛普規則》，該規則是由英、美和歐洲大陸海運國家的理算、海運、貿易和保險界等方面的代表最初於

1860 年在英國格拉斯哥開會制訂的，稱為格拉斯哥決議，其後經過數次修改，現在使用的規則稱為《2016 年約克・安特衛普規則》。該規則不是國際公約，而只是一種國際貿易慣例規則，但由於它在很多問題上基本統一了歐美各國海損理算的做法，並曾取得國際法協會的認可，因此被廣泛採用。目前國際上載運國際貿易商品的海輪若發生共同海損事故，一般都按照此項規則理算。

四、中國海上貨物運輸保險險別

中國現行的《海洋運輸貨物保險條款》是由中國人民保險公司制定的，可分為基本險和附加險。

(一) 基本險

基本險，又稱主險，可以單獨投保。

（1）平安險。平安險原意為「單獨海損不賠」，是三種基本險別中保險人承責範圍最小的一種。

平安險的承保範圍為：①被保貨物在運輸途中由於惡劣氣候、雷電、海嘯、地震、洪水自然災害造成的整批貨物的全部損失或推定全損；②運輸工具擱淺、觸礁、沉沒、互撞、與流冰或其他物體碰撞以及失火、爆炸意外事故造成貨物的全部或部分損失；③在運輸工具已經發生擱淺、觸礁、沉沒、焚毀意外事故的情況下，貨物在此前後又在海上遭受惡劣氣候、雷電、海嘯等自然災害所造成的部分損失；④在裝卸或轉運時由於一件或數件整件貨物落海造成的全部或部分損失；⑤被保險人對遭受承保責任內危險的貨物採取搶救、防止或減少貨損的措施而支付的合理費用，但以不超過該批被救貨物的保險金額為限；⑥運輸工具遭遇海難後，在避難港由於卸貨所引起的損失以及在中途港、避難港由於卸貨、存倉以及運送貨物所產生的特別費用；⑦共同海損的犧牲、分攤和救助費用；⑧運輸契約訂有「船舶互撞責任」條款，根據該條款規定應由貨方償還船方的損失。

（2）水漬險。水漬險原意為「單獨海損負責」，其承保範圍：在平安險＋由於惡劣氣候、雷電、海嘯、地震、洪水等自然災害造成的部分損失。

（3）一切險。一切險的承保範圍：平安險＋水漬險＋由於外來原因招致的全部或部分損失。這裡的外來原因指一般附加險承擔的損失，而不包括特別附加險和特殊附加險。

(二) 附加險

附加險是基本險的擴展，不能單獨投保。

（1）一般附加險。一般附加險有 11 種：偷竊、提貨不著險；淡水雨淋險；短量險；混雜、沾污險；滲漏險；碰損、破碎險；串味險；受潮受熱險；鉤損險；包裝破裂險；銹損險。一般附加險不能單獨投保，它們包括在一切險之中，或在投保了平安險或水漬險後，根據需要加保其中一種或幾種險別。

（2）特別附加險。特別附加險的致損因素，往往是同政治、國家行政管理、戰爭以及一些特殊的風險相關聯的。其主要有以下幾種：交貨不到險、艙面貨物險、進口關稅險、拒收險、黃曲霉素險、出口貨物到香港特別行政區（包括九龍）或澳門特別行政區存倉火險責任擴展保險。

（3）特殊附加險。其主要包括戰爭險和罷工險。
（三）除外風險
下列損失保險公司不負賠償責任：①被保險人的故意行為或過失所造成的損失；②屬於發貨人責任所引起的損失；③在保險責任開始前，被保險貨物已存在的品質不良或數量短差所造成的損失；④被保險貨物的自然損耗、本質缺陷、特性以及市價跌落、運輸延遲所引起的損失或費用；⑤海洋運輸貨物戰爭險條款和貨物運輸罷工險條款規定的責任範圍和除外責任。

（四）保險責任的期限
保險期限是保險人承擔對海洋運輸貨物賠償責任的期間。中國人民保險公司主要以「倉至倉條款」作為標準。「倉至倉條款」內容：①從被保險貨物運離保險單所載明的啓運地倉庫或儲存處開始運輸時起，至該貨物到達保險單所載明的目的地收貨人的最後倉庫或儲存處為止；②如果未抵達上述倉庫或儲存處，則以貨物在最後卸貨港全部卸離海輪後滿60天為止；③如果在上述60天內貨物被轉運到保險單所載目的地以外的地點，則保險責任從貨物開始轉運時中止。以上條款內容哪個先滿足就以哪個為準。

索賠時效：海洋運輸貨物保險的索賠時效為2年，從被保險貨物在最後卸貨港全部卸離運輸工具後起算，最多不超過2年。

案例7.5

保險公司是否應該賠付[①]？

某年2月，中國某紡織進出口公司與大連某海運公司簽訂了運輸1,000件絲綢襯衫到馬賽的協議。合同簽訂後，進出口公司又向保險公司就該批貨物的運輸投保了平安險單。2月20日，該批貨物裝船完畢後啓航，2月25日，裝載該批貨物的輪船在海上突遇罕見大風暴，船體嚴重受損，於2月26日沉沒，3月20日，紡織品進出口公司向保險公司就該批貨物索賠，保險公司以該批貨物由自然災害造成損失為由拒絕賠償，於是進出口公司向法院起訴，要求保險公司償付保險金。

問：本案中保險公司是否應負賠償責任？

評析：保險公司應負賠償責任。根據中國人民保險公司《海洋運輸貨物保險條款》的規定，海運貨物保險的險別分為基本險和附加險兩大類，基本險是可以單獨投保的險種．主要承保海上風險造成的貨物損失，包括平安險、水漬險與一般險。平安險對由於自然災害造成的部分損失一般不予負責，除非運輸途中曾發生擱淺、觸礁、沉沒及焚毀等意外事故。平安險雖然對自然災害造成的部分損失不負賠償責任，但對自然災害造成的全部損失應負賠償責任。本案中，進出口公司投保的是平安險，而所保的貨物在船因風暴沉沒時全部滅失，發生了實際全損，故保險公司應負賠償責任，其提出的理由是不能成立的。

---

① 資料來源：https://doc.wendoc.com/ba956419cdd33cde237aa1dc7.html.

本章思考

1. 理解下列重要術語：
班輪運輸　租船運輸　提單　適航性　國際貨物多式聯運　共同海損　單獨海損
2. 簡述租船運輸中三種類型的異同。
3. 簡述提單的法律效力。
4. 試述國際海上貨物運輸承運人的強制性義務。
5. 比較國際海運、鐵路運輸及多式聯運中關於索賠和訴訟時效的異同。
6. 簡述海上貨物保險中委付與代位求償權的區別。
7. 試述海上貨物運輸保險承保的風險。

第八章 產品責任法

> **■本章要點**
>
> 1. 產品責任的概念和特徵
> 2. 美國產品責任法中確定的三個基本理論
> 3. 《斯特拉斯堡公約》的主要內容
> 4. 歐共體《關於對有缺陷的產品的責任的指令》的主要內容
> 5. 中國的產品責任法

第一節 概述

一、產品責任法的概念和特徵

（一）概念

產品責任法是調整有關產品的生產者、銷售者和消費者之間基於侵權行為所引起的人身或財產損害賠償的法律規範的總稱。

產品責任法是20世紀以來西方國家新興的法律規範。它是隨著現代工業的發展，新產品不斷投入市場，銷售者受到的傷害事件日益增多而形成和發展起來，其主要目的是保護消費者的權益。

（二）特徵

（1）產品責任法具有特定的調整範圍。調整範圍限於缺陷產品造成的人身傷害或財產損失，不包括單純的產品本身的損害。

（2）產品責任法調整特定的法律關係。主要調整消費者和其他受害人與生產者、銷售者因缺陷產品所產生的侵權關係。

（3）產品責任法中基本的責任原則一般為強制性規定，當事人以合同或單方聲明

等方式予以排除的行為無效。

(4) 產品責任法具有公法與私法的雙重性。

二、產品責任法與相關法律的關係

(一) 產品責任法與買賣法

產品責任法與買賣法有一定的聯繫，因為買賣法中有關賣方對貨物的品質擔保責任的規定同產品責任法的某些要求有著共通之處。但就法律性質而言，產品責任法與買賣法是不同的。買賣法屬於私法範疇，它的規定大多數是任意性的；而產品責任法則屬於社會經濟立法範疇，它的有關規定或原則大都是強制性的。

(二) 產品責任法與消費者權益保護法

產品責任法主要是確定產品的製造者和銷售者對其生產或銷售的產品所應承擔的責任。產品責任法的主旨是加強生產者的責任，保護消費者的利益。因此，產品責任法是一種保護消費者的法律。

(1) 各國法對產品責任的規定甚嚴，強化了生產者的義務，有利於最大限度地保護消費者的合法權益。

(2) 各國的法律包括產品責任法是保護消費者權益的重要法律工具。各國產品責任的歸責原則大都採用嚴格責任，表明在處理生產者與消費者關係上，已從保護生產者利益為重轉到了以保護消費者利益為重。

(3) 各國的產品責任法始終將充分保護消費者權益原則貫穿其中。

三、產品責任法的幾個重要術語

(一) 產品 (products)

(1) 美國：產品指任何經過工業處理的物品，包括可移動與不可移動的各種有形物以及天然產品。

(2) 1976年歐洲理事會制定的《斯特拉堡公約》：產品是一切可移動的物品，不論是否加工過、天然的或工業的，甚至組合到另一可移動或者不可移動的物體中的物品。

(3) 1980年歐共體《產品責任指令》：產品指工業生產的可移動的物品。

(4)《中華人民共和國產品質量法》：產品是指經過加工、製作，用於銷售的產品，不包括建設工程。

(5) 1978年《關於產品責任的法律適用公約》：產品包括天然產品和工業產品，無論是加工的，還是未加工的，也無論是動產還是不動產。

(二) 產品缺陷

(1) 美國法院判決認為，具有不合理危險性或過分不安全的產品，就是缺陷的產品。

(2)《產品責任法令》規定，考慮到包括產品的說明及產品投入流通領域的時間等因素在內的所有情況，如果一項產品未能給按預期的目的加以使用該產品的人之身體或其財產提供他們有權期待的安全，那麼該項產品即是缺陷的產品。因此，產品責任法中所指的產品缺陷是產品不安全、有危險性。

(3)《歐共體產品責任指令》規定，如果產品不能提供人們有權期待的安全性，即

屬於缺陷產品。這裡的「不能提供人們有權期待的安全」是指產品缺乏合理的安全性。

(4)《中華人民共和國產品質量法》第四十六條規定:「本法所稱缺陷,是指產品存在危及人身、他人財產安全的不合理的危險;產品有保障人體健康和人身、財產安全的國家標準、行業標準的,是指不符合該標準。」

第二節　美國的產品責任法

一、產品責任的理論

在西方國家中,美國的產品責任法發展得最早,也最完備。在其發展演變的過程中,先後產生了以下理論。

(一)疏忽責任理論

疏忽責任理論(theory of negligence),是指由於生產者和銷售者的疏忽致使產品有缺陷,而且由於這種缺陷使消費者或其他第三人的人身或財產遭到損害,對此,該產品的生產者和銷售者應承擔責任。

該原則源於1916年的「麥克弗森訴別克汽車公司案」,該案為消費者對製造廠商提起產品責任之訴不需有合同關係開闢了道路。法院認為,如果一件產品粗枝大葉地製造出來會對人身造成威脅時,就是一種危險品,若該產品由直接購買者以外的人不經檢查就使用,那麼不需要考慮合同關係是否存在,製造者負有謹慎製造的義務;如果違反了這個義務,製造者得負責賠償由此給消費者造成的損失。自此,美國司法實踐在處理產品責任時,確立了「基於侵權行為而承擔責任」的原則。即當原告以疏忽為由對被告起訴時,可以從各個不同的方面證明被告有疏忽,比如:原告可以證明產品的設計有缺點;也可以證明被告對產品的危險性沒有作充分的說明或提醒消費者注意;還可以證明被告在生產、經銷該產品時違反了聯邦或州的有關這種產品的質量、檢驗、廣告或推銷方面的規章、法令,而違反這種規章、法令的本身就是一種疏忽行為。但是在現代化大生產條件下,原告要證明被告有疏忽往往是比較困難的。因此在實際訴訟中,法官逐漸傾向於對原告採取減輕舉證責任的態度。

案例8.1

1916年美國的「麥克弗森訴別克汽車公司案」[①]

被告別克汽車公司向汽車零售商出售一輛別克汽車,零售商又把此車售給原告麥克弗森。由於一車輪在製造上有缺陷,因而汽車在行進中突然翻倒並導致原告麥克弗森受到傷害。有關證據表明,如果事前被告對車輪進行合理的檢查就能發現其缺陷,但被告沒有這樣做。而由於原告並非直接從被告那裡直接購得該汽車,所以被告應否承擔過失責任,尚屬疑問。這成為該案處理的關鍵問題所在。

卡多佐法官引證了許多先例,試圖從諸多先例中歸納出適用本案的法律規則,如1852年的托馬斯訴溫切斯特案件,被告由於過失把顛茄劑這一毒藥貼成蒲公英制劑的

---

① 資料來源:http://www.law-lib.com/lw/lw_view.asp? no=538。

標籤，出售給藥劑師。藥劑師又將此藥賣給原告導致原告中毒。法院判原告勝訴，認為把毒藥貼錯標籤會給任何得到它的人帶來急迫的危險，不論藥物的合法使用者是否與被告有合同關係，其都應負過失責任。而1882年的「德夫林訴史密斯案」中，被告製造有一缺陷的腳手架賣給油漆師，結果油漆師的雇員從腳手架上跌下致死。法院判決原告勝訴，理由是，像腳手架這樣的東西，如果在製造上有問題是極其危險的。被告知道腳手架是給工人用的，因此，不僅對與其有合同關係的油漆師，而且對與其無合同關係的工人，被告都有確保質量的義務。在1909年的「斯塔特勒訴雷製造公司案」中，原告從批發商那裡買得一個被告製造的大咖啡壺，由於咖啡壺做工有缺陷，因此其在加熱過程中爆炸，導致原告嚴重受傷，法院判決原告勝訴。因為像咖啡壺這類東西，如果有製造上的問題，會在使用中給許多人帶來嚴重的危險。

通過考察這些先例及其他先例，卡多佐法官得出了適用本案的法律規則。他在判決中指出：具有急迫危險性的產品概念並不局限於毒藥、爆炸物或其他同類物品，而應擴大到對人身有危險性的一切物品中。如果一件物品在製造上有過失，依其本質，可合理確定將使人的生命和軀體處於危險之中，那麼它就是一件危險物品。除此項危險因素之外，製造商若知悉該物品將由購買者之外的第三人不經檢驗而使用，則無論有無契約關係，該危險品的製造者都負有仔細加以製造的義務和責任。卡多佐法官在該案中宣布：製造商給予注意的責任不受合同關係的限制，受害人無須與製造商有相互關係即可獲得賠償。紐約州法院依此判定別克汽車公司應向麥克弗森承擔過失責任。

（二）擔保責任理論

擔保責任理論（theory of breach of warranty），是指生產者或者銷售者違反了對貨物的明示或默示擔保義務，致使產品質量或性能存在某種缺陷或瑕疵，並對消費者的人身或財產造成損失時，生產者或銷售者應當承擔責任。

在美國早期的審判實踐中，以產品擔保責任為由提起產品責任訴訟的原告僅限於與被告有直接合同關係的人。這種限制對保護消費者的合法權益極其不利。1932年美國華盛頓州最高法院在「巴克斯特訴福特汽車公司」一案中，取消了這種限制。

案例8.2

巴克斯特訴福特汽車公司案

案情：1932年，美國人巴克斯特從某銷售商處購買了一輛福特牌汽車。有一天，他開著汽車在公路上行駛，一輛和他並排行駛的汽車卷起一塊石頭打碎了福特車的擋風玻璃，使巴克斯特的眼睛受傷，後來失明了。巴克斯起訴到法院，認為福特車的汽車玻璃的安全性與廣告宣傳中的承諾不符，要求賠償損失。經查，福特汽車公司曾在其廣告中表明其汽車玻璃不會破裂。

法院判決認為：製造商借著廣告向一般消費者做廣泛陳述，若因其陳述虛偽而導致消費者受損，則基於政策及誠實信用原則，製造商應承擔明示保證責任，因為原告相信了被告在廣告中的說明。

這個判例首次使明示擔保責任突破了契約關係的限制，將責任範圍擴大到契約外第三人。「公共政策」因素和「賣方負有社會責任」理論是其理論基礎。

在以擔保責任為由提起訴訟時，原告無須證明被告有疏忽，只需證明產品確有缺陷或損害事實，就可以要求被告賠償損失。與疏忽理論相比，原告方更容易舉證，但

該理論也存在一些局限性：①買方必須在發現瑕疵後立即通知賣方，如果發現瑕疵後不停止使用，或發現後拖很長時間才通知，賣方就不負責任；②買方必須是依賴賣方的建議而做出購買決定的。如果買方是根據自己的判斷而決定購買的，賣方就不負責任；③根據《美國統一商法典》（簡稱 UCC），賣方可以不承認某些法律規定的擔保條件，比如買方可以在買賣合同中明文宣布「本合同不存在質量擔保」或者通過其他形式來否認擔保的存在；④根據 UCC 相關規定，默示擔保可以被排除或修改，對違反默示擔保的補償可以減輕或限制。

（三）嚴格責任理論

嚴格責任理論是一種新發展起來的、對消費者最有利的責任理論。嚴格責任，又稱無過錯責任，即只要產品存在缺陷，對使用者具有不合理的危險，並使其人身或財產遭受損害，該生產者和銷售者應對此承擔賠償責任。

該責任制度是在 1963 年的「格林曼訴尤巴電力公司案」中確立下來的。到了 20 世紀 70 年代，美國已有 2/3 的州採用嚴格責任制度。嚴格責任是一種侵權責任。原告不需要與被告存在合同關係，而且任何產品的受害人，無論是買主，還是第三人，都可以追究產品生產者、銷售者的責任。在該責任制度下，原告所負的舉證責任最小，但要想得到賠償，仍須證明三點：①產品存在缺陷。美國《統一產品責任示範法》將缺陷分為：製造缺陷、設計缺陷、警示缺陷和說明缺陷。②產品投入流通時缺陷就已存在。③產品缺陷直接造成了損害。

案例 8.3

「格林曼訴尤巴電力公司產品」案

案情：1955 年，原告格林曼的夫人為他購買了一種組合電動工具。兩年後，原告使用這套工具做車床旋一塊大木頭，製作高腳酒杯，不料一塊木頭從機器中飛出來撞擊到格林曼的頭部，致其重傷。經檢查，該電器屬於有缺陷的產品，它與事故有直接關係。

法院判決原告勝訴。通過該案，加州最高法院制定了具有里程碑意義的規則，現在一般通稱為「格林曼規則」，即「當一個製造商將一件產品投放市場時，明知他將不經檢查缺陷而使用，如果此項產品表明含有致使人受到傷害的缺陷，那麼製造商在侵權方面負有嚴格的責任」。嚴格責任使得原告無須舉證被告的過失，而只需舉證產品的缺陷及缺陷與損害之間的因果關係，對產品責任而言，整個焦點由製造者的行為轉向了產品，這無疑對使用者是極為有利的。

溫故知新

下列各項理論中，不屬於美國產品責任法的法學理論依據是（　　）。

A. 疏忽責任理論　　　　　　　B. 擔保責任理論
C. 違反條件理論　　　　　　　D. 嚴格責任理論

【參考答案】C

二、產品責任的承擔

承擔產品責任的原則也叫產品責任歸責原則,是指產品責任歸屬所依據的法律準則或標準,它分為主觀歸責和客觀歸責。

1. 過失責任原則

所謂過失責任是指由於生產者和銷售者的疏忽,造成產品缺陷,致使消費者的人身或財產受損害所應負之責任。有過失才能有責任,無過失則無責任。

在過失責任基礎上,原告如以過失責任請求損害賠償時,應至少提出外表上認為有過失的證據;如原告未舉證,法院即以訴訟不存在等為由,判決原告敗訴。因此,凡是原告舉出以下證據的,即可推定被告過失:①其損害非生產者之過失不應發生;②該損害系由曾在被告管理或支配下之產品所引起;③該損害並非因原告之行為所致等事實。另外,如果被告不能證明自己沒有過錯,那麼就推定被告存在過失(過錯推定原則),應賠償原告的損失。

2. 嚴格責任原則

嚴格責任又稱侵權行為法上的無過失責任,是新近發展起來的一種產品責任理論。按照嚴格責任原則,只要產品有缺陷,對消費者和使用者具有不合理的危險,並因此使他們的人身或財產受損,該產品的生產者和銷售者都應對此負責。

受害人有下列條件的,即可提出賠償要求:①產品中存在有缺陷。②缺陷是造成傷害或損失的實質性因素;產品是按照正常預定的方式使用的;使用人雖已盡了合理的注意,但未能發現缺陷並未能意識到產品的危險;受害人雖已盡了合理的注意但無法避免傷害和損失。這是早期的嚴格產品責任。因其產生於重要的商業區紐約的「卡德林訴派格利亞」一案中,故也被稱為紐約原則。

3. 市場份額原則

嚴格責任有時也會無法解決受害人的賠償請求,因此,美國的「市場份額說」不失為對嚴格責任補充的好辦法。美國許多法院基於對公平正義的考慮,允許消費者請求產品對其有危害的所有製造商按產品出售時佔有的市場份額來分攤責任,即依照市場份額責任原則處理案件。

三、美國產品責任法的主要內容

(一) 產品

根據美國《統一產品責任示範法》第一百零二條(C)項規定,產品是具有真正價值的、為進入市場而生產的,能夠作為組裝整件或者作為部件、零售交付的物品,但人體組織、器官、血液組成部分除外。雖然示範法給「產品」做了一個界定,但在美國審判實踐中,法官傾向於採用更廣泛、更靈活的產品定義。例如,1978年的「哈雷斯訴西北天然氣公司」案,法官將天然氣納入了產品範圍;在「蘭賽姆訴威廉康星電力公司」案中,電被確認為產品;科羅拉多州法院曾將血液視為產品。

(二) 產品責任中的責任主體

產品責任主體就是產品責任的承擔人。綜觀各國立法,一般有兩種立法方式:①單一主體說,即將生產者作為責任的承擔者,有的國家對生產者做擴大解釋,涵蓋了銷售者、進口商等,比如《歐共體產品責任指令》的規定。②複合主體說,以美國

為代表，美國將產品的製造者和銷售者作為產品責任的主體。「製造者」包括在產品出售給使用者或消費者之前，設計、生產、製作、組裝、建造或者加工產品的人，還包括「實際不是擔自稱是製造者」的產品銷售實體；「銷售者」包括產品製造者、批發商、出租人、經紀人。責任承擔人的範圍比歐洲各國更為廣泛。

（三）產品責任中的權利主體

根據美國《統一產品責任示範法》第一百零二條規定，產品責任訴訟的「索賠人」是指因遭受損害而提出產品責任索賠的自然人或實體。這裡的「損害」包括：①財產損害；②人身肉體傷害、疾病和死亡；③由人身肉體傷害、疾病和死亡引起的精神痛苦或情感傷害；④由於索賠人被置於直接人身危險的境地而引起的並表現為實際存在的他覺症狀的精神痛苦或情感傷害。

（四）損害賠償

1. 損害賠償的範圍

通常情況下，原告可以從以下四個方面提出損害賠償請求：

（1）對人身傷害的損害賠償。這包括痛苦與疼痛、精神上的痛苦和苦惱、收入的減少和掙錢能力的減弱、合理的醫療費用、身體殘廢等。

（2）財產損失的賠償。比如替換或者修復受損壞的財產而支出的合理費用。需要注意的是，財產損害的範圍並不包括直接或間接的經濟損失，這些損失屬於合同的範疇。

（3）商業上的損害賠償。這通常是指有缺陷的產品的價值與完好、合格產品的價值之間的差價。

（4）懲罰性的損害賠償。這是美國賠償制度上的一個特點。它專門用於懲罰那些生產、銷售行為中全然置公共政策於不顧的惡意、輕率行為。《統一產品責任示範法》規定：「原告通過明顯的和令人信服的證據證明，由於產品銷售者對產品使用者、消費者或可能受到產品損害的其他人員的安全採取輕率漠視態度，致使原告遭受損害的，原告可得到懲罰性損害賠償。」

2. 損害賠償的限額

在美國賠償制度中，還有一個特點是精神損害的賠償數額較大，在賠償總額中所占的比重也較大，但《統一產品責任示範法》中對其也有相應限制：金額不得超過2,500美元，或不得超過金錢性損害賠償金額的2倍（註：精神損害賠償屬於非金錢性損害賠償），以二者中少者為準。但是以下情形例外，原告通過優勢證據證明：產品使原告遭受嚴重的和永久的或長期的毀容、身體機能的損壞、痛苦和不適、精神疾病。

（五）訴訟時效

關於訴訟時效的規定，美國各州的規定差異較大。《統一產品責任示範法》建議，一般訴訟時效為2年，從原告發現或者在謹慎行事情況下應當發現產品的損害及其原因時起算。該法還規定了最長的訴訟時效為投入流通10年，除非明示的安全期限長於10年。

第三節　歐洲各國的產品責任法

一、歐洲各國的產品責任統一法

歐洲各國的產品責任立法比美國發展較晚，主要是在20世紀80年代以後才開始相繼制定各自的產品責任法。而各國國內法的不統一妨礙了競爭，妨害了共同市場內部的自由商品流通，並形成了對消費者合法權益保護不公平的情形。因此各國陸續通過了以下兩個比較重要的公約。

（一）斯特拉斯堡公約

該公約的全稱為《歐洲共同體關於造成人身傷害和死亡的產品責任的歐洲公約》。1977年1月27歐洲理事會各成員國正式簽訂了該公約，共17條，根據公約第十三條第二款的規定，該公約已經在比利時、奧地利、法國三個國家批准生效。

《斯特拉斯堡公約》的主要內容：

1. 適用範圍

該公約適用於因生產者提供的產品存在缺陷而造成消費者人身傷害或死亡的賠償問題。

2. 應負產品責任的生產者範圍

公約將四類人列入生產者的範圍：①製造商。即產品或零配件的製造商以及天然氣產品的生產者，這是基本主體；②產品進口商。即任何以將產品投入流通為目的的按商業通常管理的進口產品者；③任何使自己的名字、商標或者其他識別特徵出現在商品上門將其作為自己的產品出示者；④產品沒有標明任何生產者的身分時，則每個供應商應視為公約所指的生產者，並承擔同樣的責任，除非根據索賠人的要求，供應者在合理的時間內披露生產者或向其提供產品者的身分。

3. 歸責原則

根據《斯特拉斯堡公約》規定，對生產者所承擔的產品責任採取嚴格責任原則，只要是產品的缺陷造成的人身傷害或死亡，生產者就應承擔產品責任。

4. 生產者的抗辯事由

在下列情形時，生產者可以減產其產品責任：①產品未投入流通；②產品投入流通時，所造成損害的缺點或缺陷並不存在，或產品缺陷是投入流通以後產生的；③該產品製造的目的不是為銷售、出租或其他經濟目的，而且不是按照通常商業做法製造或分銷的；④損害是由受害人或索賠人自身的過失造成的。

5. 賠償限額

《斯特拉斯堡公約》規定，對產品責任的損害賠償範圍僅限於人身傷亡，不包括其財產所造成的損失。公約附則中規定，締約國可以聲明保留由國內法規定的賠償限額的權利，但對每一死者或遭到人身傷害的賠償額不得少於相當於7萬特別提款權的國內貨幣，有相同缺陷的同一產品造成的全部損害賠償不得少於1,000萬特別提款權的國內貨幣。

6. 訴訟時效

索賠人的訴訟時效為自其知道或應當知道損害、缺陷及生產者身分之日起算 3 年；生產者的負責時效為其造成損害的產品投入流通之日起 10 年。

(二) 歐共體《關於對有缺陷的產品的責任的指令》

歐共體部長理事會於 1985 年 7 月 25 日通過了《關於對有缺陷的產品的責任的指令》(以下簡稱《指令》)，在歐共體範圍內統一確立了缺陷產品致害的嚴格責任原則，並要求成員國在 1988 年 8 月 1 日以前採取相應的國內立法予以實施。當然，成員國在部分問題上有取捨的權利，如損害賠償額的上限規定等。截至 2003 年 2 月，歐盟 15 國均完成了相應的國內立法程序，各國在產品責任的基本問題上基本達成了統一。從 2004 年 5 月 1 日起，歐盟成員國數量已達到了 25 個，而歐盟東擴的進程仍在繼續，這些新加入的國家也必然要對國內法做相應調整，以與《指令》趨同。

《指令》的主要內容：

(1) 產品責任主體。《指令》只規定了一類責任主體，即生產者，但通過列舉方式擴大了生產者的內涵，將銷售者、進口商等責任人也納入其中。

(2) 關於缺陷的定義。《指令》對缺陷的定義採用客觀標準。如果產品不能提供人們有權期待的安全性，即屬於缺陷產品。在確定產品是否有缺陷時需要考慮各種情況，其中包括：產品的狀況、對產品的合理預期的使用和把產品投入流通的時間，不能因為後來有更好的產品投入市場，就認定之前的產品有缺陷。對產品的操作、使用說明書，也是涉及產品安全性的因素之一。例如，20 世紀 60 年代，汽車座位上都沒有安全帶，當時不認為這種汽車有缺陷，但到 20 世紀 80 年代如果汽車沒有安全帶則會被認為是一種缺陷。

(3) 產品責任的抗辯事由：①未將產品投入流通；②缺陷在產品投入流通時並不存在；③產品非生產者為銷售或經濟目的而製造或分銷，為使產品符合強制性法規而導致缺陷；④產品投入流通時的科技水準不能發現缺陷存在；⑤零部件製造者能證明缺陷是由於裝有該零部件的產品設計或製造者的指示造成。

(4) 嚴格責任原則。在產品責任訴訟中，消費者只需證明損害事實和產品缺陷的事實，以及二者之間存在因果關係，即可以使產品的責任人承擔賠償責任，而無須證明責任人有過失。

(5) 時效。提起產品責任訴訟的時效期間為 3 年，自受害方應該知道損害、缺陷的存在以及生產者時起算。但產品進入流通後滿 10 年後，生產者對產品缺陷造成的損害不承擔責任。

第四節　中國的產品責任法

一、產品責任法的適用範圍

自改革開放以來，中國制定了一系列有關產品責任的法律法規，其中，最主要的是 1993 年 2 月 22 日第七屆全國人民代表大會常務委員會第三十次會議通過的《中華人民共和國產品質量法》(簡稱《產品質量法》)，2000 年 7 月，全國人大常委會對其進

行了修訂，自 2000 年 9 月 1 日起施行。本節的內容就是在這部法律的基礎上進行介紹的。

《產品質量法》第二條規定，在中國境內從事產品生產、銷售活動，必須遵守產品質量法。而這裡所稱「產品」是指經過加工、製作，用於銷售的產品。另外需要注意兩點：一是建設工程不適用該法規定，但是建設工程使用的建築材料、建築構配件和設備，屬於上述規定的產品範圍的，適用《產品質量法》規定。二是因核設施、核產品造成損害的賠償責任，法律、行政法規另有規定的，依照其規定。

二、產品質量監督管理

(一) 產品質量監督管理體制

產品質量監督管理體制是產品質量監督管理機構及其職權的統稱。根據《產品質量法》規定，中國產品質量監督管理體制的基本內容如下：國務院產品質量監督部門主管全國產品質量監督工作，國務院有關部門在各自的職責範圍內負責產品質量監督工作；縣級以上地方產品質量監督部門主管本行政區域內的產品質量監督工作，縣級以上地方人民政府有關部門在各自的職責範圍內負責產品質量監督工作。法律對產品質量的監督部門另有規定的，依照有關法律的規定執行。

(二) 產品質量監督管理具體制度

1. 產品標準

中國的產品標準包括國家標準、行業標準、地方標準、企業標準等。如果生產可能危及人體健康和人身、財產安全的工業產品，必須符合保障人體健康和人身、財產安全的國家標準、行業標準；未制定國家標準、行業標準的，必須符合保障人體健康和人身、財產安全的要求。禁止生產、銷售不符合保障人體健康和人身、財產安全的標準和要求的工業產品。具體管理辦法由國務院規定。

2. 質量認證制度

（1）企業質量體系認證制度。企業質量體系認證是對企業的質量體系和質量保證能力進行的審核。《產品質量法》第十四條規定：「國家根據國際通用的質量管理標準，推行企業質量體系認證制度。企業根據自願原則可以向國務院產品質量監督部門認可的或者國務院產品質量監督部門授權的部門認可的認證機構申請企業質量體系認證。經認證合格的，由認證機構頒發企業質量體系認證證書。」

（2）產品質量認證制度。產品質量認證制度是指依據具有國際水準的產品標準和技術要求，經過認證機構確認，並通過頒發認證證書和產品質量認證標誌的形式，證明產品符合相應標準和技術要求的制度。

產品質量認證分為兩類：一是安全認證，一般為強制認證，它是對商品在生產、儲運、使用過程中是否具備保證人身安全與避免環境遭受危害等基本性能的認證；二是合格認證，一般為自願性認證，它是依據商品標準的要求，對商品的全部性能進行的綜合性質量認證。實行合格認證的產品，必須符合《中華人民共和國標準化法》規定的國家標準或者行業標準的要求。

3. 監督檢查制度

國家對產品質量實行以抽查為主要方式的監督檢查制度，對可能危及人體健康和

人身、財產安全的產品,影響國計民生的重要工業產品以及消費者、有關組織反應有質量問題的產品進行抽查。抽查的樣品應當在市場上或者企業成品倉庫內的待銷產品中隨機抽取。監督抽查工作由國務院產品質量監督部門規劃和組織。縣級以上地方產品質量監督部門在本行政區域內也可以組織監督抽查。法律對產品質量的監督檢查另有規定的,依照有關法律的規定執行。抽查時需要注意以下問題:①國家監督抽查的產品,地方不得另行重複抽查;上級監督抽查的產品,下級不得另行重複抽查。②根據監督抽查的需要,可以對產品進行檢驗。檢驗抽取樣品的數量不得超過檢驗的合理需要,並不得向被檢查人收取檢驗費用。監督抽查所需檢驗費用按照國務院規定列支。③生產者、銷售者對抽查檢驗的結果有異議的,可以自收到檢驗結果之日起15日內向實施監督抽查的產品質量監督部門或者其上級產品質量監督部門申請復檢,由受理復檢的產品質量監督部門做出復檢結論。

三、產品質量責任與義務

(一) 生產者的產品質量責任與義務

1. 保證產品內在質量

保證產品內在質量是生產者的首要義務。根據《產品質量法》的規定,產品質量應當符合下列要求:

(1) 不存在危及人身、財產安全的不合理的危險。有保障人體健康和人身、財產安全的國家標準、行業標準的,應當符合該標準。這是法律對產品質量最基本的要求。

生產者要保證其產品不存在危及人身、財產安全的不合理的危險,首先應當在產品設計上保證安全、可靠。產品設計是保證產品不存在危及人身、財產安全的不合理危險的基本環節。其次,在產品製造方面保證符合規定的要求。製造是實現設計的過程,在實際經濟生活中,製造上的缺陷往往是導致產品存在危及人身、財產安全的不合理的危險的主要原因。

資料卡 8.1

產品缺陷與產品瑕疵的不同

產品缺陷,實質是指產品缺乏合理的安全性,即存在危及人身、財產安全的不合理危險。判斷某產品是否存在缺陷的標準是看該產品是否存在不合理危險。

產品瑕疵,是指產品不具備應當具備的使用性能,或者所具備的性能低於明示的產品標準,但不存在危及人身、財產安全的不合理危險。判斷某產品是否存在瑕疵是看該產品是否具備通常應當具備的使用性、效用性以及其他約定的品質。

產品缺陷關注的是產品的安全性,而產品瑕疵關注的是產品的效用性,兩者的明顯區別是產品的安全性。舉例說明:電腦經常死機,手機不能正常通話,打火機打不著火,農藥不能殺死害蟲等這些是產品瑕疵。手機通話時漏電,食物吃了中毒,啤酒瓶開啓爆炸,汽車掛前進擋時突然後退造成人員傷亡等致使消費者或第三者的人身、財產受到損害,則屬於產品缺陷。

溫故知新

下列產品中存在《產品質量法》所稱的「缺陷」的是（　　）。
A. 致人中毒的假酒　　　　B. 口感不佳的劣酒
C. 易醉人的高度酒　　　　D. 突然爆炸炸壞家具的汽酒（原因為氣壓過高）

【參考答案】AD

（2）具備產品應當具備的使用性能。但是，對產品存在使用性能的瑕疵做出說明的除外。所謂產品具有應具有的使用性能，是指某一特定產品應當具有其基本的使用功能，比如電冰箱應當具備制冷性能，保溫瓶應當具有保溫性能等，並在正常使用條件下應有合理的使用壽命。

具體來說，產品應當具有使用性能主要體現在兩方面：一是在產品標準、合同、規範、圖樣和技術要求以及其他文件中明確規定的使用性能；二是隱含需要的使用性能。這裡的「隱含需要」是指消費者對產品使用性能的合理期望，通常是被人們公認的、不言而喻的、不必做出規定的使用性能方面的要求。

（3）產品質量應當符合明示的質量狀況。即產品質量應當符合在產品或者其包裝上註明採用的產品標準，符合以產品說明、實物樣品等方式表明的質量狀況。這是法律對生產者保證產品質量所規定的明示擔保義務。

2. 產品包裝標示義務

根據《產品質量法》規定，產品或者其包裝上的標示必須真實，並符合下列要求：

（1）有產品質量檢驗合格證明。合格證明包括合格證、合格印章等各種形式。合格證的項目內容，由企業自行決定。出廠產品的檢驗，一般由生產自身設置的檢驗部門進行檢驗。對於不具備檢測能力和條件的企業，可以委託社會產品質量檢驗機構進行檢驗。

（2）有中文標明的產品名稱、生產廠廠名和廠址。這裡所稱的用中文標明，是指用漢字標明，根據需要，也可以附以中國民族文字。

（3）根據產品的特點和使用要求標註產品標示。具體來說，就是根據產品的特點和使用要求，需要標明產品規格、等級、所含主要成分的名稱和含量的，用中文相應予以標明；需要事先讓消費者知曉的，應當在外包裝上標明，或者預先向消費者提供有關資料。

（4）限時使用產品的標示要求。對於限期使用的產品，應當在顯著位置清晰地標明生產日期和安全使用期或者失效日期。

所謂限期使用的產品，是指具備一定使用期限，並且能夠在此期限內能夠保證產品質量的產品。例如食品、藥品、農藥、化肥、水泥、化妝品、飲料等產品，都應當具有一定的使用期限。所謂安全使用期，一般是泛指保證產品質量的期限。安全使用期包括保質期、保存期、有效期、保鮮期等。

（5）涉及使用安全的標示要求。即使用不當，容易造成產品本身損壞或者可能危及人身、財產安全的產品，要有警示標誌或者中文警示說明，裸裝的食品和其他根據產品的特點難以附加標示的裸裝產品，可以不附加產品標示。

所謂警示標誌，是指用以表示特定的含義，告誡、提示人們應當對於某些不安全

因素引起高度注意和警惕的圖形。例如，表示劇毒、危險、易燃、易爆等意思，均有專用的對應的圖形標誌。所謂中文警示說明，是指用來告誡、提示人們應當對不安全因素引起高度重視和警惕的中文文字說明。中文警示說明也可以理解為用中文標註的注意事項。一般標註在產品或者產品說明書、產品外包裝上。例如在燃氣熱水器上註明「注意室內通風」字樣。總之，對上述產品標註中文警示說明和警示標誌是為了保護被使用的產品免遭損壞，保護使用者的安全、健康。

《產品質量法》第二十八條規定：易碎、易燃、易爆、有毒、有腐蝕性、有放射性等危險物品以及儲運中不能倒置和其他有特殊要求的產品，其包裝質量必須符合相應要求，依照國家有關規定做出警示標誌或者中文警示說明，標明儲運注意事項。

溫故知新

下列產品中應有警示標誌或中文警示說明的有（　　）。
A. 有副作用的藥品　　　　　　　　B. 需稀釋方可使用的農藥
C. 易燃易爆物　　　　　　　　　　D. 書籍

【參考答案】ABC

案例8.4

橄欖油保質期標註不當，超市是否退貨[①]？

案情簡介：原告劉某因所購買的商品保質期標註不當，將被告某倉儲超市起訴至北京市西城區人民法院，要求退貨並給予10倍賠償。

原告起訴稱，2010年1月12日，其在被告處購買了6瓶進口橄欖油，共計花費669.80元。該產品瓶身顯著位置貼有中文標籤，其中生產日期標註為「310/31-10-08」，保質期標註為「10-2010」。劉先生認為該橄欖油保質期標註不符合國家規定，故訴請法院判令被告返還購物款並十倍賠償，並由被告賠償誤工費，承擔訴訟費。

被告某超市辯稱，其銷售的食品的日期標註方式並未違反國家標準，只是不適應原告的消費習慣。且該產品經過質量部門檢驗，並通過海關合法途徑進入國內銷售，不存在違反食品安全法的情形。故不同意原告的全部訴訟請求。

法院經審理後認為：消費者的合法權益受法律保護。消費者享有知悉其購買、使用的商品或者接受的服務的真實情況的權利。在中國銷售的進口產品，應該遵守中國的法律規定，應在產品的顯著位置標明生產日期和保質期，並且日期的標註格式應該符合中國相關法律規定及大眾的消費習慣，即按年、月、日的順序標明日期。被告作為銷售者，其未按國家有關規定適當地標註產品的生產日期和保質期，上述做法欠妥，故原告要求被告退貨並返還貨款的訴訟請求，法院予以支持。原告未舉證證明被告銷售的產品存在食品安全問題，故原告要求被告賠償十倍貨款的訴訟請求，法院不予支持。原告要求被告賠償誤工費的訴訟請求沒有事實和法律依據，法院不予支持。最終，法院判決該超市為原告退貨並退還貨款，並駁回了原告的其他訴訟請求。

[①] 資料來源：https://www.chinacourt.org/article/detail/2010/06/id/411905.shtml。

3. 生產者的禁止性義務

根據《產品質量法》的規定，產品生產者的禁止性義務主要包括：①生產者不得生產國家明令淘汰的產品；②生產者不得偽造產地，不得偽造或者冒用他人的廠名、廠址；③生產者不得偽造或者冒用認證標誌等質量標誌；④生產者生產產品，不得摻雜、摻假，不得以假充真、以次充好，不得以不合格產品冒充合格產品。

(二) 銷售者的產品質量責任與義務

《產品質量法》對銷售者的產品質量義務做了具體規定，上述生產者的產品包裝標示義務與禁止性義務也適用於銷售者，除此之外，銷售者的義務還包括：

1. 進貨檢驗義務

銷售者應當建立並執行進貨檢查驗收制度，驗明產品合格證明和其他標示。執行進貨檢查驗收制度，不僅是保證產品質量的一個措施，也是保護銷售者自身合法權益的一個措施。銷售者對所進貨物經過檢查驗收，發現存在產品質量問題時，可以提出異議，經進一步證實所進產品不符合質量要求的，可以拒絕驗收進貨。如果銷售者不認真執行進貨檢查驗收制度，對不符合質量要求的產品，予以驗收進貨，則產品質量責任隨即轉移到銷售者這一方。因此，銷售者必須認真執行進貨檢查驗收制度。

2. 保持產品質量義務

銷售者應當採取措施，保持銷售產品的質量。銷售者不得銷售國家明令淘汰並停止銷售的產品和失效、變質的產品。《產品質量法》賦予銷售者這一義務是為了促使其增強對產品質量負責的責任感，加強企業內部質量管理，增加對保證產品質量的技術投入，從而保證消費者購買產品的質量。

四、損害賠償

(一) 歸責原則

產品質量的歸責原則，是指生產者、銷售者就產品缺陷所致的損害應承擔何種形式的責任。這裡所稱的缺陷，是指產品存在危及人身、他人財產安全的不合理的危險；產品有保障人體健康和人身、財產安全的國家標準、行業標準的，是指不符合該標準。根據《產品質量法》第四十一條和第四十二條的規定，中國採取的是嚴格責任與過錯責任相結合的歸責原則。

1. 生產者的嚴格責任

生產者的嚴格責任，是指因產品存在缺陷造成他人人身、財產損害的，生產者無論處於什麼樣的主觀心理狀態，都應當承擔賠償責任。但嚴格責任不同於絕對責任，它仍然是一種有條件的責任，產品質量法同時規定了三種法定免責條件。確立嚴格責任的最重要的法律意義在於「舉證責任倒置」，這使得法律對受害者的保護大大推進了一步。

2. 銷售者的過錯責任

銷售者的過錯責任，是指由於銷售者的過錯致使產品存在缺陷，造成他人人身、財產損害的，其應當承擔賠償責任。但銷售者如果能夠證明自己沒有過錯，則不必承擔賠償責任。這種過錯是一種推定過錯，銷售者負有舉證責任，否則不能免除賠償責任。

（二）損害賠償責任

1. 銷售者的賠償責任

根據《產品質量法》第四十條規定，售出的產品有下列情形之一的，銷售者應當負責修理、更換、退貨；給購買產品的消費者造成損失的，銷售者應當賠償損失：①不具備產品應當具備的使用性能而事先未做說明的；②不符合在產品或者其包裝上註明採用的產品標準的；③不符合以產品說明、實物樣品等方式表明的質量狀況的。

銷售者依照上述規定負責修理、更換、退貨、賠償損失後，屬於生產者的責任或者屬於向銷售者提供產品的其他銷售者（以下簡稱「供貨者」）的責任的，銷售者有權向生產者、供貨者追償。銷售者未按照上述規定給予修理、更換、退貨或者賠償損失的，由產品質量監督部門或者工商行政管理部門責令改正。

生產者之間，銷售者之間，生產者與銷售者之間訂立的買賣合同、承攬合同有不同約定的，合同當事人按照合同約定執行。

還需要注意的是，由於銷售者的過錯使產品存在缺陷，造成人身、他人財產損害的，銷售者應當承擔賠償責任。如果銷售者不能指明缺陷產品的生產者也不能指明缺陷產品的供貨者的，銷售者也應當承擔賠償責任。

2. 生產者的賠償責任

根據《產品質量法》第四十一條規定，因產品存在缺陷造成人身、缺陷產品以外的其他財產（以下簡稱「他人財產」）損害的，生產者應當承擔賠償責任。

需要注意的是，如果生產者能夠證明有下列情形之一的，不承擔賠償責任：①未將產品投入流通的；②產品投入流通時，引起損害的缺陷尚不存在的；③將產品投入流通時的科學技術水準尚不能發現缺陷的存在的。

（三）求償對象

因產品存在缺陷造成人身、他人財產損害的，受害人可以向產品的生產者要求賠償，也可以向產品的銷售者要求賠償。屬於產品的生產者的責任，產品的銷售者賠償的，產品的銷售者有權向產品的生產者追償。屬於產品的銷售者的責任，產品的生產者賠償的，產品的生產者有權向產品的銷售者追償。

（四）損害賠償範圍

因產品存在缺陷造成受害人人身傷害的，侵害人應當賠償醫療費、治療期間的護理費、因誤工減少的收入等費用；造成殘疾的，還應當支付殘疾者生活自助費、生活補助費、殘疾賠償金以及由其扶養的人所必需的生活費等費用；造成受害人死亡的，並應當支付喪葬費、死亡賠償金以及由死者生前扶養的人所必需的生活費等費用。

因產品存在缺陷造成受害人財產損失的，侵害人應當恢復原狀或者折價賠償。受害人因此遭受其他重大損失的，侵害人應當賠償損失。

（五）產品責任訴訟

因產品質量發生民事糾紛時，當事人可以通過協商、調解、仲裁與訴訟等形式解決。產品質量責任訴訟由侵權行為地或者被告居住地人民法院管轄。這裡的侵權行為地既包括行為發生地也包括行為結果地。侵權行為發生地一般是指缺陷產品已被投放市場的地點，侵權行為結果地是指缺陷產品給消費者造成實際損害的地點。原告可以在以上的三個地點中任選一個法院管轄。

《產品質量法》第四十五條規定：因產品存在缺陷造成損害要求賠償的訴訟時效期間為2年，自當事人知道或者應當知道其權益受到損害時起計算。因產品存在缺陷造成損害要求賠償的請求權，在造成損害的缺陷產品交付最初消費者滿10年喪失；但是，尚未超過明示的安全使用期的除外。

案例8.5

除草機傷人，生產廠家是否承擔責任[①]？

案情：年過五旬的王某是江蘇無錫洛社的一位普通農民。某年10月的一天，王某受同村村民虞某所托，為其承包種植的葡萄園進行耕地作業，使用的機器是由北京某機械公司生產的除草機。耕作時，在倒車過程中王某不慎摔倒，還沒來得及爬起來，就被繼續運轉的除草機刀片切中左腿，頓時鮮血直噴。隨後，失血休克的王某被送至醫院搶救。後經法醫鑒定，王某構成六級傷殘。

王某認為，在這除草機的說明書第六頁上明確寫明機器必須有自動停轉的裝置，可在自己倒地觸碰除草機後，機器並沒有停止，而是繼續運轉，從大腿上碾了過去。因此除草機存在著質量缺陷，並且是造成自己六級傷殘的最主要原因，讓廠家賠償理所應當。

機械公司認為，在沒有對當日事故現場進行固定和勘驗的情況下，沒有任何證據表明原告損傷過程中使用的是自己公司的產品，且原告也沒有合理使用涉案產品的證據，自己不會支付賠償費。

顯然，除草機是否存在質量缺陷成為本案的爭議焦點。為了證明自己的主張，廠家還向法院提供了由農業部出具的產品質檢報告以及涉案機械的產品合格證，並向法院提出了證據保全及質量鑒定要求。但當法院向廠家發出司法鑒定繳費通知書後，廠家卻以「涉案農機在事故發生時未進行現場固定，無法確認其在事故時的真實情況；且對涉案農機質量存在缺陷的異議，應由原告舉證或申請鑒定」為由，拒絕支付鑒定費用。兩個月後，法院再次發出書面函告要求廠家繳納鑒定費用，卻又一次以相同理由被拒絕。

法院審理後認為，該除草機未合理設置自動停止運轉裝置，在原告摔倒、雙手脫離把手及離合器後未停止運轉，不符合國家標準的強制性規定，導致原告被繼續運轉的刀片切中腿部，造成損害事實發生，故該農用機存在質量缺陷。生產者應當對其生產的產品質量負責，因產品存在缺陷造成人身損害的，生產者應當承擔賠償責任。由於產品責任適用無過錯責任原則，生產商應就其免責事由承擔舉證責任，廠家未對該除草機的缺陷問題做出合理解釋及相應依據，雖然對涉案除草機是否符合質量標準申請了鑒定，但明確表示不繳納鑒定費用致使鑒定程序無法進行，應當承擔舉證不能的法律責任。故依法判決由生產商賠償王某各項損失28萬餘元。廠家不服一審判決上訴至無錫市中級人民法院，二審法院認為原審判決認定事實清楚，適用法律正確，駁回上訴，維持了原判。

---

① 資料來源：http://www.flssw.com/anlifenxi/info/33297587/.

本章思考

1. 理解下列重要術語：
產品缺陷　　疏忽責任　　擔保責任　　嚴格責任　　過失責任
2. 試述美國產品責任法中確定的三項基本理論？
3. 簡述歐共體《關於對有缺陷的產品的責任的指令》中產品缺陷的定義標準。
4. 試述中國《產品質量法》對生產者、銷售者採用的歸責原則。
5. 試述中國《產品質量法》對生產者、銷售者各自應承擔的產品責任。

第九章 國際商事代理法

> ■ 本章要點
> 1. 代理的含義與代理權的產生
> 2. 國際商事代理法的統一
> 3. 《國家貨物銷售代理公約》的主要內容
> 4. 代理制度中各方主體的關係
> 5. 中國外貿代理制度的立法現狀

第一節 概論

一、代理的含義

(一) 英美法系代理的含義

等同論是英美法系代理制度中代理人與本人關係的理論基礎，即代理人的行為視同為本人自己的行為，沒有內部關係與外部關係之分。代理的含義可以界定為代理人根據本人授權而與第三人訂立合同時，該代理人與本人之間發生的法律關係。[①] 這種理論有很大的包容性和較強的靈活性，覆蓋了實踐中的多種形式的代理。

(二) 大陸法系代理的含義

區別論是大陸法系代理制度中的基礎理論，即嚴格區別委任與代理權的不同，內部關係與外部關係的區別。這裡的「委任」，是指委託人（本人）與代理人之間的關係，為內部關係；「代理權」是指代理人代委託人（本人）與第三人簽訂合同的權利，為外部關係。這種觀點強調代理是獨立於內部關係的，因此本人不能通過對委託合同

[①] 資料來源：曹建明，陳治東. 國際經濟法專論（第二卷）[M]. 北京：法律出版社，2000：199.

中代理人代理權的限制來減輕自己的責任，從這個角度來說，該理論更注重對第三人利益的保護。

大陸法系代理的含義可以界定為代理人在代理權限內，以本人的名義與第三人訂立合同或者其他的法律行為，由此產生的權利與義務對本人發生效力。

溫故知新

國際商事代理關係中的當事人包括（　　）。
A. 本人（被代理人）　　　　B. 代理人
C. 第三人　　　　　　　　　D. 中間人

【參考答案】ABC

二、代理權的產生

（一）英美法系的規定

英美法認為代理權的產生主要有以下四種方式：

1. 明示代理

明示代理，也稱明示授權，是指被代理人以明示的方式指定某人為代理人的代理。明示代理中的代理權是被代理人以口頭或書面形式明確授予代理人的，有的代理權限做了明確的表述，也有的對代理權限沒有做具體規定，只是泛泛指出一個合理的範圍。

案例9.1

帕勞諾瑪發展公司訴法妮新織造有限公司案（1971）

被告公司的一位秘書以公司名義租了輛車子，但用於私事，被告認為秘書雇車私用，非公司業務，拒絕付款。法院認為公司的秘書有為公司目的訂車的暗示的合理權限，原告只認為秘書為被告的代理人，故公司應付款，至於私用問題只能由公司內部處理。

案例9.2

任特訴佛蘭威克案（1893）

A是被告酒吧的經理，被告已禁止A用信用卡去買香菸，但A仍然在原告處用信用卡買了香菸，被告想以已禁止A用信用卡買香菸為由拒絕付款。法院認為：A作為被告酒吧的經理，按常規有權用被告的信用卡買菸，原告只知道A為被告的代理人，至於是否禁止，原告並不知曉，故被告應付款。

2. 默示代理

默示代理，也稱暗示代理，是指本人以其言行使某人有權以本人的名義簽訂合同，而且第三人也相信本人已委託某人為代理人，並基於該種信賴而與某人訂立了合同。此時認為善意第三人的利益與本人利益相比更加應該得到保護，因此儘管本人並沒有正式授權，但仍要受合同的約束。

案例9.3

里奧德訴葛內斯斯密斯公司案（1912）

被告指派一公司職員從事了幾項業務外事項，即幫助客戶轉讓財產，後來這個職員使客戶大受損失，這一客戶起訴了被告。法院認為，這個職員受被告指派從事非業務事項，這就是從被告的指派行為中獲得了暗示代理權，故被告應對客戶負責。

3. 客觀必需的代理

客觀必需的代理通常是在一個人受委託照管另一個人的財產，基於情況的緊急，為了保護該財產而必須採取某種行為時產生的代理權。在這種情況下，雖然受委託管理財產的人並沒有得到採取這一行動的明示授權，但由於客觀情況的需要必須視為其具有某種授權。例如承運人在遇到緊急情況時有權採取保護財產的必須行動，如出售易於腐爛的或有滅失可能的貨物。但在實踐中取得這種代理權是比較困難的，根據英美法判例，行使這種代理權必須具備以下三個條件：①行使這種代理權是實際上或商業上必需的；②代理人在行使這種權利前無法與委託人取得聯繫得到委託人的明示；③代理人所採取的措施必須是善意的並且必須考慮到所有有關當事人的利益。

案例9.4

斯佩內葛訴威斯特鐵路公司案（1921）[1]

鐵路公司替原告運一批西紅柿到 A 地。由於鐵路工人罷工，西紅柿被堵在半路上，眼看西紅柿即將腐爛，鐵路公司只好就地賣掉了西紅柿。法院認為，雖然鐵路公司是善意的，是為了保護原告的利益，但當時是可以通知原告的，在可以聯繫而未聯繫的情況下私自處理他人的財物，不能算是具有客觀必需的代理權，被告敗訴。

4. 追認的代理

如果代理人未經授權或超出了授權範圍而以被代理人的名義同第三人訂立了合同，這個合同對被代理人是沒有約束力的，但是被代理人可以在事後批准或承認這個合同，這種行為就叫作追認。追認必須具備以下幾個條件：①代理人在與第三人訂立合同時，必須聲明他是以被代理人的名義訂立合同的；②合同只能由訂立該合同時已經指出姓名的被代理人或可以確定姓名的被代理人來追認；③追認合同的被代理人必須是在代理人訂立合同時已經取得法律人格的人，這項條件主要針對法人而言，即該法人必須在訂立合同時已合法成立了；④被代理人在追認該合同時必須瞭解其主要內容。

追認的效果是溯及既往的，視為自該合同成立時起即對本人產生約束力，未經本人追認的行為視為代理人自己的行為。

溫故知新

依英美法，一個人以他的言辭或行動使另一個人有權以他的名義簽訂合同，這種代理權產生的原因為（　　）。

A. 明示的指定　　　　　　　　B. 默示的授權
C. 客觀必需的代理　　　　　　D. 追認的代理

【參考答案】B

---

[1]　資料來源：張聖翠. 國際商法［M］. 上海：上海財經大學出版社，1997.

(二) 大陸法系的規定

大陸法把代理權產生的原因分為兩種：

1. 意定代理

意定代理，即由本人意思表示產生的代理權。這種意思表示可以向代理人表示，也可以向與代理人打交道的第三人表示。

2. 法定代理

法定代理，即非本人意思表示而產生的代理權。法定代理權的產生主要有以下三種原因：①法律的明文規定，如法律規定父母是未成年子女的法定代理人；②法院的指定，比如審理破產案件時法院指定的清算人；③私人的選任，比如親屬所選任的遺產管理人。

三、代理的分類

(一) 英美法系的規定

根據代理關係的公開程度及本人身分的不同，代理可以分為以下三類：

1. 顯名代理

顯名代理，也稱被代理人身分公開的代理，即代理人明確表示其代理的身分，並公開本人的姓名或名稱，代表本人訂立合同。合同簽訂後，代理人即退出代理關係，既不享有權利，也不承擔義務。

2. 隱名代理

隱名代理，也稱被代理人身分部分公開的代理，即代理人在代訂合同時表明了代理關係，但是並不向第三人披露本人的姓名或名稱。隱名代理產生的法律效果是該合同時隱名本人與第三人之間的合同，代理人免除合同責任。

3. 被代理人身分不公開的代理

代理人在與第三人簽訂合同時，既不向其表明自己的代理身分，更不公開本人的姓名或名稱。在這種情況下，代理人應對合同負責。

(二) 大陸法系的規定

根據代理的外部關係的不同，代理可以分為以下兩類：

1. 直接代理

直接代理，即代理人以本人的名義簽訂合同，合同直接約束本人與第三人。這裡代理人只是代為簽訂合同，並不承擔合同的責任。相當於英美法系中的顯名代理。

2. 間接代理

間接代理，即代理人為本人的利益以自己的名義簽訂合同。這裡本人與第三人沒有直接的法律關係，合同並不約束本人。但代理人是為本人利益實施的民事行為，本人是可以加入合同中來的，但需要代理人將合同轉讓給本人之後，本人才可以向第三人主張權利或承擔義務。

間接代理與被代理人身分不公開的代理的區別在於：間接代理需要兩個合同關係才可建立本人與第三人之間的法律關係；被代理人身分不公開只需由代理人同第三人之間的一個合同就可以建立本人與第三人的法律關係，本人即享有介入權，同時第三人享有選擇權，可以選擇是由代理人還是本人來承擔合同責任。

> **溫故知新**
>
> 依大陸法，代理人以自己的名義為了本人的利益而與第三人訂立合同，日後再將其權利、義務通過另外一個合同轉移於本人的，稱為（　　）。
> A. 直接代理　　　　　　　　B. 再代理
> C. 間接代理　　　　　　　　D. 復代理
>
> 【參考答案】C

第二節　國際商事代理法的統一

由於各國代理制度的不統一，尤其是大陸法系國家和英美法系國家的代理制度存在著較大差異，這對國際商事代理活動的開展造成了一定的障礙。國際社會一直在努力促進國際代理立法的融合，雖然效果還不明顯，但也有了一些成效，方式主要是制定國際公約和統一國際慣例。

一、國際公約

（一）關於協調成員國自營商業代理人法指令

到目前為止，已經生效的、具有統一各成員國商事代理法作用的國際公約是歐共體於1986年制定的《關於協調成員國自營商業代理人法指令》（1994年被並入歐盟第57號法律文件中）。歐盟所有成員方適用於自營商業代理人與被代理人之間關係的法律規則自1994年1月1日起，都必須符合歐盟該指令。

（二）國際貨物銷售代理公約

國際統一私法學會一直致力於統一國際代理實體法的工作，最終於1981年起草完成了《國際貨物銷售代理公約》（以下簡稱《代理公約》），並於1983年在日內瓦外交會議上獲得通過。該公約是在大陸法和普通法兼容並蓄的基礎上進行的整合，系統而詳盡地概括了各種代理模式，逾越了代理法在兩大法系的鴻溝，達成了代理法律關係有限度的統一，它是迄今為止在統一代理法方面最成功、最完備的國際公約。目前已經得到多個國家的核准或加入，該公約的最終生效是有希望的。

1. 公約的適用情形及除外

根據《代理公約》的規定，下列情形可以適用該公約：①當某代理人有權或表示有權代理本人與第三人訂立貨物銷售合同時，適用公約。即無論代理人是否是以自己的名義實施代理行為，無論是有權代理還是無權代理均可適用，這就考慮到了英美法系國家代理制度的規定。②公約不僅適用於代理人訂立此種合同，也適用於代理人以訂立該合同為目的或有關履行該合同所從事的任何行為，即公約不僅調整代理人訂立合同的法律行為，也調整代理人旨在訂約或有關履行合同的任何具有法律意義的行為，這突破了傳統大陸法的觀點。③公約只涉及以本人或代理人為一方與以第三人為另一方之間的關係。無論代理人以他自己的名義還是以本人的名義實施行為，均適用公約，即公約就代理的外部關係制定統一規則。

《代理公約》不適用於以下情形：①證券交易所、商品交易所或其他交易所之交易

商的代理。②拍賣商的代理。③家庭法、夫妻財產法或繼承法中的法定代理。④根據法律上的或司法上的授權發生的、代理無行為能力人的代理。⑤按照司法或準司法機關的裁決或在上述某一機關直接控制下發生的代理。

2. 公約適用的地域範圍

（1）當本人與第三人在不同國家設有營業所，並且符合要麼代理人在某一締約國內設有營業所，要麼國際私法規則規定要適用某一締約國的法律的要求時，適用公約。

（2）第三人於訂立合同時不知道，也不能知道代理人是以代理人身分訂約時，只有在代理人和第三人在不同國家設有營業所，並且符合要麼代理人在某一締約國內設有營業所，要麼國際私法規則規定要適用某一締約國的法律的要求時，適用公約。

（3）決定適用公約時，不應考慮當事人的國籍，也不考慮當事人或銷售合同的民事或商事性質。

3. 代理權的設定和終止

（1）代理權的設定。本人對代理人的授權可以是明示的或是默示的。代理人為實現授權之目的，有權從事一切必要行為。授權無須用書面形式，也無須用書面證明，亦不受其他任何形式要求的限制，即授權可以通過任何方式證明，包括人證。

（2）代理權的終止。根據《代理公約》的規定，代理權在下列情況下終止：①本人與代理人間的協議終止；②為之授權的一筆或數筆交易已經完成；③無論是否符合本人與代理人的協議條款，本人撤回代理權或代理人辭任。另外，代理權亦可依其所適用的法律的規定而終止。

代理權的終止不影響第三人，除非第三人知道或能知道代理權的終止或造成終止的事實。代理權雖已終止，為不使本人或其他繼承人的利益受到損失，代理人仍有權代理本人或其繼承人實施必要的行為。

4. 代理行為的法律效力

（1）代理行為只約束本人與第三人的情形。根據《代理公約》第十二條規定，代理人於其權限範圍內代理本人實施行為，而且第三人知道或理應知道代理人是以代理身分實施行為時，代理人的行為直接約束本人與第三人，但代理人實施該行為只對自己發生拘束力時（例如所涉及的是行紀合同），不在此限。

（2）代理行為只約束代理人與第三人的情形。根據《代理公約》第十三條規定，如果代理人代表本人在授權範圍內行事，但第三人不知道、亦無從知道代理人是以代理人身分實施行為；或者代理人實施該行為只對自己發生拘束力（例如所涉及的是行紀合同）的，代理行為不約束本人。

但在一定情形下，本人可以享有代理人從第三人那裡取得的權利：①當代理人無論是因第三人不履行義務或是因其他理由而未履行或無法履行其對本人的義務時，本人可對第三人行使代理人代理本人所取得的權利，但應受到第三人可能對代理人提出的任何抗辯的限制。②當代理人未履行或無法履行其對第三人的義務時，第三人可對本人行使該第三人對代理人所有的權利，但應受到代理人可能對第三人提出的任何抗辯以及本人可能對代理人提出的任何抗辯的限制。

本人或第三人對上述權利的行使，必須事先向代理人、第三人或本人遞交擬行使這種權利的通知。如果代理人是在第三人不知道本人的情況下以代理人自己的名義與第三人訂立合同的，當因本人不履行義務致使代理人未履行或無法履行其對第三人的

義務時，代理人負有將本人姓名披露給第三人的義務。同樣，當因第三人未履行其對代理人的合同義務致使代理人未履行或無法履行其對本人的義務時，代理人負有將第三人的姓名披露給本人的義務。

如果按照當時情況，第三人若知道本人的身分就不會訂立合同時，本人不得對第三人行使代理人代理本人所取得的權利。

5. 代理人無權或越權代理的法律效力

（1）對本人和第三人無拘束力

當代理人未經授權或超越授權範圍而做出某種行為時，其行為對本人和第三人無拘束力。但是，若本人的行為使第三人合理地並善意地相信代理人有權代理本人做出某種行為並且相信代理人是在該項授權範圍內做出某種行為時，本人不得以代理人無代理權而對抗第三人。

（2）本人的追認權：①代理人未經授權或超越授權範圍而為的行為，可由本人追認。追認後，該行為即發生如同自始即經授權的同一效力。②第三人若在代理人行為時，不知道、也不能知道該代理人未經授權，並且在追認發出通知，拒絕受追認的拘束時，即對本人不負責任。本人雖已追認，而未在合理期間內追認時，第三人如立即通知本人，即可拒絕受追認的拘束。③如果第三人知道或能知道代理人未經授權，則在約定的追認屆滿前，若無此約定，在第三人確定的合理期間屆滿前，第三人不得拒絕受追認的拘束。④第三人可拒絕接受部分追認。⑤追認於追認通知到達第三人或追認經其他方法為第三人獲悉時生效。追認發生效力後不能撤回。⑥即使追認時行為本身尚未能有效地完成，追認仍然有效。⑦代理行為是代理一個尚未成立的公司或其他法人而實施的，只在准許公司設立的國家的法律允許時，追認才有效。⑧追認的形式不受任何要求的限制，既可明示追認也可依本人之行為推斷之。

（3）本人未追認的法律效果

未經授權或超越授權範圍而行為的代理人，若其行為未得到追認，應承擔對第三人的賠償責任，以使第三人處於如同代理人有權並且在其權限範圍內行為時的狀況一樣。但是，若第三人知道或能知道代理人未經授權或超越授權範圍而行為時，代理人不承擔責任。

二、國際慣例

目前，國際社會尚不存在規範化的、專門適用於國際商事代理關係的國際慣例。國際商會曾於1960年擬定了一份《商業代理合同起草指南》，對促進國際商事活動中被代理人和代理人之間合同關係的標準化，具有一定的積極作用。但其內容僅僅是就被代理人與代理人之間的內部關係提供一些建議，沒有如同《國際貿易術語解釋通則》那樣明確有關當事人之間的權利和義務，而且其適用範圍也局限在直接代理關係中。

然而由於《國際商事合同通則》可以適用於各類國際商事合同，因此國際商事代理關係中的當事人也可以援引該通則，作為確定相互之間代理合同權利和義務的框架規則。

第三節　中國的代理法律制度

由於國際代理立法的不夠統一，在實踐中各國關於商事代理的立法也起著重要作用。

一、代理法概述

(一) 代理的含義及特徵

代理是指代理人以被代理人（本人）的名義，在代理權限內與第三人（相對人）為法律行為，其法律後果直接由被代理人承受的民事法律制度。

代理具有以下特徵：①代理人在代理權限之內實施代理行為；②以被代理人的名義實施代理行為；③代理行為直接對被代理人發生效力；④代理的是具有法律意義的行為。

(二) 不適用代理的情形

1. 應由本人實施的行為

依照法律規定、當事人約定或者民事法律行為的性質，應當由本人親自實施的民事法律行為，不得代理：①具有人身性質的行為：結婚登記、立遺囑、收養子女等，不得由代理人代理。②具有人身性質的債務：約定必須由特定人完成的義務，如文藝表演、繪圖等，因與債務人的思想水準、創作能力分不開，必須由債務人親自履行，不能由他人代理。

2. 違法行為

違法行為不得代理：侵權行為，內容違法的行為，例如非法侵害他人人身、財產的行為，私自買賣黃金等行為，這些都是國家法律所禁止的行為，當然不能進行，因而也不能代理。

3. 特殊的民事法律行為

發售債券等民事法律行為不得代理，這類行為只能由特定民事主體代理，其他民事主體不得代理。

溫故知新

下列行為中，不屬於代理關係的是（　　）。
A. 甲有朋友遠道而來，甲不在家，乙代甲招待該客人
B. 甲董事長為公司的法定代表人，甲以該公司的名義與乙公司簽訂合同
C. 甲將希望與乙女締結婚姻的意思表示委託丙代為告知
D. 某房屋仲介促成甲乙之間房屋交易的完成

【參考答案】ABCD

資料卡9.1

代表與代理的區別

代表通常是指某一個單位、組織、群體中推薦某一個具有代表性的人物，此人對外可以代表這個群體組織的共同利益而處理相關事務、發表意見或行使權利、義務。代理的前提則是受某個人或群體組織的委託出面處理一些事務或行使權利、義務。

二者主要的區別：

（1）法律關係不同。代表人必須是群體內的成員或是直接利益關係人；代理人可以是群體內的成員，也可以是非群體的成員，比如請來的行家、律師、技術人員等。簡單地說，代表人與被代表的主體之間是同一個民事主體；代理人與被代理人是兩個民事主體間的關係，是兩個獨立的民事主體。

（2）法律效力不同。代表人實施的民事法律行為就是被代表的主體實施的民事法律行為，因此不存在效力歸屬問題；代理人從事的法律行為不是被代理人的法律行為，只是其效力歸屬於被代理人。

（三）代理的分類

1. 以代理權的產生原因為劃分標準

（1）法定代理。法定代理是指根據法律直接規定而享有的代理權。比如中國《民法典》第二十三條規定：「無民事行為能力人、限制民事行為能力人的監護人是他的法定代理人。」第二十七條規定：「父母是未成年子女的監護人。」

（2）指定代理。代理人根據人民法院或其他有關單位的指定所進行的代理活動。由於指定代理人的機關及代理權限都是由法律直接規定的，因此，指定代理不過是法定代理的一種特殊類型。

（3）委託代理。委託代理是指代理人的代理權根據被代理人的委託授權行為而產生。因委託代理中，被代理人是以意思表示的方法將代理權授予代理人的，故又稱「意定代理」或「任意代理」。

2. 以代理權的範圍為劃分標準

（1）一般代理。代理權範圍涉及一般事項的全部，無特別限制，因此又稱「全權代理」或「概括代理」。

（2）特別代理，又稱「部分代理」「限定代理」「特別代理」。這種代理中的代理權受到一定限制。

3. 以代理人是否親自實施為劃分標準

（1）本代理。本代理又稱初代理，指代理權直接來源於被代理人的委託，法律直接規定或者法院及有關機關的指定，即代理人親自實施代理行為。本代理是復代理產生的基礎代理關係。

（2）復代理。復代理又稱「再代理」或「轉委託」，是指代理人為了被代理人的利益，將其享有的代理權的全部或者一部分轉委託給他人行使的行為。一般而言，法定代理的代理人無條件地當然享有轉委託的權利，而指定代理人則原則上無委託的權利。

復代理應具備的條件：①目的必須是出於被代理人的利益；②原則上應取得被代理人的同意（事先授權或事後追認）。但是在緊急情況下，代理人為了維護被代理人的

利益需要而轉委託的，不論被代理人是否同意，均依法產生轉委託的法律效力。

(四) 無權代理

1. 無權代理的概念

無權代理，是指代理人在不享有或已喪失代理權的情形下所實施的代理行為。

無權代理的產生主要有以下四種情況：①超越授權範圍行事的代理；②代理權消滅後的代理；③不具備默示授權的代理；④授權行為無效的代理。

2. 無權代理的法律效力

(1) 本人的追認權與拒絕權。根據各國法律的規定，無權代理所做的代理行為，非經本人的追認，對本人是沒有約束力的。如果善意的第三人由於無權代理人的行為而遭受損失，則該無權代理人應對善意的第三人負責；如果第三人明知代理人沒有代理權而與之訂立合同，則屬於咎由自取，法律不予以保護。

(2) 第三人的催告權與撤銷權。第三人可以催告被代理人在1個月內予以追認。被代理人未在期限內追認的，視為拒絕追認。第三人行使撤銷權，應當以通知的方式做出，但是惡意第三人不享有撤銷權。

(五) 表見代理

1. 表見代理的概念

表見代理，指沒有代理權、超越代理權或者代理權終止後，無權代理人以被代理人的名義進行的民事行為在客觀上使第三人相信其有代理權而實施的代理行為。其實質是無權代理的一種，但因其具有特殊性，這裡專門對其進行介紹。

2. 表見代理的構成要件

構成表見代理應滿足以下四個要件：①以被代理人名義為民事法律行為。②代理人無代理權。③該無權代理人有被授予代理權的外表或者假象。通常情況下，行為人持有被代理人發出的證明文件，如被代理人的介紹信、蓋有合同專用章或者蓋有公章的空白合同書，或者有被代理人向相對人所作法人授予代理權的通知或者公告，這些證明文件構成認定表見代理的客觀依據，相對人負有舉證責任。④相對人為善意，有正當理由相信該無權代理人有代理權。

案例9.5

本案行為人是否構成表見代理[①]？

李某與熊某之妻是姐妹關係，兩家分別購買了某商廈相鄰的兩間店面。因李某夫婦定居外地，故其店房一直委託李某的母親陳某對外出租。兩間店面一直租給過某經營業務，租金隨行就市，一年一租。李某店面的租金有時是陳某收取，有時是熊某代為收取。其間熊某還曾代替陳某在與過某的租房合同上簽過一次陳某之名。

某年年初，過某以裝修了店面為由，向陳某提出長租店面，陳某口頭答應可以長租，但租金要一次交清，過某未同意。兩年後的6月，李某丈夫打電話給過某，欲商定下年租金，卻被過某告知已與熊某於上一年的3月18日簽下協議，將熊某與李某的店面一併租下，租期為四年。

李某在獲知其母也不知道該事宜後，以熊某無權代理為由，將過某告上法庭，同

---

① 資料：https://www.110.com/ziliao/article-143105.html.

時將熊某列為第三人，要求法院判決過某與熊某之協議對其無約束力。

思考： 關於本案，有兩種觀點，你支持哪一種觀點？

觀點一認為： 原告李某與第三人熊某之妻是姐妹關係，兩人店面相鄰，數年來一直是共同對外出租。熊某曾代收過租金，也曾代簽過租房合同，其種種行為，且其與原告之間極近的親戚關係，有足夠的理由讓過某相信其能代表原告簽訂協議。第三人的行為構成表見代理，從保護善意相對人的角度，應認為協議有效。

觀點二認為： 過某明知陳某擁有代理權，在與陳某協議不成的情況下，為了達到有利於自己的目的，轉而與熊某簽訂協議，其行為非善意。其提出熊某代收過租金、代陳某簽過名，而認為有理由相信熊某擁有代理權的抗辯意見太過牽強，法院不予支持。熊某的行為不構成表見代理，協議對原告無效。

評析： 本案的焦點在於第三人熊某的行為是否屬於表見代理。

表見代理的構成要件之一是相對人主觀上須為善意，即相對人不知道或不應當知道無權代理人實際上沒有代理權，相反，從外部現象上可以使其有理由相信行為人有代理權。本案相對人過某提出熊某曾代收過租金、代陳某簽名，以這些行為認定熊某有代理權，該理由太過牽強。熊某與李某是親戚關係，兩家店房相鄰，一併租與過某，偶爾在熊某收取其店面租金時，將李某店面數目不大的租金交由熊某轉交，是人之常情，不能認為其就有處分店面租賃事宜的權利。況且熊某代陳某簽名之事，是得到陳某認可的，若熊某有代理權，其完全可以直接簽自己名字，不必在合同上簽陳某之名，其行為恰恰說明熊某沒有代理權。其理由不足以認定熊某的行為構成表見代理，因此本案中法院沒有支持被告主張，最終認定被告與第三人的協議對原告無效。

3. 表見代理的表現形態

根據《民法典》第一百七十二條的規定，在中國現行的民事立法中，表見代理表現形式有三種：

（1）授權表示型。授權表示型的表見代理，又稱由於本人之明示或默示的表見代理，即本人以自己的行為表示授予他人代理權而實際上並未授權，或者明知他人以自己的名義從事民事行為而不做否認表示，造成第三人誤以為行為人有代理權時，本人要對相對人承擔實際授權人的責任。

授權表示型的具體體現：①本人以書面，口頭或者其他形式直接或間接向相對人表示已經授權而實際上未授權；②本人將其具有代理權證明意義的文書印鑒交與他人，他人憑此以本人的名義從事民事活動，相對人對此信賴而進行的交易；③本人知道他人以自己的名義實施民事行為而不做否認表示的；④允許他人作為自己的分支機構進行活動。比如在聯營活動中，一些牽頭單位允許其他單位或個人以自己「分公司」「分廠」的名義進行活動。

（2）權限逾越型表見代理，又稱為超越代理權的表見代理，代理權限制的表見代理。代理人的代理權，通常都有一定的限制，但這一限制不一定為相對人所知，如果表現在外的客觀情況，能使善意相對人誤以為行為人有代理權，與其為民事行為，就構成表見代理，由本人承擔其後果。這通常被稱之為「代理權的限制不得對抗善意相對人」原則。

（3）權限延續型，又稱代理權終止的表見代理，代理權撤回的表見代理。這種類

型指本人與行為人曾有代理關係，但代理權已經終止或撤回後，本人未及時向外部公示，相對人並不知情。因此，為保護善意相對人的利益和維護交易安全，其代理權的終止和撤回不得對抗善意相對人。

4. 表見代理的法律後果

（1）表見代理成立，訂立的合同有效。合同有效，即本人（被代理人）對相對人（善意第三人）承擔民事責任。

（2）代理人對本人（被代理人）承擔民事賠償責任。被代理人因表見代理成立而承擔民事責任，因此給被代理人造成損失的，被代理人有權依法請求無權代理人給予相應的賠償。無權代理人應當賠償給被代理人造成的損失。

（3）無權代理人對被代理人的費用返還請求權。當表見代理的法律後果是使被代理人從中受益時，根據公平原則，權利義務應當對等，無權代理人有權要求被代理人支付因實施代理行為而支出的相關的合理費用。

二、代理法律關係

（一）代理人的主要義務

各國關於代理人的義務規定是基本一致的：

1. 勤勉謹慎義務

代理人應勤勉而謹慎地履行其代理職責。代理人有義務勤勉地並且有足夠的謹慎和小心旅行其代理職責，並運用自己所具有的技能來完成代理任務。如果代理人不履行其義務，或者在替本人處理事務時有過失，致使本人遭受損失，代理人應對本人負賠償的責任。

2. 誠信忠誠義務

代理人對本人應誠信、忠實，具體表現為：

（1）代理人必須向本人公開他所掌握的有關客戶的一切必要的情況，以供本人考慮決定是否同該客戶訂立合同。

（2）代理人不得以本人的名義同代理人自己訂立合同，除非事先徵得本人的同意。代理人非經本人的特別許可，也不能同時兼為第三人的代理人，以從兩邊收取佣金。否則，本人有權隨時撤銷代理合同或撤回代理權，並有權請求損害賠償。

（3）代理人不得受賄或密謀私利，或與第三人串通損害本人的利益。代理人不得謀取超出其本人付給他的佣金或酬金以外的任何私利。

3. 保密報帳義務

代理人不得洩露他在代理業務中所獲得的保密情報和資料，並須向本人申報帳目：

（1）代理人在代理協議有效期間或在代理協議終止之後，都不得向第三者洩密，也不得由他自己利用這些資料同本人在業務上進行不正當的競爭。但應注意的是，在代理合同終止後，除經雙方同意的合理的貿易上的限制外，本人也不得不適當地限制代理人使用他在代理期間所獲得的信息，這種限制是無效的。

（2）代理人有義務對一切代理交易保持正確的帳目，並應根據代理合同的規定或在本人提出要求時向本人申報帳目。代理人為本人收取的一切款項須全部交還本人。但是，如果本人欠付代理人的佣金或其他費用時，代理人對本人交給他佔有的貨物享有留置權，或以在他手中掌握的屬於本人所有的金錢用於抵銷本人欠他的款項。

4. 親自履行義務

代理人不得把他的代理權委託給他人。代理關係是一種信任關係，因此，在一般情況下，代理人有義務親自履行代理義務，不得把本人授予的代理權委託給他人，讓別人替他履行代理義務。但如客觀情況有此需要，或貿易習慣上允許這樣做，或經徵得本人的同意者，可不受此限。

(二) 本人的主要義務

國際商事代理行為是一種「商事性」行為，因此，在通常情況下，它屬於有償代理。

1. 支付佣金義務

在簽訂代理合同時，對佣金問題應特別注意以下兩點：①本人不經代理人的介紹，直接從代理人代理的地區內收到訂貨單，直接同第三人訂立買賣合同時，是否仍須對代理人照付現金；②代理人所介紹的買主日後連續訂貨時，是否仍須支付佣金。以上這些問題都應當在代理合同中明確做出規定，因為有些國家在法律上對此並無詳細規定，完全取決於代理合同的規定。

2. 償還費用義務

一般地說，除合同規定外，代理人履行代理任務時所開支的費用是不能向本人要求償還的，因為這是屬於代理人的正常業務支出。但是，如果他因執行本人指示的任務而支出了費用並遭到損失時，則有權要求本人予以賠償。例如，代理人根據本人的指示在當地法院對違約的客戶進行訴訟所遭受的損失或支出的費用，本人必須負責予以補償。

3. 檢查帳冊義務

這主要是大陸法國家的規定。有些大陸法國家在法律中明確規定，代理人有權查對本人的帳目，以便核對本人付給他的佣金是否準確無誤，這是一項強制性的法律，雙方當事人不得在代理合同中做出相反的規定。

(三) 代理關係的終止

1. 根據當事人的行為終止代理關係

代理關係可以根據當事人的行為而告終止。如果雙方當事人在代理合同中規定了期限，則代理關係於合同規定的期限屆滿時終止；如果代理合同中沒有規定期限，當事人也可以通過雙方的同意終止他們的代理關係。值得注意的是，至於本人是否可以單方面撤回代理權的問題，根據各國的法律規定，原則上允許本人在代理關係存續期間撤回代理權。

本人在終止代理關係時，必須事先給代理人以合理的時間通知。如果本人在代理關係存續期間不適當地撤銷代理關係，則由本人賠償代理人的損失。

(1) 有些大陸法國家為了保護商業代理人的利益，在法律中規定，本人在終止代理合同時，必須在相當長的時間以前通知代理人。

(2) 有些國家對本人單方面撤回代理權做出了一定的限制。根據英國和美國的判例，如果代理權的授予是與代理人的利益結合在一起時，本人就不能單方面撤回代理權。

2. 根據法律終止代理關係

根據《民法典》第一百七十三條規定，在下列情況下，代理關係即告終止：①代

理期限屆滿或者代理事務完成；②被代理人取消委託或者代理人辭去委託；③代理人喪失民事行為能力；④代理人或被代理人死亡；⑤作為代理人或者被代理人的法人、非法人組織終止。

3. 代理關係終止的後果

（1）當事人之間的後果。在代理關係終止之後，代理人就沒有代理權，如果該代理人仍繼續從事代理活動，即屬於無權代理。有些大陸法國家為了保護商業代理人的利益，在商法中特別規定，在終止代理合同時，代理人對於他在代理期間為本人建立的商業信譽，有權要求本人予以賠償。

（2）對第三人的後果。當本人撤回代理權或終止代理合同時，對第三人是否有效，主要取決於第三人是否知情。根據各國的法律規定，當終止代理關係時，必須通知第三人才能對第三人發生效力。如果本人在終止代理合同時沒有通知第三人，後者由於不知道這種情況而與代理人訂立了合同，則該合同對本人仍具有約束力，本人對此仍然必須負責。但是本人有權要求代理人賠償其損失。

三、中國的外貿代理制度

（一）概念及分類

外貿代理制是指中國具有外貿經營權的公司、企業接受其他公司、企業、事業單位或個人的委託，在授權範圍內代理進出口商品，並收取約定代理費的一項外貿制度。

根據代理人憑藉的名義，外貿代理主要可分為兩種：

1. 直接形式的外貿代理

直接形式的外貿代理，是指外貿經營者在批准的經營範圍內，依照國家有關規定，受本人委託，以本人的名義同外商簽訂進出口合同，代理從事外貿業務。在這種直接外貿代理中，本人也系外貿經營者，自身亦具有進出口權，可以直接從事進出口業務。在這種代理中，代理所發生的合同上的權利和義務直接由本人承受，即外貿合同的當事人是外商和本人。代理人和本人之間的權利和義務可以適用《民法通則》的有關規定。

2. 間接形式的外貿代理

間接形式的外貿代理，是指外貿經營者在其經營範圍內，受本人委託，以自己的名義同外商簽訂外貿合同。因此，形式上外貿合同的當事人是外商和代理人。這種代理，適用於本人沒有外貿經營權的情況。

中國外貿代理制度有三個法律特徵：①外貿經營者接受委託後，通常是以自己的名義而不是以本人的名義簽訂外貿合同；②外貿經營者行使代理權的依據雖是本人的授權委託，但在代理簽訂的外貿合同中卻是一方當事人，直接對外商承受該合同的權利義務；③本人與外商沒有直接的合同關係，但由於外貿經營者與本人之間是法律上的特殊代理關係，因而外貿合同的權利和義務最終轉由本人承受。根據這些特徵可以看出中國的外貿代理制通常指的是間接形式的外貿代理。

（二）外貿代理制度中各主體的權利與義務

1. 被代理人

被代理人可以特別委託代理人處理一項或者數項事務，也可以概括委託代理人處理一切事務。被代理人應當預付處理委託事務的費用。代理人為處理委託事務墊付的

必要費用，被代理人應當償還該費用並支付利息。

2. 代理人

（1）代理人的兩項禁止行為。中國《民法典》第一百六十八條規定：「代理人不得以被代理人的名義與自己實施民事法律行為，但是被代理人同意或者追認的除外。代理人不得以被代理人的名義與自己同時代理的其他人實施民事法律行為，但是被代理的雙方同意或者追認的除外。」

（2）代理人轉委託的程序要求與效力。中國《民法典》第一百六十九條規定：「代理人需要轉委託第三人代理的，應當取得被代理人的同意或者追認。如果轉委託代理經被代理人同意或者追認的，被代理人可以就代理事務直接指示轉委託的第三人，代理人僅就第三人的選任以及對第三人的指示承擔責任。如果轉委託代理未經被代理人同意或者追認的，代理人應當對轉委託的第三人的行為承擔責任；但是，在緊急情況下代理人為了維護被代理人的利益需要轉委託第三人代理的除外。」

3. 被代理人、代理人與第三人的關係

根據《民法典》第九百二十五條至九百二十六條的規定，被代理人、代理人與第三人的關係分為以下幾種情況：①被代理人以自己的名義在授權範圍內與第三人訂立的合同，第三人在訂立合同時知道代理人與被代理人之間的代理關係的，該合同直接約束被代理人和第三人；但是，有確切證據證明該合同只約束被代理人和第三人的除外。②代理人以自己的名義與第三人訂立合同時，第三人不知道代理人與被代理人之間的代理關係的，代理人因第三人的原因對被代理人不履行義務，代理人應當向被代理人披露第三人，被代理人因此可以行使代理人對第三人的權利。但是，第三人與代理人訂立合同時如果知道該被代理人就不會訂立合同的除外。③代理人因被代理人的原因對第三人不履行義務，代理人應當向第三人披露被代理人，第三人因此可以選擇代理人或者被代理人作為相對人主張其權利，但是第三人不得變更選定的相對人。④被代理人行使代理人對第三人的權利的，第三人可以向被代理人主張其對代理人的抗辯。第三人選定被代理人作為其相對人的，被代理人可以向第三人主張其對代理人的抗辯以及代理人對第三人的抗辯。

資料卡 9.2

進口外貿代理業務的經營風險[①]

隨著時代的快速發展，中國外貿體系及經濟發展環境發生了一系列變化，諸多外貿企業對現有的外貿代理營運模式進行了改變，但是在改變的過程中，因為受到各方因素的影響，引發了營運風險，從而給外貿企業的整體營運帶來了不利影響。

一、外貿代理業務面臨的經營風險

1. 進口風險

近幾年來，隨著外貿企業資金流動效率逐漸降低，進口難度增大，要想實現穩定運行，尤其是新組建的業務部門的企業，為了快速地擴充業務局面，通常會採用急功近利的方式，給不法人員乘虛而入營造了條件。部分人員採用詐騙等方式，引發外貿代理業務營運風險。例如，虛假開具各種發票，並借助外貿企業進出口營運權，獲取相應的退

---

① 資料來源：湯海芳. 如何規避進口外貿代理業務的經營風險[J]. 企業改革管理，2019（4）：124，128.

稅，讓外貿企業遭受一定損失。

2. 信譽風險

在外貿交易中的代理企業作為處於較為特殊地位的機構，其充當委託人的身分，對外需要簽署並履行各種進出口業務職責。代理企業在整個進出口貿易中需要獲取相關手續費，而手續費往往和委託企業在進出口貿易中獲取的效益有著直接關聯。但是在實際過程中，普遍會存在諸多過於注重手續費用的代理企業，這些企業往往不會對委託企業利益高度關注。在這種情況下，為了獲取更高的效益，代理企業在開展進出口貿易活動時，通常會提出一些不合理要求，或者在履行合同職責過程中存在不當行為，從而給委託企業盈利帶來影響。除此之外，部分上下游虛假信息將會給外貿企業的海關企業類別帶來一定影響，使得企業因為降級而引發信譽風險，尤其現在實行聯合激勵、聯合懲戒，企業信用尤為重要。

3. 合同風險

當前，中國大部分企業在開展外貿代理業務過程中，諸多代理合同都會存在各種問題，在這些問題的影響下，使得代理糾紛現象出現。同時，由於合同問題的出現，使得最終在司法仲裁時增添難度。通過調查得知，導致合同問題出現的主要因素在於中國內部和國際中合同內容上存在偏差，例如中間代理模式中秉持的「責任鑒定」原則，大部分代理企業均會以各種借口對其中涉及的第三方職責加以否認，拒絕擔負第三方職責。

二、規避外貿代理業務的經營風險的優化對策

1. 加強進出口風險管理

首先，合理設定營運目標。中國大部分外貿企業受到國際經濟因素的影響，面臨較為嚴重的營運壓力。當前，諸多外貿企業營運目標在於怎樣才能在國際貿易中穩定發展。因此，企業需要結合實際情況及外貿代理業務要求，科學設定營運規劃方案，轉變營運理念，加強企業管理體系構建，讓企業由之前單一的進出口貿易代理模式逐漸朝著區域代理的方向邁進。其次，加大專業人才培訓力度，組建專業的人才團隊，增強企業綜合競爭實力，引導企業營運目標的快速實現。最後，調整營運模式戰略。隨著市場競爭水準的不斷提升，企業原始的單一營運模式已經不能迎合當前外貿代理業務發展需求，並且讓企業面臨的營運風險發生概率不斷提升。堅持把外貿當作主體的企業，應該做好外貿代理業務及外貿代理產品規模擴充工作。

結合外貿代理含義來說，外貿代理僅僅作為外貿企業借助自身進出口營運資質給其他企業及機構在授權範疇內開展各種進出口業務，同時獲取一定代理費用的商業活動。一般來說，這種代理費用通常是進出口合同數額的1%～2%。因為受到同行業競爭因素的影響，或者一方壓價，該代理費用一般會下降至0.5%左右。由此可見，外貿企業僅僅憑藉單一的代理費用來保證企業正常運行是不可能的。所以，企業需要適當地轉變營運理念，對現有的營運模式進行修整。從產品及技術等方面入手，開展代理業務，並轉變自營進出口模式，以此獲取產品及技術區域營銷代理營運權。

2. 加強信譽風險管理

首先，政府部門應該充分發揮自身引導作用，構建完善的法律體系。現階段，中國開展的外貿代理業務秉持的法律標準主要以《中華人民共和國民法通則》及《中華人民共和國合同法》為主，不管應用哪種法律體系，都可以給中國外貿代理行為進行規範，防止信用風險出現。但是，針對當前外貿業務中的特殊性規則和要求，無法進行全

面覆蓋，在這種情況下，給外貿業務營運風險出現提供了條件。要想提升外貿代理體系的合理性和可操作性，還要結合實際情況，建立完善的法律體系，讓中國各項外貿代理業務和各項行為得以規範，在提升貿易企業信譽度的同時，保證外貿代理業務工作的合理性和合法性。

其次，政府部門應定期對各個代理企業營運情況進行採集，獲取精準的企業營運信息，並根據各個企業營運情況，做好信譽等級評估工作，根據企業信譽等級情況，構建對應的代理業務辦理體系，嚴格根據代理標準來進行，防止遭受不必要的風險影響，阻礙企業整體發展。

3. 加強合同風險管理

貿易企業在開展貿易代理活動時，需要和代理企業簽署對應的合同，如果沒有對合同加以科學管理，必將會引發合同風險。在這種情況下，貿易企業需要根據合同內容，構建完善的合同風險管理體系，並加強合同風險管理力度；安排專業人員來落實合同管理工作，加強合同管理，並把管理職責分配到個人身上；全面實施綜合監管，防止出現不必要風險問題。並且，基於外貿企業特殊性質，還要加強企業業務營運管理，企業各項圖章，例如公章、共同章等；還要安排專業人員進行管理，使用印鑒時需要經過上級部門的審批，審批通過之後才能使用，從而防止濫用印章而引發不必要的合同糾紛。此外，隨著信息化水準的不斷提升，貿易企業在開展各項貿易活動時，也可以把信息化技術運用其中，通過構建完善的信息化系統，對各項營運活動進行監管。提升企業風險管理水準，增強企業核心競爭實力，從而促進貿易企業穩定發展。

本章思考

1. 理解下列術語：
代理　默示代理　無權代理　表見代理　追認代理　緊急代理
2. 簡述代理權產生的依據有哪些。
3. 試述國際商事代理立法的現狀與發展趨勢。
4. 試述中國代理制度中各方主體的關係。
5. 試述中國外貿代理制度的立法現狀與局限。

第十章 國際票據法

■本章要點

1. 票據的概念與特徵
2. 《聯合國國際匯票和國際本票公約》的主要內容
3. 票據行為的特點和成立要件
4. 中國的票據法

第一節 票據與票據法概述

一、票據概述

(一) 票據的概念

票據有廣義和狹義之分。廣義的票據是指商業上的權利憑證，如債券、股票、倉單、提單、保險單等。狹義的票據僅指以支付一定金額為目的，可以轉讓的有價證券，即匯票、本票、支票。

票據法上所指的票據就是狹義的票據，票據具有支付、結算、流通、融資等經濟功能。

(二) 票據的特徵

1. 有價性

票據是一種完全有價證券。完全有價證券，是指權利完全證券化、權利與證券融為一體不可分離，也就是指證券的權利存在、行使和移轉，都與證券分不開。一般各國票據法都規定，票據所表明的金錢債權，以票據為其表現形式，票據上的權利不能脫離票據而獨立存在。票據上設定的權利是給付貨幣。

2. 設權性

設權證券的簽發是為了設定某種權利，票據權利是經過出票人的出票行為而產生

即由出票行為設立票據權利。設權證券與在證權證券相對應，證權證券的簽發，為了證明某種權利的存在，如股票、債券。

3. 無因性

票據一經簽發，只要符合法律規定的形式要件即為有效，票據的效力不受票據原因的影響，票據上的權利與義務也不以任何原因為其有效的條件。這種特點保障了使用票據進行交易的可靠性。

資料卡 10.1

票據的無因性[1]

票據的無因性產生於商品交換的內在需要，並以維護票據流通為其根本宗旨。商品交換時間上的不一致，使商品實體的轉移和現實貨幣結算相分離；空間上的不一致，使貨幣輸送發生困難和易遭風險。為了避免這種風險，商人們創設了各種證券，以此來設定、清償和轉移金錢債務，不涉及金錢本身的實體轉移。12~13世紀，典型意義上的票據開始在貿易發達的義大利、法國誕生了，義大利、法國的商人發明了背書轉讓票據的方式。背書制度的確立在票據法制史上具有里程碑的意義，它不僅是票據權利轉讓的一種方式，而且也使得票據的流通在技術上成為可能。

但是，票據流通在具備了其技術基礎之後便面臨著這樣一個法律難題，即票據轉讓以後，其後手是否繼受前手關於票據權利的瑕疵。按照傳統的民法理論，債權受讓人須繼受債權轉讓人的權利瑕疵，債務人得對債權受讓人主張對債權轉讓人的抗辯。依此辦理，隨著票據轉讓次數的增加，票據的支付風險逐漸加入，人們對支付手段或貿易媒介的要求是安全和迅速，而票據支付風險的加大無疑會阻滯貿易進行。鑒於此，人們在票據支付的商事實踐中逐步達成共識，即票據轉讓後其善意後手不繼受前手票據權利的瑕疵。票據的無因性制度得以確立。這使票據的信用從狹窄的交易人之間的信用擴大為社會信用。匯票、本票因可以背書轉讓而具有了流通性，進一步發展了票據作為社會信用工具的功能。

目前，在票據關係中堅持票據行為的無因性，不僅是各國票據法理論所共同遵守的規則，現代各國票據立法和國際統一的票據法中的各個條款也都把票據的無因性作為票據立法的基本原則。

票據無因性的可以表現為：

第一，在票據行為成立或票據權利發生上的適用。票據行為是以發生票據上權利、義務為目的的意思表示。它只要符合一定構成要件，即實體方面的票據能力和意思表示及形式方面的票面記載與交付，便能發生票據法上的效力。

第二，在票據權利取得上的適用。持票人除採取票據法所明確規定的不法行為或基於惡意、重大過失而取得票據不能享有票據權利者外，一般而言，可以依其他任何行為取得票據權利。即持票人無論是通過交易行為還是非交易行為，無論支付對價或不以相當對價取得票據，均合法地享有票據權利。

第三，在票據權利行使與票據債務履行上的適用。依票據的提示證券性，持票人行使票據權利應提示票據（票據喪失經法院判決的除外），同時也可以憑背書連續證明

---

[1] 資料來源：https://baike.so.com/doc/6061998-6275054.html。

其權利主體資格，無須再就原因關係及其內容提供證明。票據債務人履行義務時，也無權要求持票人提供該證明，亦不能以其與持票人前手和出票人之間的抗辯事由（可能基於原因關係或實質關係而生）對抗持票人（也稱對人抗辯切斷）。付款義務人在付款時僅負對持票人形式主體資格的審查義務，只要對形式上符合要求的持票人進行支付，即使出票人對該持票人有抗辯權，善意支付人仍免除付款義務。

第四，票據權利的轉讓與一般民事權利的轉讓不同。票據權利轉讓時，不必通知債務人即可生效，而民事權利轉讓時，債權人必須將轉讓的事實通知債務人，才對債務人生效。

4. 文義性

票據上的一切權利義務均以票據上記載的文字為依據，不受票據所載文字範文以外的事由的影響。即使票據上的記載與事實不符，也要以記載為準。

5. 流通性

票據的權利僅以背書或交付即可有效轉讓，其他證券的轉讓則需要登記過戶。

6. 要式性

票據必須具備法定的格式要件，否則票據無效，這有利於票據的轉讓和流通。

溫故知新

票據的效力主要取決於其在形式上是否符合票據法的要求，而不取決於取得票據的原因，票據因此而具有的特徵是（　　）。

A. 債權性　　　　　　　　B. 文義性
C. 流通性　　　　　　　　D. 無因性

【參考答案】B

二、票據法概述

（一）票據法的概念與特點

票據法是調整票據關係的法律規範的總稱。票據法是在長期的票據使用過程中形成的有關票據規則與習慣的法律化。

票據法的特點體現在以下幾方面：

1. 強制性

票據關係雖屬於債權債務關係，但是票據關係又不同於一般的債權債務關係。對票據的創設、必要事項的記載、票據行為等有嚴格的規定，屬於強制性規範，不允許由當事人以自己的意志變更或任意適用。

2. 技術性

票據業務專業性強，票據法的技術性是由票據的專業性強這一特點決定的。票據法的實施與銀行制度、銀行業務緊密相連。為便於操作以及出於技術上的考慮，票據法對票據的格式、票據的運作程序、票據的取得等規定了統一的法定程序，屬於一種技術性很強的法律。

3. 國際性

票據法屬於國內法範疇。但《日內瓦統一匯票本票法公約》等國際公約就是為適

用票據立法國際統一化趨勢而制定的，票據法成為國際上通用程度很高的一種法律。

(二) 關於票據的立法

1. 國際立法現狀

現代票據法是在歐洲中世紀商業習慣法的基礎上形成和發展起來的。主要有德、法為代表的大陸法系與英、美為代表的英美法系票據制度，兩大法系票據立法有不同。

各國票據法的差異，阻礙了票據的國際流通、使用。1930 年和 1931 年，在國際聯盟的主持下，經日內瓦召開的國際票據法統一會議，以大陸法系國家票據制度為基礎，通過了《1930 年關於統一匯票和本票的日內瓦公約》《1930 年關於解決匯票和本票的若干法律衝突的公約》和《1931 年關於統一支票法的日內瓦公約》《1931 年關於解決支票的若干法律衝突的公約》，終於統一了大陸法系國家的票據法，因此大陸法系又稱為日內瓦票據法系。為協調日內瓦統一法系和英美法系的關係，經過多次制訂和修改，1988 年 12 月聯合國第 43 次大會通過了《國際匯票和國際本票公約》。但按該公約的有關規定，該公約須經至少 10 個國家批准或加入後方能生效。

2. 兩大法系票據立法的不同

(1) 票據的分類不同。大陸法系國家的票據立法，大多採用「分離主義」的票據立法，票據僅指匯票和本票，支票不包括在內。而英美法系採用「包括主義」的票據立法，將匯票、本票、支票統稱為票據。美國統一商法典的範圍更廣，還包括存單。

(2) 票據持票人的權利不同。英美法系國家將持票人分為三類：單純持票人、對價持票人和正當持票人。其中正當持票人的權利大。大陸法系國家一般將持票人分為兩類：單純持票人和合法持票人。其中合法持票人的權利大。

(3) 對偽造背書的處理不同。英美法系國家傾向於保護真正的票據所有人，規定偽造背書是無效的。大陸法系國家則傾向保護善意的受讓人，規定除非有惡意或重大過失，偽造背書並不當然影響後手票據權利。

(4) 對票據的形式要求不同。英美法系國家對票據形式沒有特別要求。而大陸法系國家則規定了票據的有效要件，凡不符合者即不產生票據的效力。

三、聯合國國際匯票和國際本票公約

《聯合國國際匯票和國際本票公約》為國際商業交易當事方提供了關於票據的法律規則的全面法典。公約旨在克服國際支付所使用的票據存在的主要差別和不確定性。如果當事方使用特定形式的流通票據表明該票據受貿易法委員會公約管轄，則適用此公約。

1. 公約的適用範圍

根據公約第一條規定，該公約僅適用於載有「國際匯票」和「國際本票」標題的國際匯票和國際本票。

對於國際匯票，還要求列明至少下列兩處地點並指出所列明的任何兩處地點位於不同國家：①匯票的開出地；②出票人簽名旁所示地點；③受票人姓名旁所示地點；④受款人姓名旁所示地點；⑤付款地。匯票上須列明匯票開出地點或匯票付款地點，而且兩個地點均位於一個締約國境內。

對於國際本票，還要列明至少下列兩處地點並指出所列明的任何兩處地點位於不同國家：①本票簽立地點；②本票簽立地點；③受款人姓名旁邊所示地點；④付

地點。本票上須列明付款地點，而且該地點位於一個締約國境內。

2. 票據的形式要求

票據在形式上具體要求如下：①匯票上必須載有出票日期；②不得開立無記名式的國際匯票。但背書人可以用空白背書的方式使匯票在實際上變成無記名匯票，因為經過空白背書之後其受讓人在將匯票再度轉讓變成無記名匯票，因為經過空白背書之後，其受讓人在將匯票再度轉讓時，可以無須交出背書，只需交出匯票即可將其轉讓給別人。

3. 對持票人的法律保護

公約把持票人分為持票人和受保護的持票人兩種，而受保護的持票人必須具備一定條件：①執票人在取得票據時，該票據應是完整的；②他在成為執票人時對有關票據責任的抗辯不知情；③他對任何人對該票據的請求權不知情；④他對該票據曾遭拒付的事實不知情；⑤該票據未超過提示付款的期限；⑥他沒有以詐欺、盜竊手段取得票據或參加與票據有關的詐欺或盜竊行為。

公約對受保護的持票人的權利給予充分的保護，根據該公約的規定，除了以下抗辯事由外，票據當事人不得對受保護的持票人提出任何抗辯：①未在票據上簽名的抗辯；②被偽造簽名的本人的抗辯；③票據曾發生過重大改動的抗辯；④未經授權或越權代理人在票據上簽名的抗辯；⑤未提示承兌或未適當提示付款的抗辯；⑥不獲承兌或不獲付款時應作成而未作成拒絕證書的抗辯；⑦票據時效（4 年）已過的抗辯；⑧基於本人與受保護的持票人的基礎交易或由於該持票人以任何詐欺行為取得該當事人在票據上簽名的抗辯；⑨基於當事人無履行票據責任的行為能力的抗辯。

4. 偽造背書的後果

關於偽造簽名的背書對持票人權利的影響，該公約對兩大法系做了協調性的規定：

（1）凡是擁有經過背書轉讓給他人或前後的背書為空白背書的票據，並且票據上有一系列連續背書的人，即使其中任何一次背書是偽造的或是由未經授權的代理人簽字的，只要他對此不知情，就應當認為他是票據的持票人而受到保護。

（2）如果背書是偽造的，則被偽造其背書的人或者在偽造發生之前簽署了票據的當事人，有權對因受偽造背書所遭到的損失向偽造人、從偽造人手中直接受讓票據的人以及向偽造人直接支付了票據款項的當事人或受票人索取賠償。

第二節　票據法律關係

一、票據關係與非票據關係

（一）票據關係

票據關係，指由票據行為引起的票據上的權利和義務關係。依票據行為直接發生，票據關係又分為兩類，即債權人的付款請求權和債務人的付款義務，以及債權人的追償權和債務人的償還義務。

（二）非票據關係

非票據關係，又稱票據的基礎關係，指與票據行為密切相關但在法律上不產生票

據權利和義務的關係。

學理上非票據關係可分為三種：

1. 票據原因關係

票據原因關係，是指作為簽發票據或實施其他票據行為原因的當事人之間的交易關係，如因約定、買賣、贈與、借款及原因而出票和接受票據等。

2. 票據資金關係

票據資金關係，是指出票人和付款人或保證付款人之間的權利義務關係，如借款資金有效等。

3. 票據預約關係

票據預約關係，是指票據當事人之間就授受票據有關事項達成的協議。為授受票據，票據當事人之間在此之前，必須就票據的種類、金額、到期日、付款地等事項達成協議。票據預約關係屬於民法上的合同關係，當事人之間一旦達成票據預約，就應該依約履行，否則應按民法上關於違約的規定處理。

（三）兩者的關係

票據關係的產生雖需要有非票據關係的存在，但票據關係與非票據關係是相分離的。

在通常情況下，票據一經簽發，票據權利就得以確立，票據債權人只需持有有效票據，即可行使票據權利，而無須解釋取得票據的原因，更不必證明原因關係的效力。否則，無人願意接受票據。票據關係和票據基礎關係之間原則上相互獨立，互不影響，這充分反應票據的無因性。但還需要說明的是，票據關係對非票據關係是否具有絕對的獨立性、無因性，世界各國票據立法還存在一定的分歧。

二、票據權利及其補救

（一）票據權利的概念

票據權利，是指持票人向票據債務人請求支付票據金額的權利。票據權利本質上是一種債權，這種權利對票據的付款人是付款請求權；對其他票據行為的責任人則是追索權。票據權利包括付款請求權和追索權。

1. 付款請求權

付款請求權，是指持票人向票據主債務人或其他付款義務人請求支付票據上所載金額的權利，又稱為第一次請求權。行使付款請求權的持票人有受款人、被背書人、參加付款人。

2. 追索權

追索權，是指持票人行使付款請求權未能實現時，向其前手請求支付票據金額及其他法定費用的請求權。由於追索權是以付款請求權的行使為前提條件的，故又稱第二次請求權。

（二）票據權利的取得

票據權利取得的方式有：

1. 出票取得

出票取得是指票據的出票人在做成票據，並將票據交付給持票人時，持票人即取得票據權利。出票取得是票據權利的其他取得方式的基礎。

2. 繼受取得

繼受取得是指持票人從有權處分票據權利的前手，依照背書轉讓或交付程序，或因繼承、公司合併等法定因素，取得票據權利。

3. 善意取得

善意取得是指持票人從無處分票據權利的人的手中善意受讓票據的行為。

(三) 票據權利的行使和保全

票據權利行使的方式為票據提示，包括承兌提示和付款提示。票據權利的保全，是指票據權利人為防止票據權利的喪失而實施的各種行為。票據權利是一種債權，具有時效性，因此，為防止票據權利因時效完成而喪失，就應採取保全措施。票據權利保全方法通常有：①做成拒絕證書；②時效中斷。

第三節　票據行為

一、票據行為概念和特點

票據行為是指產生、變更和消滅票據上的權利和義務的法律行為。票據行為主要有：出票、流通轉讓、提示、承兌、付款、保證、拒付、追索等。

票據行為具有要式性、抽象性、文義性、獨立性等特點。

1. 要式性

票據行為屬於要式法律行為，必須符合票據法規定的格式要求。如規定所有票據行為都應該由行為人簽章（簽名、簽章或者簽名加簽章）；必須採用書面形式；各種票據從內容到形式都必須符合法定的格式等。凡違反法定形式的票據行為均為無效。

2. 抽象性

票據行為的抽象性，又稱無因性，是指票據只需具備抽象的形式即可以生效，而不因基礎關係的瑕疵或無效而受影響。雖然票據行為的產生有一定的原因，但是票據行為一旦成立，票據行為的效力就獨立於原因關係，原則上不受原因關係的影響。票據也因此而成為抽象證券或無因證券。

3. 文義性

票據行為的文義性，是指票據行為的內容完全以票據上記載的文義為準，即使文字記載與實際情況不一致，仍以文字記載為準，而不允許當事人以票據上文義以外的事實或證據加以變更或補充。

4. 獨立性

票據行為的獨立性，是指票據行為之間互不依賴而各自獨立發生效力。

二、票據行為成立要件

(一) 實質要件

票據行為的實質要件，也是票據行為有效成立的一般要件，包括行為人的票據能力和行為人的意思表示兩個方面。

如果票據行為人不具備實質要件，則要視具體情況來區分該票據行為是否有效：

1. 行為人不具備權利能力和行為能力

此時，票據行為無效。票據行為人可以以此對抗所有請求票據權利的持票人，但不影響票據上其他票據行為的效力。

2. 票據行為的意思表示不真實

票據行為意思表示不真實，即存在票據行為人受詐欺、脅迫或者其他導致意思表示不真實的事實而為票據行為的情形，此時兩大法系的觀點有不同：

（1）日內瓦法系：根據票據「無因性」「文義性」的特點，只要該票據行為符合法定形式，就應認為該行為有效，不可以對抗除直接當事人之外的任何善意持票人，並不影響其他票據行為的有效性。

（2）英美法系：該意思表示不真實構成了對正當執票人權利的一種抗辯，這種抗辯甚至不僅局限在直接當事人之間，還可以對抗除直接當事人之外的任何善意執票人。

（二）形式要件

形式要件是票據行為效力的決定性要件：①書面形式。各種票據行為都必須以書面形式體現才能生效。②簽章。簽章（簽名、簽章、簽名加簽章）是每個票據行為的共同要件。這是由票據的文義性決定的，票據只有簽章才能確定票據債務人，對票據承擔責任的人也必須是簽章人，簽章是票據行為最重要的形式要件。③絕對記載事項。

票據行為如果不具備法定形式要件，則該票據無效，並且如果該票據行為是出票行為，還將導致整張票據無效，即自始不產生票據權利和義務。例如根據《1930年關於統一匯票和本票的日內瓦公約》第二條規定：「欠缺前條①所載任何要求的票據，無匯票效力」；《英國票據法》第三條也有類似規定。

三、票據的偽造與變造

（一）票據的偽造

票據的偽造是指假冒他人的名義而實施的票據行為。偽造有兩種，一是假冒出票人的名義簽發票據的行為，即偽造票據本身；一是假冒他人名義而實施的背書、承兌、保證等其他票據行為，主要是偽造票據上的簽名，如盜用出票人的印章或摹仿他人的筆跡簽於票據之上。票據偽造的法律後果為：日內瓦統一法系的原則為持票人僅以背書的連續證明其匯票的權利。英美法系則認為，偽造的背書是無效的。

《中華人民共和國票據法》（2004修正）第十四條第一款規定：「票據上的記載事項應當真實，不得偽造、變造。偽造、變造票據上的簽章和其他記載事項的，應當承擔法律責任。」偽造人因為在票據上沒有簽章，不承擔票據上的責任。其偽造票據而構成侵權行為或犯罪，都不是票據法的問題，偽造人應承擔其他法律責任，即民事、刑事和行政責任。

（二）票據的變造

票據的變造是指無權更改票據內容的人，對票據上簽章以外的記載事項加以改變的行為。票據變造的法律後果為：多數國家票據法規定，票據在變造之前和變造之後

---

① 《1930年關於統一匯票和本票的日內瓦公約》第一條規定：「匯票應包含下列內容：票據主文中列有「匯票」一詞，並以開立票據所使用的文字說明之；無條件支付一定金額的命令；付款人（受票人）的姓名叫；付款日期的記載；付款地的記載；受款人或其指定人的姓名；開立匯票的日期和地點的記載；開立匯票的人（出票人）的簽名。

都有效。

《中華人民共和國票據法》（2004 修正）第十四條規定，票據上其他記載事項被變造的，在變造之前簽章的人，對原記載事項負責；在變造之後簽章的人，對變造之後的記載事項負責；不能辨別是在票據被變造之前或者之後簽章的，視同在變造之前簽章。

第四節　中國的票據法律制度

一、中國關於票據的立法

1995 年 5 月中國第八屆全國人大常委會通過了《中華人民共和國票據法》，該法自 1996 年 1 月 1 日施行，2004 年 8 月第十屆全國人大常委會做出了對《中華人民共和國票據法》的修正。《中華人民共和國票據法》（以下簡稱《票據法》）第二條第二款規定：「本法所稱票據，是指匯票、本票和支票。」

中國票據法與各國的票據法、國際票據公約的法律衝突主要表現在：關於票據當事人行為能力的衝突；關於票據當事人行為方式上的衝突以及關於票據當事人行為效力的衝突。《票據法》第九十五條定了中國涉外票據衝突的法律適用原則：「中華人民共和國締結或者參加的國際條約同本法有不同規定的，適用國際條約的規定。但是，中華人民共和國聲明保留的條款除外。本法和中華人民共和國締結或者參加的國際條約沒有規定的，可以適用國際慣例。」該原則確立了按照國際條約、國內立法、國際慣例的優先順序適用。

二、票據行為

（一）票據行為概述

根據中國票據法，票據行為是指承擔票據債務的要式法律行為，包括出票、背書、承兌、保證和付款。

票據行為具有無因性和獨立性的法律特徵。票據行為的無因性是指不論其實質關係如何，只要具備了特定的法定形式要件，票據行為即可生效。票據行為的獨立性是指票據上存在多個票據行為時，各個票據行為互不影響、相互獨立。

根據不同的標準可以對票據行為進行不同的分類。根據票據行為的性質不同，票據行為可以分為基本票據行為和附屬票據行為，基本票據行為是一種主票據行為，在出票、背書、承兌、保證和付款這五種票據行為中，出票是一種基本票據行為。附屬票據行為，是在基本出票行為的基礎之上所形成的票據行為，包括背書等票據行為。

（二）匯票的票據行為

1. 出票

匯票是出票人簽發的，委託付款人在見票時或者在指定日期無條件支付確定的金額給收款人或者持票人的票據。匯票分為銀行匯票和商業匯票。出票是指出票人簽發票據並將其交付給收款人的票據行為。

匯票的出票人必須與付款人具有真實的委託付款關係，並且具有支付匯票金額的

可靠資金來源。不得簽發無對價的匯票用以騙取銀行或者其他票據當事人的資金。

根據票據法的規定，匯票的記載事項可以分為絕對記載事項和相對記載事項，即匯票的絕對記載事項。匯票必須記載下列事項：①表明「匯票」的字樣；②無條件支付的委託；③確定的金額；④付款人名稱；⑤收款人名稱；⑥出票日期；⑦出票人簽章。匯票上未記載前款規定事項之一的，匯票無效。匯票的相對記載事項，即匯票上記載付款日期、付款地、出票地等事項的，應當清楚、明確；匯票上未記載付款日期的，為見票即付；匯票上未記載付款地的，付款人的營業場所、住所或者經常居住地為付款地；匯票上未記載出票地的，出票人的營業場所、住所或者經常居住地為出票地。根據票據法的規定，匯票上可以記載本法規定事項以外的其他出票事項，但是該記載事項不具有匯票上的效力。票據上金額大小寫不一致時，該票據無效。

出票人簽發匯票後，即承擔保證該匯票承兌和付款的責任。出票人在匯票得不到承兌或者付款時，應當向持票人清償相應的金額和費用。

溫故知新

下列情形中會造成匯票無效的是（　　）。
A. 匯票未記載付款地　　B. 匯票未記載付款日期
C. 收款人有改動　　D. 出票日期記載不真實

【參考答案】C

2. 背書

背書是指在票據背面或者粘單上記載有關事項並簽章的票據行為。持票人通過背書可以將匯票權利轉讓給他人或者將一定的匯票權利授予他人行使。

（1）背書記載事項。背書由背書人簽章並記載背書日期，背書未記載日期的，視為在匯票到期日前背書。匯票以背書轉讓或者以背書將一定的匯票權利授予他人行使時，必須記載被背書人名稱。

（2）背書連續。背書連續，是指在票據轉讓中，轉讓匯票的背書人與受讓匯票的被背書人在匯票上的簽章依次前後銜接。以背書轉讓的匯票，背書應當連續。持票人以背書的連續，證明其匯票權利；非經背書轉讓，而以其他合法方式取得匯票的，依法舉證，證明其匯票權利。

（3）背書的限制。如果出票人在匯票上記載「不得轉讓」字樣的，那麼匯票不得轉讓。持票人背書轉讓票據權利時，應當背書並交付匯票。背書記載「委託收款」字樣的，被背書人有權代背書人行使被委託的匯票權利。但是，被背書人不得再以背書轉讓匯票權利。匯票被拒絕承兌、被拒絕付款或者超過付款提示期限的，不得背書轉讓；背書轉讓的，背書人應當承擔匯票責任。

3. 承兌

承兌是指匯票付款人承諾在匯票到期日支付匯票金額的票據行為。

按照是否必須提示承兌將匯票承兌分為必須提示承兌的匯票和無須提示承兌的匯票。提示承兌是指持票人向付款人出示匯票，並要求付款人承諾付款的行為。①應當提示承兌的匯票。定日付款或者出票後定期付款的匯票，持票人應當在匯票到期日前向付款人提示承兌。見票後定期付款的匯票，持票人應當自出票日起一個月內向付款人提示承兌。匯票未按照規定期限提示承兌的，持票人喪失對其前手的追索權。②無

須提示承兌的匯票。見票即付的匯票無須提示承兌。

付款人對向其提示承兌的匯票，應當自收到提示承兌的匯票之日起3日內承兌或者拒絕承兌。付款人收到持票人提示承兌的匯票時，應當向持票人簽發收到匯票的回單。回單上應當記明匯票提示承兌日期並簽章。

付款人承兌匯票的，應當在匯票正面記載「承兌」字樣和承兌日期並簽章；見票後定期付款的匯票，應當在承兌時記載付款日期。匯票上未記載承兌日期的，以見票後定期付款的最後一日為承兌日期。

4. 保證

保證是由匯票債務人以外的他人擔當票據債務履行所做的從票據行為。匯票的債務可以由保證人承擔保證責任。保證人清償匯票債務後，可以行使持票人對被保證人及其前手的追索權。

保證人必須在匯票或者粘單上記載下列事項：①表明「保證」的字樣；②保證人名稱和住所；③被保證人的名稱；④保證日期；⑤保證人簽章。保證人在匯票或者粘單上未記載被保證人的名稱的，已承兌的匯票，承兌人為被保證人；未承兌的匯票，出票人為被保證人。保證人在匯票或者粘單上未記載保證日期的，出票日期為保證日期。

5. 付款

付款是指匯票的承兌人或付款人在票據到期時向持票人無條件支付票據金額的行為。

持票人應當按照下列期限提示付款：①見票即付的匯票，自出票日起1個月內向付款人提示付款；②定日付款、出票後定期付款或者見票後定期付款的匯票，自到期日起10日內向承兌人提示付款。持票人未按規定期限提示付款的，在做出說明後，承兌人或者付款人仍應當繼續對持票人承擔付款責任。通過委託收款銀行或者通過票據交換系統向付款人提示付款的，視同持票人提示付款。

付款人及其代理付款人付款時，應當審查匯票背書的連續，並審查提示付款人的合法身分證明或者有效證件。付款人依法足額付款後，全體匯票債務人的責任解除。

6. 追索權

追索權是指在票據到期未獲付款或到期日前未獲承兌，發生了其他使付款可能性顯著減少的其他法定原因時，票據的持票人向其前手請求償還票據金額、利息和其他法定費用的票據權利。匯票到期被拒絕付款的，持票人可以對背書人、出票人以及匯票的其他債務人行使追索權。

追索權行使的情形。匯票到期日前，有下列情形之一的，持票人也可以行使追索權：①匯票被拒絕承兌的；②承兌人或者付款人死亡、逃匿的；③承兌人或者付款人被依法宣告破產的或者因違法被責令終止業務活動的。持票人行使追索權時，應當提供被拒絕承兌或者被拒絕付款的有關證明。持票人提示承兌或者提示付款被拒絕的，承兌人或者付款人必須出具拒絕證明，或者出具退票理由書。未出具拒絕證明或者退票理由書的，應當承擔由此產生的民事責任。持票人因承兌人或者付款人死亡、逃匿或者其他原因，不能取得拒絕證明的，可以依法取得其他有關證明。承兌人或者付款人被人民法院依法宣告破產的，人民法院的有關司法文書具有拒絕證明的效力。承兌人或者付款人因違法被責令終止業務活動的，有關行政主管部門的處罰決定具有拒絕

證明的效力。持票人不能出示拒絕證明、退票理由書或者未按照規定期限提供其他合法證明的，喪失對其前手的追索權。但是，承兌人或者付款人仍應當對持票人承擔責任。

持票人應當自收到被拒絕承兌或者被拒絕付款的有關證明之日起 3 日內，將被拒絕事由書面通知其前手；其前手應當自收到通知之日起 3 日內書面通知其再前手。持票人也可以同時向各匯票債務人發出書面通知。未按照規定期限通知的，持票人仍可以行使追索權。因延期通知給其前手或者出票人造成損失的，由沒有按照規定期限通知的匯票當事人，承擔對該損失的賠償責任，但是所賠償的金額以匯票金額為限。

持票人行使追索權，可以請求被追索人支付下列金額和費用：①被拒絕付款的匯票金額；②匯票金額自到期日或者提示付款日起至清償日止，按照中國人民銀行規定的利率計算的利息；③取得有關拒絕證明和發出通知書的費用。被追索人清償債務時，持票人應當交出匯票和有關拒絕證明，並出具所收到利息和費用的收據。被追索人依照前文規定清償後，可以向其他匯票債務人行使再追索權，請求其他匯票債務人支付下列金額和費用：①已清償的全部金額；②前項金額自清償日起至再追索清償日止，按照中國人民銀行規定的利率計算的利息；③發出通知書的費用。行使再追索權的被追索人獲得清償時，應當交出匯票和有關拒絕證明，並出具所收到利息和費用的收據。

（三）本票的票據行為

本票是出票人簽發的，承諾自己在見票時無條件支付確定的金額給收款人或者持票人的票據。中國票據法所稱本票，是指銀行本票。本票的出票人必須具有支付本票金額的可靠資金來源，並保證支付。

1. 本票的記載事項

本票必須記載下列事項：①表明「本票」的字樣；②無條件支付的承諾；③確定的金額；④收款人名稱；⑤出票日期；⑥出票人簽章。本票上未記載規定事項之一的，本票無效。

本票上記載付款地、出票地等事項的，應當清楚、明確。本票上未記載付款地的，出票人的營業場所為付款地。本票上未記載出票地的，出票人的營業場所為出票地。

2. 本票的付款

本票的出票人在持票人提示見票時，必須承擔付款的責任。本票自出票日起，付款期限最長不得超過 2 個月。本票的持票人未按照規定期限提示見票的，喪失對出票人以外的前手的追索權。

3. 本票的其他票據行為

依據中國票據法規定，本票的背書、保證、付款行為和追索權的行使，除以上特殊規定外，適用有關匯票的規定。

（四）支票的票據行為

支票是出票人簽發的，委託辦理支票存款業務的銀行或者其他金融機構在見票時無條件支付確定的金額給收款人或者持票人的票據。

1. 支票存款帳戶的開立

開立支票存款帳戶，申請人必須使用其本名，並提交證明其身分的合法證件。開立支票存款帳戶和領用支票，應當有可靠的資信，並存入一定的資金。開立支票存款帳戶，申請人應當預留其本名的簽名式樣和印鑒。

2. 支票出票的種類

支票的出票可以選擇現金支票和轉帳支票。支票可以支取現金，也可以轉帳，用於轉帳時，申請人應當在支票正面註明。支票中專門用於支取現金的，可以另行製作現金支票，現金支票只能用於支取現金。支票中專門用於轉帳的，可以另行製作轉帳支票，轉帳支票只能用於轉帳，不得支取現金。

3. 支票的記載事項

支票必須記載下列事項：①表明「支票」的字樣；②無條件支付的委託；③確定的金額；④付款人名稱；⑤出票日期；⑥出票人簽章。支票上未記載規定事項之一的，支票無效。支票上的金額可以由出票人授權補記，未補記前的支票，不得使用。支票上未記載收款人名稱的，經出票人授權，可以補記。支票上未記載付款地的，付款人的營業場所為付款地。支票上未記載出票地的，出票人的營業場所、住所或者經常居住地為出票地。出票人可以在支票上記載自己為收款人。支票的出票人所簽發的支票金額不得超過其付款時在付款人處實有的存款金額。

4. 支票簽發的禁止事項

禁止簽發空頭支票。出票人簽發的支票金額超過其付款時在付款人處實有的存款金額的，為空頭支票。支票的出票人不得簽發與其預留本名的簽名式樣或者印鑒不符的支票。

5. 支票的付款

出票人必須按照簽發的支票金額承擔保證向該持票人付款的責任。出票人在付款人處的存款足以支付支票金額時，付款人應當在當日足額付款。支票限於見票即付，不得另行記載付款日期。另行記載付款日期的，該記載無效。支票的持票人應當自出票日起十日內提示付款；異地使用的支票，其提示付款的期限由中國人民銀行另行規定。超過提示付款期限的，付款人可以不予付款；付款人不予付款的，出票人仍應當對持票人承擔票據責任。付款人依法支付支票金額的，對出票人不再承擔受委託付款的責任，對持票人不再承擔付款的責任。但是，付款人以惡意或者有重大過失付款的除外。

6. 支票的其他票據行為

除前文的特殊規定之外，支票的其他票據行為適用有關匯票的規定。

案例 11.1

支票遭遇拒絕承兌時可否行使票據追索權[①]？

原告：於某

被告：北京某科技發展有限公司（以下簡稱「科技公司」）

某年9月29日，董某持1張出票人為北京某科技發展有限公司、金額為5,000元的北京農村商業銀行轉帳支票到業主為於某的北京市某建材經銷部購買裝飾材料，共購買了5,000餘元的裝飾材料，除轉帳支票外，還另外向於某支付了部分現金。當年10月7日，於某持該張支票到銀行入帳時，被銀行以印鑒不清為由退票。後於某通過董某與科技公司聯繫，科技公司答應更換，但至今未予解決。

---

① 資料來源：http://news.9ask.cn/flal/jjfal/pjfal/201102/1098566.shtml。

評析：該案爭議的焦點在於原告是否享有對被告的支票追索權？

法院認為，於某作為已支付合理對價的票據持有人，在轉帳支票遭到銀行退票後，享有對票據出票人的追索權，而本案所涉轉帳支票的出票人是科技公司，故於某應當向科技公司行使追索權。科技公司應立即支付於某5,000元，於某的訴訟請求法院予以支持。依照《中華人民共和國民事訴訟法》第一百三十條、《中華人民共和國票據法》第六十一條、第六十二條、第九十三條之規定，判決如下：北京某無限科技發展有限公司給付於某5,000元，於本判決書生效之日起十日內付清。

三、票據權利

票據權利，是指持票人向票據債務人請求支付票據金額的權利，包括付款請求權和追索權。持票人對票據債務人行使票據權利，或者保全票據權利，應當在票據當事人的營業場所和營業時間內進行，票據當事人無營業場所的，應當在其住所進行。

（1）票據權利取得的限制。以詐欺、偷盜或者脅迫等手段取得票據的，或者明知有前列情形，出於惡意取得票據的，不得享有票據權利。

（2）票據權利的消滅。票據權利在下列期限內不行使而消滅：①持票人對票據的出票人和承兌人的權利，自票據到期日起2年。見票即付的匯票、本票，自出票日起2年。②持票人對支票出票人的權利，自出票日起6個月。③持票人對前手的追索權，自被拒絕承兌或者被拒絕付款之日起6個月。④持票人對前手的再追索權，自清償日或者被提起訴訟之日起3個月。票據的出票日、到期日由票據當事人依法確定。

（3）持票人因超過票據權利時效或者因票據記載事項欠缺而喪失票據權利的，仍享有民事權利，可以請求出票人或者承兌人返還其與未支付的票據金額相當的利益。

四、票據責任

票據責任，是指票據債務人向持票人支付票據金額的義務。根據承擔責任的主體不同，票據責任可以分為出票人的責任、背書人的責任、承兌人的責任、保證人的責任和付款人的責任。

（一）出票人的責任

出票人簽發匯票後，即承擔保證該匯票承兌和付款的責任。出票人在匯票得不到承兌或者付款時，應當向持票人清償票據法規定的金額和費用。出票人簽發空頭支票或者故意簽發與其預留的本名簽名式樣或者印鑒不符的支票以騙取財物的；簽發無可靠資金來源的匯票、本票，騙取資金的；匯票、本票的出票人在出票時作虛假記載，騙取財物的，應當承擔刑事責任。

（二）背書人的責任

背書人以背書轉讓匯票後，即承擔保證其後手所持匯票承兌和付款的責任。後手是指在票據簽章人之後簽章的其他票據債務人。背書人在匯票得不到承兌或者付款時，應當向持票人清償相應的金額和費用。

（三）承兌人的責任

付款人承兌匯票，不得附有條件；承兌附有條件的，視為拒絕承兌。付款人承兌匯票後，應當承擔到期付款的責任。

(四) 保證人的責任

匯票到期後得不到付款的，持票人有權向保證人請求付款，保證人應當足額付款。保證不得附有條件；附有條件的，不影響對匯票的保證責任。保證人對合法取得匯票的持票人所享有的匯票權利，承擔保證責任。但是，被保證人的債務因匯票記載事項欠缺而無效的除外。被保證的匯票，保證人應當與被保證人對持票人承擔連帶責任。保證人為二人以上的，保證人之間承擔連帶責任。

(五) 付款人的責任

對於符合法律、法規規定的票據，付款人應當依法按時足額支付票據上所記載的金額。付款人及其代理付款人以惡意或者有重大過失付款的，應當自行承擔責任。對定日付款、出票後定期付款或者見票後定期付款的匯票，付款人在到期日前付款的，由付款人自行承擔所產生的責任。票據的付款人見票即付或者到期的票據，故意壓票、拖延支付的，由金融行政管理部門處以罰款，對直接責任人員給予處分。票據的付款人故意壓票、拖延支付，給持票人造成損失的，依法承擔賠償責任。

本章思考

1. 理解下列術語：
出票　背書　承兌　追索權　匯票　本票　支票
2. 試述《聯合國國際匯票和國際本票公約》中關於偽造簽名的法律後果。
3. 試述票據的無因性。
4. 簡述票據偽造和變造的區別。
5. 試述在行使追索權時應當注意的問題。
6. 試述背書人對被背書人應承擔的責任。

第十一章 國際知識產權法

■本章要點

1. 知識產權的概念與特徵
2. 《保護工業產權巴黎公約》確定的原則
3. 《保護文學藝術作品伯爾尼公約》的基本內容
4. 專利的國際申請
5. 商標的國際註冊
6. 中國的知識產權保護法

第一節　概述

一、知識產權的概念與特徵

(一) 知識產權的概念

知識產權（intellectual property）一詞從西方引入中國，也稱為「智慧財產權」或「智力財產權」，是指個人或組織對其在科學、技術與文學藝術等領域裡創造的精神財富，即對其智力活動創造的成果和經營管理活動中的標記、信譽所依法享有的專有權利。

根據《成立世界知識產權組織公約》的規定，知識產權包括以下 8 項：①關於文學、藝術和科學作品的權利；②關於表演藝術家的演出、錄音與廣播的權利；③關於人們在一切活動中的發明的權利；④關於科學發現的權利；⑤關於工業品式樣的權利；⑥關於商標、服務商標、廠商名稱與標記的權利；⑦關於制止不正當競爭的權利；⑧關於在工業、科學、文學和藝術領域中一切其他來自知識活動的權利。

(二) 知識產權的特徵

知識產權屬於無形財產權，與有形財產權相比，具有以下法律特徵：

1. 專有性

專有性，又稱獨占性、排他性或法定壟斷性，指知識產權依法取得後，法律賦予權利人在一定時間內對其智力成果享有獨占權或者壟斷權，除權利人同意或法律有規定外，其他任何人不得利用該智力成果。

有形財產權也有一定專有性，但由於有形財產權的標的是物，因而，只要物權人依法對其享有佔有權，物權人就能夠獨占該財產，其他人極少可能採用「分身法」處置該物。因此，有形財產權的專有性不必在法律上予以強調。

2. 地域性

知識產權的地域性，是指知識產權的生效範圍具有地理上的限制，即知識產權依照一國法律取得，往往只在該國範圍內有效，對其他國家不發生效力，即不具有域外效力。如需要獲得該國的保護，權利人必須依照該國的法律取得相應的知識產權或根據共同簽訂的國際條約取得保護。

3. 時間性

知識產權的時間性，是指知識產權的保護是有一定期限的，這也就是知識產權的有效期。當法律規定的期限屆滿，知識產權的專有權即告終止，權利人喪失其專有權，這些智力成果即成為社會財富，任何人都可以利用它而不受專有權人的限制。而有形財產所有權具有永久性，與有形財產共始終，即只要有形財產存在，有形財產所有權就存在。

二、國際知識產權貿易法

(一) 概念與調整對象

國際知識產權貿易法是調整跨國知識產權貿易關係的法律規範的總稱。國際知識產權貿易法的調整對象既包括橫向的貿易當事人之間的關係，也包括縱向的國際貿易管理者與被管理者之間的關係。

1. 知識產權具有私權屬性

知識產權是一種民事財產權，因此屬於私權。權利人可以通過國際貿易的方式，如許可使用、轉讓來處分自己的權利，在貿易活動過程中，當事人之間的關係由國際知識產權貿易法調整。

2. 知識產權具有壟斷性的權利

一方面，為了防止涉及國家安全、技術優勢的知識產權外流，供方所在國家往往在法律中做出限制性或禁止性規定，因此國際知識產權貿易法中有相當一部分是貿易管制規範；另一方面，在國際知識產權貿易實踐中，作為供方的權利人往往具有事實上的優勢，因此為了保護受方的利益，受方所在的國家通常通過法律對貿易進行干預。

(二) 知識產權國際保護管理機構

世界知識產權組織（WIPO）是聯合國系統負責全球知識產權事務的專門機構，由「國際保護工業產權聯盟」（巴黎聯盟）和「國際保護文學藝術作品聯盟」（伯爾尼聯盟）於 1967 年 7 月 14 日在瑞典斯德哥爾摩共同建立。其主要職能是負責通過國家間的合作促進對全國知識產權的保護，管理建立在多邊條約基礎上的關於專利、商標和版權方面的 23 個聯盟的行政工作，並辦理知識產權法律與行政事宜。截至 2019 年，世界上已有 192 個國家成為世界知識產權組織的成員。近年來隨著該組織報告對其全球知

識產權服務的創紀錄需求，人工智能及其對知識產權政策的潛在影響也逐漸列入進了議程。

資料卡 11.1
世界知識產權組織（WIPO）管理下的 26 項知識產權國際公約[①]

知識產權保護條約	1.《視聽表演北京條約》 2.《保護文學和藝術作品伯爾尼公約》 3.《發送衛星傳輸節目信號布魯塞爾公約》 4.《制止商品來源虛假或欺騙性標記馬德里協定》 5.《馬拉喀什條約》 6.《保護奧林匹克會徽內羅畢條約》 7.《保護工業產權巴黎公約》 8.《專利法條約》（PLT） 9.《錄音製品公約》 10.《保護表演者、音像製品製作者和廣播組織羅馬公約》 11.《商標法條約》 12.《商標法新加坡條約》 13.《華盛頓條約》 14.《世界知識產權組織版權條約》（WCT） 15.《世界知識產權組織表演和錄音製品條約》（WPPT） 16.《世界知識產權組織公約》
全球保護體系公約	1.《專利合作條約》（PCT） 2.《商標國際註冊馬德里協定》 3.《商標國際註冊馬德里協定有關議定書》 4.《工業品外觀設計國際保存海牙協定》 5.《國際承認用於專利程序的微生物保存布達佩斯條約》 6.《保護原產地名稱及其國際註冊里斯本協定》
分類條約	1.《建立工業品外觀設計國際分類洛迦諾協定》 2.《商標註冊用商品和服務國際分類尼斯協定》 3.《國際專利分類斯特拉斯堡協定》 4.《建立商標圖形要素國際分類維也納協定》

[①] 資料來源：http://www.wipo.int/treaties/zh，世界知識產權組織

第二節　保護知識產權的國際公約

一、保護工業產權的國際公約

工業產權是一個專門的法律術語，通常是指專利權和商標權的總稱，實際是指對發明創造和顯著標誌的專有權。工業產權所指的「工業」，是泛指一切生產、交換和消費等各個領域，並非通常所指的工業。

（一）保護工業產權巴黎公約

1883 年 3 月，11 個國家在巴黎締結了《保護工業產權巴黎公約》（Paris Convention for the Protection of Industrial Property，以下簡稱《巴黎公約》）。該公約於 1884 年 7 月 7 日生效。

《巴黎公約》是知識產權領域的第一個世界性的多邊條約。《巴黎公約》的調整對象即保護範圍是工業產權，包括發明專利權、實用新型、工業品外觀設計、商標權、服務標記、廠商名稱、產地標記或原產地名稱以及制止不正當競爭等。在其後的 100 多年裡，《巴黎公約》曾進行多次修訂。修訂後形成的斯德哥爾摩文本（1967 年），是目前該公約的絕大多數成員國批准或加入的文本，2019 年共有 196 個簽約方。1985 年 3 月 19 日中國成為該公約成員，在加入時曾聲明對其中第二十八條第一款予以保留。

《巴黎公約》確立了以下重要原則：

1. 國民待遇原則

凡是該公約成員的國民，在專利權的保護方面在其他公約成員內都可以享受國民待遇。《巴黎公約》並不包括非成員的國民，但是在一個成員的領土上設有永久住所或者有真實有效的營業場所的人，也享有與成員國民同樣的待遇。

2. 優先權原則

當公約成員的申請人已在公約的一個成員正式提出專利權申請的，在首次提出專利申請之日起 12 個月的期限內享有優先權，即當他向其他成員就同一發明提出專利申請時，其後來申請的日期可以以首次申請日期為準。

3. 專利獨立性原則

公約成員的國民向各個公約成員申請的專利權與他在其他公約成員或非成員就同一發明所獲得的權利無關，即不同的國家就同一發明所授予的專利權，在條件、期限、無效與撤銷方面都是互不牽連的。任何公約成員對於上述問題都有權根據本國的專利法獨立做出決定，不受其他國家做出的任何決定的影響。

（二）專利合作條約（PCT）

《巴黎公約》雖然解決了專利權的國際保護問題，但沒有解決專利權的國際申請問題。即專利權要得到他國的法律保護，按《巴黎公約》規定仍然必須向其他公約成員分別申請和獲得批准，因此，專利國際化的進程也十分緩慢。為了彌補這一缺陷，一些國家謀求在專利的國際申請、簡化申請手續方面尋求新的途徑。美國最先有此動議，

1970年5月在華盛頓召開的巴黎公約成員外交會議上,根據美國提出的「簽訂一個在專利申請案的接受和初步審理方面進行國際合作的條約」的建議,締結了《專利合作條約》(Patent Cooperation Treaty,簡稱PCT),旨在解決專利的國際申請問題。該條約於1978年6月1日正式生效。

1994年1月1日,中國正式成為該條約的成員。中國專利局成為專利合作條約的受理局、指定局和選定局、國際檢索單位及國際初審單位,中文成為該條約的正式工作語言。截止到2020年1月,該條約已經有153個簽約方。

(三) 商標國際註冊馬德里協定

商標國際註冊馬德里體系主旨是解決商標的國際註冊問題,其受1891年簽訂的《馬德里協定》(Madrid Agreement Concerning the International Registration of Marks) 和1989年簽訂的《馬德里協定有關議定書》的制約。通過本體系,申請人只要取得在每一被指定締約方均有效力的國際註冊,即可在數量眾多的國家中保護商標。馬德里體系是針對全球商標註冊和管理的解決方案,既方便又划算。申請人只需要通過本國的主管局以一種語言(英語或法語)向國際局提交一項申請,並繳納一套規費即可在成員國中獲得保護。通過一個集中化的系統,就可以變更、續展或擴展全球商標。

1989年10月4日,中國正式成為該協定的成員國。截至2019年7月26日,馬德里聯盟共有105個國家/地區,覆蓋了121個國家。

二、保護著作權的國際公約

(一) 保護文學和藝術作品伯爾尼公約

隨著國際交流的擴大,雙邊協定或互惠條約難以防止國際剽竊作品的現象,且各國著作權保護差別很大。為使著作權在國際流通領域得到更好的保護,有必要簽訂一個各國廣泛參加的國際公約。該公約的最初倡議者是1879年在巴黎成立的「國際文學家聯盟」。聯盟於1883年在瑞士的伯爾尼起草了公約草案。會後由瑞士政府公布了草案,送交並敦促有關國家,1886年終於締結了《保護文學藝術作品伯爾尼公約》(Berne Convention for the Protection of Literary and Artistic Works,簡稱《伯爾尼公約》)。

公約自生效以來,進行過2次增補、5次修訂。最後一次修訂形成的1971年巴黎文本是目前絕大多數國家批准的文本。1979年雖然對這個文本的個別行政條款做了一些小修改,但文本仍稱為「1971年巴黎文本」。

中國於1992年正式成為該公約的成員。伯爾尼公約是參加國最多,保護水準最高的著作權國際公約,特別是它對著作權保護中的某些概念有明確的定義,直接影響著各國的著作權法。截止到2020年1月,該公約有177個簽約方。

《伯爾尼公約》涉及對作品和作品作者的保護。公約以三項基本原則為基礎,載有一系列確定所必須給予的最低保護方面的規定;並載有為希望利用這些規定的發展中國家所做出的特別規定。

資料卡 11.2

《伯爾尼公約》的三項原則及最低保護規定

三項原則		國民待遇原則。對於起源於一個締約國的作品（即作者為該國國民的作品，或首次發表是在該國發生的作品），每一個其他締約國都必須給予與各該締約國給予其本國國民的作品同樣的保護
		自動保護原則。保護的取得不得以辦理任何手續為條件
		保護的獨立性原則。保護不依賴於作品在起源國是否存在保護。但若某締約國規定的保護期比公約所規定的最低期限更長，作品在起源國不再受保護的，可以自起源國停止保護時起，拒絕予以保護
最低保護規定	保護作品範圍	文學、科學和藝術領域內的一切成果
	專有許可權	除若干允許的保留、限制或例外以外，以下各項權利必須被視為專有的許可權：翻譯權；對作品進行改編和編排的權利；戲劇、戲劇音樂、音樂等作品的公開表演權；文學作品的公開朗誦權；對這類作品的演出進行公開傳播的權利；廣播權（締約國可以只規定獲得報酬的權利，而不規定許可權）；任何方式或形式的複製權（某些特殊的情況下，允許未經許可的複製行為，但複製不與作品的正常利用相抵觸，也不無理地損害作者的合法利益）；音樂作品的聲音錄製品可以獲得公平報酬的權利；以作品為基礎制成音像作品的權利，以及複製、發行、公開表演或向公眾傳播該音像作品的權利
	保護期限	一般規則是必須保護到作者死後 50 年為止。但是也有例外：對於匿名作品或假名作品，保護期為作品合法地向公眾提供以後 50 年，但如果假名使作者的身分確定無疑，或作者在有效期內公開了其身分，則例外；在後一種情況下，應適用一般規則
		音像（電影）作品，最短的保護期為作品向公眾提供（「發行」）以後 50 年，或者未向公眾提供的，為作品完成以後 50 年。對於實用藝術作品和攝影作品，最短期限為這類作品完成以後 25 年

（二）世界版權公約

美國雖然多次參加了締結伯爾尼公約的會議，但因其當時的出版等行業不如歐洲一些國家那樣發達，對著作權保護的水準較低，一直拒絕加入伯爾尼公約①。美國於 1889 年與美洲的一些國家，在蒙德維爾締結了一個《美洲國家間版權公約》，簡稱《泛美版權公約》。美洲此後還陸續簽訂了幾個地區性的版權公約，即 1902 年的《墨西哥公約》，1906 年的《里約熱內盧公約》，1910 年的《哈瓦那公約》，1946 年的《華盛頓公約》等。這就形成了以歐洲為中心和以美洲為中心的兩大版權保護體系，反應各自利益而存在差距。

第二次世界大戰後，美國的經濟和文化取得了很大的發展，開始關注其作品在歐洲國家的保護問題。但伯爾尼公約的保護水準較高，美國希望通過締結一個新的國際公約，達到保護其利益的目的。另一方面，一些新興國家也認為伯爾尼公約的保護水準太高，不利於對外國作品、特別是伯爾尼公約成員國中發達國家的作品的使用，也希望能締結一個保護水準相對較低的國際公約。同時，一些伯爾尼公約的成員國為了

---

① 美國直到 1989 年 1 月 1 日才正式參加伯爾尼公約。

使自己的作品在上述國家獲得充分保護,也願意在新的國際保護體系中實現與這些國家著作權的相互保護。在聯合國教科文組織的主持下,經過多次會議的協商,於 1952 年在日內瓦正式通過了《世界版權公約》(Universal Copyright Convention)。該公約於 1955 年 9 月 16 日生效。

《世界版權公約》與《伯爾尼公約》於 1971 年同時在巴黎進行了修訂。新修訂的《世界版權公約》於 1974 年生效,任何新參加國,只能參加巴黎修訂文本。中國於 1992 年 10 月 30 日正式加入該公約。

三、與貿易有關的知識產權協定

1994 年《與貿易有關的知識產權協定》(Agreement on Trade-related Aspects of Intellectual Property Rights,以下簡稱 TRIPS)。TRIPS 第一次將知識產權與國際貿易聯繫在一起,從而將知識產權的國際保護從原來的靜態引向了動態,是影響極為深遠的一個知識產權方面的國際公約。

(一) TRIPS 的訂立

關貿總協定於 1947 年締結於日內瓦。在烏拉圭回合談判中,以美國為首的發達國家倡議,極力主張將知識產權問題被列為三大新議題之一。經過長達 7 年多的談判,取得了最終結果,達成了《與貿易有關的知識產權協議》(Agreement on Trade-related Aspects of Intellectual Property Rights,以下簡稱 TRIPS)。1995 年 1 月 1 日起,關貿總協定被世貿組織所取代,TRIPS 也同時生效。

(二) TRIPS 的主要內容

與其他知識產權公約相比,TRIPS 從總體而言提高了知識產權保護的水準。

1. 擴大了知識產權保護的範圍

TRIPS 將傳統上不屬於知識產權範圍的商業秘密,以及知識產權條約未列為知識產權保護的集成電路布圖、計算機軟件,也列為它的保護範圍。同時指出「專利應適用於所有技術領域中的任何發明,不論它是產品還是方法」。此外協議還要求成員國對目前大多數發展中國家不予保護的植物新品種給予保護。

2. 強化了知識產權的權利內容

(1) 專利方面,特別強調進口權以及方法專利的保護範圍,且延及由該方法直接獲得的產品;在外觀設計方面也規定了進口權。弱化了巴黎公約中強制許可在事實上所造成的未經許可的使用,並增加了 10 多項限制條件,實際上強化了專利權。

(2) 計算機軟件及電影作品著作權,特別強調了租賃權。

(3) 與集成電路知識產權公約相比,協議對集成電路布圖設計的保護擴大到含有集成電路成品的產品。

3. 完善了知識產權的實施保障

TRIPS 既是知識產權實體法,又是一部程序法。它不僅規定了主體的權利義務關係,而且還規定了實現其權利和義務的行政、民事、刑事以及邊境和臨時程序。實體法的內容主要體現在 TRIPS 的第二部分,程序法的內容主要體現在 TRIPS 的第四部分,這一部分詳盡地規定了有關知識產權執行措施和對知識產權的取得和維持的有關程序。這些規定幾乎涉及行政和司法訴訟、賠償、補救措施等方面的所有問題。值得一提的是 TRIPS 規定的有關海關的邊境措施,各成員知識產權所有人掌握了確切證據後,對

侵犯知識產權的產品不管是進口或出口,都可申請海關予以扣押。但申請人在此情況下應提供相應的保全措施,以便保護被告,防止權利人濫用權利。這樣的規定在以前的知識產權條約中是從來沒有過的。

4. 建立了一套較為完整有效的爭端解決機制

TRIPS 第六十四條規定,除非有特別規定,1994 年 GATT 就解釋及適用關貿總協定第二十二條和第二十三條,以及依照這兩條所設立的關於糾紛解決規則和程序的諒解備忘錄,適用於知識產權問題的協商和爭端解決。如某一成員對影響本協定的執行的任何事項向另一成員提出要求時,該成員應以同情的考慮,並給予適當的機會進行協商。但如果有關成員在合理期間內尚不能採取滿意的解決辦法時,該問題可提交全體成員處理:或提出適當建議,或酌情對此做出裁決;情況嚴重的可通過全體成員一致行動,對不實施或不完全實施 TRIPS 的國家,可進行集體抵制和交叉報復。一般來講,違反協議的一方為維護其在世貿組織中的地位以及避免貿易制裁所造成的損失,通常會認真執行裁決。TRIPS 將世貿組織解決爭端的機制引進來,將知識產權問題與國際貿易掛勾,以貿易制裁作為知識產權保護的後盾,這無疑是促進各成員履行義務最有效、最強有力的手段。

5. 取消了保留條款

TRIPS 第七十二條規定:未經其他成員同意,對本協議的任何條款均不得提出保留。因此對協議不存在就某一條款提出保留問題。而且由於協議和 GATT 烏拉圭回合的其他 14 個議題的談判採取一攬子接受的原則,不接受該協議也就意味著被排斥在多邊貿易體制之外。因此,取消保留條款可以保證 TRIPS 對知識產權的高標準保護得以被廣泛接受。

二、中國知識產權保護的現狀

中國自改革開放以來,逐步建立了知識產權法律制度。目前中國參加的知識產權保護國際條公約和國際協定共 17 項,為保護知識產權制定和實施的國內立法多達 29 項。

資料卡 11.3

中國加入的知識產權保護的國際公約與國際協定[①]

	國際公約或協定名稱	生效日期
1	《世界知識產權組織公約》	1980 年 6 月 3 日
2	《保護工業產權巴黎公約》	1985 年 3 月 19 日
3	《國際商標註冊馬德里協定》	1989 年 10 月 4 日
4	《關於集成電路的知識產權條約》	1990 年 5 月 1 日
5	《保護文學和藝術作品伯爾尼公約》	1992 年 10 月 15 日
6	《世界版權公約》	1992 年 10 月 30 日

---

① 資料來源:田東文. 國際商法 [M]. 2 版. 北京:機械工業出版社,2014:269.

	國際公約或協定名稱	生效日期
7	《保護錄音製品製作者防止未經許可複製其錄音製品公約》	1993年4月30日
8	《專利合作條約》	1994年1月1日
9	《商標註冊用商品和服務國際分類尼斯協定》	1994年8月9日
10	《國際承認用於專利程序微生物保存布達佩斯條約》	1995年7月1日
11	《商標國際註冊馬德里協定有關議定書》	2000年8月4日
12	《建立工業品外觀設計國際分類洛迦諾協定》	1996年9月19日
13	《國際專利分類斯特拉斯堡協定》	1997年6月19日
14	《國際植物新品種保護公約》	1999年4月23日
15	世界貿易組織協定中《與貿易有關的知識產權協議》	2001年12月11日
16	《世界知識產權組織版權條約》	2007年6月9日
17	《世界知識產權組織表演和錄音製品條約》	2007年6月9日

第三節　專利法

一、專利法概述

（一）專利與專利權

「專利」一詞來自拉丁文 litterae patents，含有公開之意，原指蓋有國璽印鑒不必拆封即可打開閱讀的一種文件。現在，「專利」一詞一般理解為專利證書，或理解為專利權。

專利權，是指國家依法授予發明人、設計人或其所屬單位對其發明創造在法律規定的期限內享有的專有權或獨占權。專利期限屆滿後，專利權即行消滅，任何人皆可無償地使用該項發明或設計。專利權僅僅在授予專利的國家或地區範圍內有效，只能在該國或地區法律管轄範圍內受到法律強制力保護，超出該國或地區地域範圍則失去效力。

（二）專利法

1. 專利法的起源

專利法，是指調整在確認發明人（或其權利繼受人）對其發明享有專有權，規定專利權人的權利和義務的法律規範的總稱。

在西方國家，一般認為英國1624年制訂的《壟斷法規》是現代專利法的開始，此法對以後各國的專利法影響很大，德國法學家 J. 柯勒曾稱之為「發明人權利的大憲章」。從18世紀末到19世紀末，美國（1790）、法國（1791）、西班牙（1820）、德國（1877）、日本（1826）等西方工業國家陸續制定了專利法。到了20世紀，特別是第二次世界大戰結束以後，工業發達國家對專利法陸續進行了修訂，許多發展中國家也都制訂了專利法。到了20世紀80年代初期，約有150個國家和地區建立了專利制度。

2. 中國專利法的制定

1984 年 3 月 12 日第六屆全國人民代表大會常務委員會第四次會議通過了《中華人民共和國專利法》（簡稱《專利法》），1992 年 9 月 4 日、2000 年 8 月 25 日和 2008 年 12 月 27 日，全國人大常務委員會對《專利法》進行了三次修改。2010 年 1 月 9 日國務院對《中華人民共和國專利法實施細則》也進行了第二次修訂。

中國頒布《專利法》是為了保護專利權人的合法權益，鼓勵發明創造，推動發明創造的應用，提高創新能力，促進科學技術進步和經濟社會發展。

二、專利權的主體及權利歸屬

專利權的主體即專利權人，是指依法享有專利權並承擔相應義務的人。根據《專利法》的規定，專利權主體的確定及權利歸屬包括以下幾種情形：

（一）職務發明

職務發明創造，是指執行本單位的任務或者主要是利用本單位的物質技術條件所完成的發明創造。職務發明創造申請專利的權利屬於該單位；申請被批准後，該單位為專利權人。這裡的本單位包括臨時工作單位。

職務發明創造分為兩類：

1. 執行本單位任務所完成的發明創造

執行本單位任務所完成的發明創造包括三種情況：①在本職工作中做出的發明創造；②履行本單位交付的本職工作之外的任務所做出的發明創造；③退職、退休或者調動工作後 1 年內做出的，與其在原單位承擔的本職工作或者原單位分配的任務有關的發明創造。

2. 主要利用本單位的物質技術條件所完成的發明創造

根據《中華人民共和國專利法實施細則》的規定，「本單位的物質技術條件」是指本單位的資金、設備、零部件、原材料或者不對外公開的技術資料等。如何確認「主要利用」，一般認為，在發明創造過程中全部或者大部分利用了單位的物質技術條件，這種利用對發明創造的完成起著必不可少的決定性作用，就可以認定為主要利用本單位物質技術條件。如果僅僅是少量利用了本單位的物質技術條件，且這種物質條件的利用，對發明創造的完成無關緊要，則不能因此認定是職務發明創造。值得一提的是，對於這類職務發明，如果單位與發明人或者設計人訂有合同，對申請專利的權利和專利權的歸屬做出約定的，從其約定。

溫故知新

李某是甲公司的研究人員，承擔了一種冷藏機的研製任務，在研製成功前辭職開辦乙公司。辭職近一年時，李某研製成功了該冷藏機，並以乙公司的名義申請並獲得了專利。丙公司在李某研製成功之前已經研製出該冷藏機技術並開始生產產品。下列哪一選項是正確的？（　　）

A. 該專利權應歸甲公司享有，李某享有在專利文件中署名的權利
B. 該專利權應歸甲公司享有，乙公司享有免費使用權
C. 該專利權應歸乙公司享有，甲公司享有免費使用權

D. 在該專利授權後，丙公司應停止生產該冷藏機

【參考答案】A

(二) 非職務發明

非職務發明創造，申請專利的權利屬於發明人或者設計人；申請被批准後，該發明人或者設計人為專利權人。

發明人或設計人，是指對發明創造的實質性特點做出了創造性貢獻的人。在完成發明創造過程中，只負責組織工作的人、為物質技術條件的利用提供方便的人或者從事其他輔助性工作的人，例如試驗員、描圖員、機械加工人員等，均不是發明人或設計人。因此，發明人或設計人只能是自然人，而不可能是任何形式的組織。

需要注意的是，發明創造活動是一種事實行為，不受民事行為能力的限制，因此，無論從事發明創造的人是否具備完全民事行為能力，只要他完成了發明創造，就應認定為發明人或設計人。也就是說，發明人或設計人對專利申請權的享有，不因其年齡、性別、職業、文化程度等因素而受到限制。

(三) 共同發明

共同發明創造，是指兩個以上單位或者個人合作完成的發明創造、一個單位或者個人接受其他單位或者個人委託所完成的發明創造。共同發明創造除另有協議的以外，申請專利的權利屬於完成或者共同完成的單位或者個人；申請被批准後，申請的單位或者個人為專利權人。

(四) 委託發明

委託發明，是指一個單位或者個人接受其他單位或者個人委託所完成的發明創造。委託發明的權利歸屬，專利法和合同法採取了合同優先的原則，如果合同約定不明或合同未對權利歸屬予以約定時，法律做了對接受委託的一方更為有利的規定，即權利歸完成發明創造的一方，但委託人可以免費實施專利。

(五) 外國人

外國人包括具有外國國籍的自然人和法人。中國《專利法》參照國際慣例，將外國人在中國申請專利分為兩種情形進行規定。

1. 有經常居所或者營業所

在中國有經常居所或者營業所的外國人，享有與中國公民或單位同等的專利申請權和專利權，即適用國民待遇原則。

2. 沒有經常居所或者營業所

在中國沒有經常居所或者營業所的外國人、外國企業或者外國其他組織在中國申請專利的，依照其所屬國同中國簽訂的協議或者共同參加的國際條約，或者依照互惠原則，可以申請專利，但應當委託依法設立的專利代理機構辦理。

三、專利權的客體及授予條件

(一) 發明

專利權的客體，也稱為專利法保護的對象，是指依法應授予專利權的發明創造。根據中國《專利法》第二條的規定，專利法的客體包括發明、實用新型和外觀設計三種。

1. 發明

發明，是指對產品、方法或者其改進所提出的新的技術方案。

發明具有以下特點：

（1）發明必須是一種技術方案。發明是發明人將自然規律在特定技術領域進行運用和結合的結果，而不是自然規律本身，因而科學發現不屬於發明範疇。

（2）發明通常是自然科學領域的智力成果。文學、藝術和社會科學領域的成果不能構成專利法意義上的發明。

根據專利審查制度的規定，發明分為產品發明、方法發明兩種類型。產品發明是關於新產品或新物質的發明。方法發明是指為解決某特定技術問題而採用的手段和步驟的發明。能夠申請專利的方法通常包括製造方法和操作使用方法兩大類，前者如產品製造工藝、加工方法等，後者如測試方法、產品使用方法等。

發明還可以分為原創發明、改進型發明。改進發明是對已有的產品發明或方法發明所做出的實質性革新的技術方案。例如，愛迪生發明了白熾燈，白熾燈是一種前所未有的新產品，可以申請產品發明；生產白熾燈的方法可以申請方法專利；給白熾燈填充惰性氣體，其質量和壽命都有明顯提高，這是在原來基礎之上進行的改進，可以申請改進發明。

2. 實用新型

實用新型，是指對產品的形狀、構造或者其結合所提出的適於實用的新的技術方案，也被稱為「小發明」。需要注意的是，實用新型專利只保護產品，一切有關方法（包括產品的用途）以及未經人工製造的自然存在的物品不屬於實用新型專利的保護客體。

3. 外觀設計

外觀設計，是指對產品的形狀、圖案或者其結合以及色彩與形狀、圖案的結合所做出的富有美感並適於工業應用的新設計。外觀設計的載體必須是產品。通常，產品的色彩不能獨立構成外觀設計，除非產品色彩變化的本身已形成一種圖案。

（二）授予專利權的條件

發明創造要取得專利權，必須滿足實質條件和形式條件。實質條件是指申請專利的發明創造自身必須具備的屬性要求，形式條件則是指申請專利的發明創造在申請文件和手續等程序方面的要求。這裡所講的授予專利權的條件，僅指授予專利權的實質條件。

1. 發明或者實用新型專利的授權條件

授予專利權的發明和實用新型，應當具備新穎性、創造性和實用性。

（1）新穎性。新穎性，是指該發明或者實用新型不屬於現有技術；也沒有任何單位或者個人就同樣的發明或者實用新型在申請日以前向國務院專利行政部門提出過申請，並記載在申請日以後公布的專利申請文件或者公告的專利文件中。所謂現有技術，是指申請日以前在國內外為公眾所知的技術。

根據《專利法》第二十四條的規定，申請專利的發明、實用新型和外觀設計在申請日以前6個月內，有下列情形之一的，不喪失新穎性：①在中國政府主辦或者承認的國際展覽會上首次展出的；②在規定的學術會議或者技術會議上首次發表的；③他人未經申請人同意而洩露其內容的。

（2）創造性。創造性，是指與現有技術相比，該發明具有突出的實質性特點和顯著的進步，該實用新型具有實質性特點和進步。發明的創造性比實用新型的創造性要求更高。創造性的判斷以所屬領域普通技術人員的知識和判斷能力為準。

（3）實用性。實用性，是指該發明或者實用新型能夠製造或者使用，並且能夠產生積極效果。

2. 外觀設計專利的授予條件

根據《專利法》第二十三條的規定，授予專利權的外觀設計，應當不屬於現有設計；也沒有任何單位或者個人就同樣的外觀設計在申請日以前向國務院專利行政部門提出過申請，並記載在申請日以後公告的專利文件中。所謂現有設計，是指申請日以前在國內外為公眾所知的設計。授予專利權的外觀設計與現有設計或者現有設計特徵的組合相比，應當具有明顯區別。授予專利權的外觀設計不得與他人在申請日以前已經取得的合法權利相衝突。

3. 不授予專利權的情形

根據《專利法》第二十五條的規定，下列各項，不授予專利：①科學發現；②智力活動的規則和方法；③疾病的診斷和治療方法；④動物和植物品種，但是對動物和植物品種的生產方法，可以依照授予專利權；⑤用原子核變換方法獲得的物質；⑥對平面印刷品的圖案、色彩或者二者的結合做出的主要起標示作用的設計。

另外需要注意的是，違反法律、社會公德或妨害公共利益的發明創造也不授予專利。發明創造本身的目的與國家法律相違背的，不能被授予專利權。例如，用於賭博的設備、機器或工具；吸毒的器具等不能被授予專利權。發明創造本身的目的並沒有違反國家法律，但是由於被濫用而違反國家法律的，則不屬此列。

四、專利申請與審批程序

（一）專利的申請

1. 專利申請的原則

（1）單一性原則。所謂單一性原則，是指一件專利申請只能限於一項發明創造。但是屬於一個總的發明構思的兩項以上的發明或者實用新型，可以作為一件申請提出；用於同一類別並且成套出售或者使用的兩項以上的產品外觀設計，可以作為一件申請提出。

（2）先申請原則。所謂先申請原則，是指當兩個以上的專利申請人分別就同一發明創造申請專利的，專利權授予最先申請的人。先申請原則目前在國際上被絕大多數國家所接受，僅有少數國家如美國、加拿大、菲律賓等採用先發明原則，即規定兩個以上的申請人分別就同樣的發明申請專利時，不論誰先提出專利申請，專利權授予最先完成發明的申請人，但是，先發明原則只適用於在其國內完成的發明。

一般以專利申請日作為確定提出專利申請的先後，也有的國家如法國是以專利申請時刻為標準確定專利申請的先後。根據《專利法》第二十八條的規定，如果專利申請文件是直接遞交的，以國務院專利行政部門收到專利申請文件之日為申請日；如果是郵寄的，以寄出的郵戳日為申請日。

（3）優先權原則。優先權原則是《保護工業產權的巴黎公約》中規定的基本原則之一。中國是其成員，也應當遵循該公約的基本原則，因而將該原則在中國專利法中

加以規定。

中國《專利法》第二十九條規定的優先權包括兩類：一是外國優先權。所謂外國優先權是指申請人自發明或者實用新型在外國第一次提出專利申請之日起12個月內，或者自外觀設計在外國第一次提出專利申請之日起6個月內，又在中國就相同主題提出專利申請的，依照該外國同中國簽訂的協議或者共同參加的國際條約，或者依照相互承認優先權的原則，經申請人要求，以其第一次在外國提出申請的日期為申請日。二是本國優先權。申請人自發明或者實用新型在中國第一次提出專利申請之日起12個月內，又向國務院專利行政部門就相同主題提出專利申請的，經申請人要求，以其第一次在中國申請專利的日期為申請日。值得一提的是，外觀設計不存在享有本國優先權的問題。

申請人要求優先權的，應當在申請的時候提出書面聲明，並且在3個月內提交第一次提出專利申請的文件副本；未提出書面聲明或者逾期未提交專利申請文件副本的，視為未要求優先權。

2. 專利申請須提交的文件

（1）申請發明或實用新型專利權應提交的文件。具體包括以下文件：①請求書，請求書應當寫明發明或者實用新型的名稱，發明人或者設計人的姓名，申請人姓名或者名稱、地址以及其他事項。②說明書及附圖，說明書是技術性文件，是對發明內容的陳述，說明書應當對發明或實用新型做出清楚、完整的說明，以所屬技術領域的技術人員能夠實現為準，必要時，說明書應當附圖，用來補充說明書中的文字部分。③權利要求書，權利要求書應當以說明書為依據，清楚、簡要地表述請求保護的範圍。④摘要，摘要應當簡要說明發明或者實用新型的技術要點。如果是依賴遺傳資源完成的發明創造，申請人應當在專利申請文件中說明該遺傳資源的直接來源和原始來源；申請人無法說明其原始來源的，應當陳述理由。

（2）申請外觀設計專利權應當提交的文件。具體包括：①請求書；②外觀設計的圖片或者照片，申請人提交的有關圖片或者照片應當清楚地顯示要求專利保護的產品的外觀設計；③外觀設計的簡要說明，簡要說明應當寫明使用該外觀設計的產品的設計要點、請求保護色彩、省略視圖等情況。簡要說明不得使用商業性宣傳用語，也不能用來說明產品的性能。

（二）專利申請的審批與無效宣告

1. 發明專利的審批

（1）初步審查。初步審查即形式審查，即對專利申請是否符合專利法及其實施細則規定的形式要求以及明顯的實質缺陷進行審查。

（2）早期公開。國務院專利行政部門對於初步審查合格的專利申請，自申請日起滿18個月，有優先權的自優先權之日起，滿18個月即進行公布，申請人可以請求早日公布專利申請。專利申請的公布就是把發明專利申請文件全文發表在《發明專利公報》上，允許公眾自由閱讀。

（3）實質審查。中國《專利法》規定，自申請日起3年內申請人可隨時提出實質審查請求，申請人無正當理由逾期不請求實質審查，該申請被視為撤回。國務院專利行政部門認為對國計民生有重大作用的發明申請也可以自行決定進行實質審查。

（4）授權登記公告。發明專利申請經實質審查沒有發現駁回理由的，由專利局做

出授予發明專利權的決定，發給權利人發明專利證書，同時予以登記和公告。發明專利權自公告之日起生效。

2. 實用新型、外觀設計專利的審批

中國《專利法》規定，對實用新型、外觀設計專利申請只進行初步審查而不進行實質審查。國務院專利行政部門對實用新型、外觀設計專利申請的初步審查與對發明專利申請的初步審查基本相同。

3. 專利復審與無效宣告

（1）專利復審程序。專利復審程序是專利審批過程中的一個法律補救程序，幾乎所有實行專利制度的國家都設置此程序。專利復審程序實質上是一種監督程序，給予專利申請人以申訴的機會，也為專利審批機關提供一個更正錯誤的機會。

根據《專利法》第四十一條規定，國務院專利行政部門設立專利復審委員會。專利申請人對國務院專利行政部門駁回申請的決定不服的，可以自收到通知之日起3個月內，向專利復審委員會請求復審。專利復審委員會復審後，做出決定，並通知專利申請人。

專利復審委員會對復審請求進行審查，可能做出維持國務院專利行政部門的決定，駁回復審請求，或者撤銷國務院專利行政部門的決定，批准復審請求。專利申請人對專利復審委員會做出的復審決定不服的，可以自收到通知之日起3個月內向人民法院起訴。

（2）專利權的無效宣告程序。專利權的無效宣告程序是各國專利法普遍規定的法律程序。這一程序的設置有利於糾正專利機關做出的不符合專利法的錯誤決定，維護公眾的合法權益，保證專利法的正確執行。

中國《專利法》中規定，自國務院專利行政部門公告授予專利權之日起，任何單位或者個人認為該專利權的授予不符合專利法有關規定的，可以請求專利復審委員會宣告該專利權無效。專利復審委員會對宣告專利權無效的請求應當及時審查和做出決定，並通知請求人和專利權人。宣告專利權無效的決定，由國務院專利行政部門登記和公告。對專利復審委員會宣告專利權無效或者維持專利權的決定不服的，可以自收到通知之日起3個月內向人民法院起訴。人民法院應當通知無效宣告請求程序的對方當事人作為第三人參加訴訟。

宣告無效的專利權視為自始即不存在。宣告專利權無效的決定，對在宣告專利權無效前人民法院做出並已執行的專利侵權的判決、調解書，已經履行或者強制執行的專利侵權糾紛處理決定，以及已經履行的專利實施許可合同和專利權轉讓合同，不具有追溯力。但是因專利權人的惡意給他人造成的損失，應當給予賠償。

五、專利的國際申請及審查程序

（一）國際申請

國際申請是指依據《專利合作條約》（Patent Cooperation Treaty，簡稱PCT）提出的申請，又稱PCT申請。中國於1994年1月1日加入了《專利合作條約》，截至2005年3月1日，已有126個國家加入了該條約。

1. 申請途徑

中國申請人申請多個國家的專利有兩種途徑：一是傳統的依據《巴黎公約》申請；

二是 PCT 申請，這種申請大大簡化了專利申請的手續，減輕了申請人的負擔。

2. PCT 申請程序

PCT 的申請程序為：①申請人按照條約的具體要求準備好申請案之後，呈交「國際申請案接收局」。②接收局接到申請案之後將其複製兩份，一份送交「國際申請案檢索局」，另一份送交「國際申請案登記局」①。③檢索局對申請案進行檢索，看它是否與任何現有技術相重複，然後將檢索報告送交 WIPO 的國際局。該國際局將已登記的申請案與檢索報告一道複製之後，分送申請人所指定的即其希望在那裡取得專利權的國家。④最後由這些國家再依照自己國內法的規定，決定批准還是駁回申請案。

自申請日起 20 個月或優先權日起 30 個月內，國際申請在指定國或選定國進入國內階段。各指定國或選定國到這時才依照國內法對其進行最終的審批。與巴黎公約規定的 12 個月的考慮時間相比，PCT 申請人多了 8 個月或 18 個月的考慮時間。在此期間，申請人可以借助國際檢索報告和國際初步審查報告，正確地評估發明的技術價值和市場前景，決定申請是否進入國內階段，由此可節省大量勞動和避免無謂開支。

六、專利權的內容、期限與終止

專利權的內容是指專利權人依法享有的權利和應履行的義務。

（一）專利權人的權利

專利權人的權利是指專利權人依法對其發明創造在法律規定期限內所享有的一切民事權利，包括財產權利和人身權利。

1. 獨占權

所謂獨占權，是指專利權人排他地利用其專利的權利，是專利權人最基本的權利。中國《專利法》第十一條規定，發明和實用新型專利權被授予後，除本法另有規定的以外，任何單位或者個人未經專利權人許可，都不得實施其專利，即不得為生產經營目的製造、使用、許諾銷售、銷售、進口其專利產品，或者使用其專利方法以及使用、許諾銷售、銷售、進口依照該專利方法直接獲得的產品。

外觀設計專利權被授予後，任何單位或者個人未經專利權人許可，都不得實施其專利，即不得為生產經營目的製造、許諾銷售、銷售、進口其外觀設計專利產品。

2. 轉讓權

所謂轉讓權，是指專利權人享有依法將其專利權轉讓給他人的權利。專利權原則上可以自由轉讓，但中國單位或者個人向外國人、外國企業或者外國其他組織轉讓專利權的，應當依照有關法律、行政法規的規定辦理手續。轉讓專利權的，當事人應當訂立書面合同，並向國務院專利行政部門登記，由國務院專利行政部門予以公告。專利申請權或者專利權的轉讓自登記之日起生效。

3. 許可權

所謂許可權，是指專利權人依法享有的允許其他單位或個人實施其全部或部分專利的權利。任何單位或個人實施他人專利的，應當與專利權人訂立實施許可合同，向專利權人支付專利使用費。被許可人無權允許合同規定以外的任何單位或者個人實

---

① 條約規定的接受局為每個成員國的專利局；檢索局為澳大利亞、美國、蘇聯、日本的專利局以及「歐洲專利局」；登記局為 WIPO 的國際局。

施該專利。

4. 專利標記權

所謂專利標記權，是指專利權人依法享有的在其專利產品或該產品的包裝上標明專利標記和專利號的權利。標明專利標記是指標明「專利」或者「中國專利」的字樣。專利號是國務院專利行政部門授予專利的號碼，具有固定的內涵，代表了被授予的專利權，不能自行改動。

5. 放棄專利權的權利。

專利權人有權通過向國務院專利行政部門提出書面申請或以不交年費的方式放棄其權利。

(二) 專利權人的義務

1. 繳納專利年費的義務

中國《專利法》第四十三條規定，專利權人應當自被授予專利權的當年開始繳納年費。未按規定交納專利年費的，將導致專利權在其期限屆滿前提前終止。

2. 充分公開專利內容的義務

專利權人應當在專利申請文件中將授予專利權的發明創造內容，做出清楚、完整的說明，以使所屬技術領域的技術人員能夠實現。如果專利權人沒有充分公開專利的內容，任何人都可以此為由請求專利復審委員會宣告此專利權無效。

3. 履行國家有關機關頒發的計劃許可的義務

專利權人有義務履行國家有關機關頒發的計劃許可，允許指定的單位實施。

(二) 專利的期限

《專利法》第四十二條規定，發明專利權的期限為 20 年，實用新型專利權和外觀設計專利權的期限為 10 年，均自申請日起計算。

(三) 專利的終止

根據中國《專利法》的規定，專利權因下列原因而終止：①專利權因法定的專利權有效期限屆滿而自然終止；②專利權因專利權人沒有按照專利法規定繳納專利年費而終止；③專利權因專利權人以書面聲明放棄專利權而終止；④專利權因專利權人（自然人）死亡後無人繼承而終止，或因專利權人（企業）消滅後無繼受單位而終止；⑤專利權因被專利復審委員會宣告無效而終止。專利權終止後，由專利局登記並公告。

六、專利權的限制及保護

中國專利法一方面賦予和保護專利權人享有廣泛的權利；另一方面，為了維護國家和社會公共利益，防止專利權人濫用專利權，也對專利權人的權利作了若干限制性規定。

(一) 專利權的限制

1. 不視為侵犯專利權的行為

根據中國《專利法》第六十九條規定，有下列情形之一的，不視為侵犯專利權：①專利產品合法售出後的使用、許諾銷售或銷售。專利產品或者依照專利方法直接獲得的產品，由專利權人或者經其許可的單位、個人售出後，使用、許諾銷售、銷售、進口該產品的。②先用權人的使用。在專利申請日前已經製造相同產品、使用相同方法或者已經作好製造、使用的必要準備，並且僅在原有範圍內繼續製造、使用的。

③臨時通過的外國運輸工具運行中的使用。臨時通過中國領陸、領水、領空的外國運輸工具，依照其所屬國同中國簽訂的協議或者共同參加的國際條約，或者依照互惠原則，為運輸工具自身需要而在其裝置和設備中使用有關專利的。④專為科學研究和實驗而使用有關專利的。⑤為提供行政審批所需要的信息，製造、使用、進口專利藥品或者專利醫療器械的，以及專門為其製造、進口專利藥品或者專利醫療器械的。

2. 強制許可對專利權的限制

所謂強制許可，是指國家主管機關不經專利權人同意，通過行政程序允許第三者利用專利發明，並向其頒發利用發明的強制許可證。為了維護社會公共利益，使授予專利權的發明創造盡早得到實施，許多國家專利法都做了強制許可的規定，以限制專利權人濫用專利權。中國《專利法》設專章對專利實施的強制許可做了明確規定，具體包括：

（1）依申請給予的強制許可。根據《專利法》第四十八條的規定，國務院專利行政部門根據具備實施條件的單位或者個人的申請，可以給予實施發明專利或者實用新型專利的強制許可：①專利權人自專利權被授予之日起滿3年，且自提出專利申請之日起滿4年，無正當理由未實施或者未充分實施其專利的。②專利權人行使專利權的行為被依法認定為壟斷行為，為消除或者減少該行為對競爭產生的不利影響的。

（2）根據國家利益或公共利益頒發的強制許可。根據中國《專利法》第四十九條的規定，在國家出現緊急狀態或者非常情況時，或者為了公共利益的目的，國務院專利行政部門可以給予實施發明專利或者實用新型專利的強制許可。

《專利法》第五十條規定：為了公共健康目的，對取得專利權的藥品，國務院專利行政部門可以給予製造並將其出口到符合中華人民共和國參加的有關國際條約規定的國家或者地區的強制許可。

（3）從屬專利的強制許可。它是指國務院專利行政部門根據專利之間相互依存的關係而頒發的強制許可證。《專利法》第五十一條規定，一項取得專利權的發明或者實用新型比前已經取得專利權的發明或者實用新型具有顯著經濟意義的重大技術進步，其實施又有賴於前一發明或者實用新型的實施的，國務院專利行政部門根據後一專利權人的申請，可以給予實施前一發明或者實用新型的強制許可。在依照上述規定給予實施強制許可的情形下，國務院專利行政部門根據前一專利權人的申請，也可以給予實施後一發明或者實用新型的強制許可。

國務院專利行政部門做出的給予實施強制許可的決定，應當及時通知專利權人，並予以登記和公告。給予實施強制許可的決定，應當根據強制許可的理由規定實施的範圍和時間。強制許可的理由消除並不再發生時，國務院專利行政部門應當根據專利權人的請求，經審查後做出終止實施強制許可的決定。

強制許可實施專利不是無償的，任何取得實施強制許可的單位或者個人應當付給專利權人合理的使用費，或者依照中國參加的有關國際條約的規定處理使用費問題。付給使用費的，其數額由雙方協商；雙方不能達成協議的，由國務院專利行政部門裁決。

專利權人對國務院專利行政部門關於實施強制許可的決定不服的，專利權人和取得實施強制許可的單位或者個人對國務院專利行政部門關於實施強制許可的使用費的裁決不服的，可以自收到通知之日起3個月內向人民法院起訴。期滿不起訴或起訴後，

人民法院的判決仍然維持專利局的決定或裁決的，專利權人就必須履行專利局的決定和裁決。

(二) 專利權的保護

中國專利法採用行政和司法手段保護專利權人依法享有的權利。

1. 專利權的保護範圍

確定專利權保護範圍對專利權人和其他人具有重要意義，只有界定清楚專利保護範圍才能正確處理專利侵權糾紛。中國《專利法》第五十九條規定，發明或者實用新型專利權的保護範圍以其權利要求的內容為準，說明書及附圖可以用於解釋權利要求的內容；外觀設計專利權的保護範圍以表示在圖片或者照片中的該產品的外觀設計為準，簡要說明可以用於解釋圖片或者照片所表示的該產品的外觀設計。

2. 專利侵權行為的表現形式

未經專利權人許可，實施其專利的行為，就是侵犯專利權的行為。它主要表現在以下兩個方面：

（1）未經專利權人許可實施其專利的行為。具體包括：①為生產經營目的製造、使用、許諾銷售、銷售或者進口其專利產品；②使用專利方法及使用、許諾銷售、銷售、進口依照該專利方法直接獲得的產品；③為生產經營目的製造、銷售、進口外觀設計專利產品。

（2）假冒專利行為。《中華人民共和國專利法實施細則》第八十四條規定，下列行為屬於假冒專利的行為：①在未被授予專利權的產品或者其包裝上標註專利標示，專利權被宣告無效後或者終止後繼續在產品或者其包裝上標註專利標示，或者未經許可在產品或者產品包裝上標註他人的專利號；②銷售第①項所述產品；③在產品說明書等材料中將未被授予專利權的技術或者設計稱為專利技術或者專利設計，將專利申請稱為專利，或者未經許可使用他人的專利號，使公眾將所涉及的技術或者設計誤認為是專利技術或者專利設計；④偽造或者變造專利證書、專利文件或者專利申請文件；⑤其他使公眾混淆，將未被授予專利權的技術或者設計誤認為是專利技術或者專利設計的行為。

專利權終止前依法在專利產品、依照專利方法直接獲得的產品或者其包裝上標註專利標示，在專利權終止後許諾銷售、銷售該產品的，不屬於假冒專利行為。銷售不知道是假冒專利的產品，並且能夠證明該產品合法來源的，由管理專利工作的部門責令停止銷售，但免除罰款的處罰。

2. 專利權的法律保護

根據《專利法》第六十條規定，未經專利權人許可，實施其專利，即侵犯其專利權，引起糾紛的，由當事人協商解決；不願協商或者協商不成的，專利權人或者利害關係人可以向人民法院起訴，也可以請求管理專利工作的部門處理。管理專利工作的部門處理時，認定侵權行為成立的，可以責令侵權人立即停止侵權行為，當事人不服的，可以自收到處理通知之日起15日內依照《中華人民共和國行政訴訟法》向人民法院起訴；侵權人期滿不起訴又不停止侵權行為的，管理專利工作的部門可以申請人民法院強制執行。進行處理的管理專利工作的部門應當事人的請求，可以就侵犯專利權的賠償數額進行調解；調解不成的，當事人可以依照《中華人民共和國民事訴訟法》向人民法院起訴。

案例 11.1

世博會丹麥館是否侵犯了王某的發明專利權[①]？

案情：2010 年 10 月，正當上海世博盛會期間，以人魚雕像著稱的丹麥館卻遭遇了一場侵權訴訟。2006 年 4 月 5 日，北京男子王某取得了中華人民共和國國家知識產權局授予的名稱為「高架立體建築物」的發明專利權。王某認為世博會丹麥館建築物落入了他專利權利保護範圍，因此將丹麥館和承建丹麥館的中建八局一併告上法庭，要求丹麥館停止侵犯自己的「高架立體建築物」發明專利權，賠禮道歉，並在丹麥館建築物上標明王某的姓名和專利標示，丹麥館和中建八局連帶賠償經濟損失人民幣 75 萬元。

2011 年 3 月，上海一中院審理後認為，丹麥館建築物採用的是框架結構，其整個建築物就是一鋼結構的框架，並無可以單獨存在的空間支架一說，房屋單元布置在整個框架之內並不延及框架的四周，房屋單元與框架構成包含關係。法院認為，丹麥館建築物的技術特徵與王某專利權利要求中記載的技術特徵「每組高架立體建築物由空間支架和支承在空間支架上的房屋單元構成」以及「空間支架四周空間及表面設置有若干房屋單元」既不相同，也不等同。遂判決駁回原告的訴訟請求。

第四節　商標法

一、商標法概述

（一）商標

1. 商標的概念

商標即品牌，是指能夠將自然人、法人或者其他組織的商品或者服務與他人的商品或者服務相區別的標誌。

2. 商標的種類

（1）按商標的使用對象劃分。商標包括商品商標、服務商標、集體商標和證明商標。商品商標顧名思義就是生產者或經營者使用於商品上的商標。服務商標就是服務的提供者為標示自己提供的服務所使用的商標；集體商標是指以團體、協會或者其他組織名義註冊，供該組織成員在商事活動中使用，以表明使用者在該組織中的成員資格的標誌。證明商標，是指由對某種商品或者服務具有監督能力的組織所控制，而由該組織以外的單位或者個人使用於其商品或者服務，用以證明該商品或者服務的原產地、原料、製造方法、質量或者其他特定品質的標誌。

（2）按商標的構成劃分。商標包括文字商標、圖形商標、字母商標、數字商標、三維商標、顏色組合商標以及前述元素的組合商標。

（二）商標法

商標法是確認商標專用權，規定商標註冊、使用、轉讓、保護和管理的法律規範

[①] 資料來源：http://mohrss.chinalawinfo.com/Case/displaycontent.

的總稱。

1982年8月23日，第五屆全國人大常委會第24次會議通過《中華人民共和國商標法》（以下簡稱《商標法》）。1993年2月22日、2001年10月27日、2013年8月30日全國人大常務委員會對《商標法》分別進行了三次修正，修正後的《商標法》自2014年5月1日起施行。

二、商標註冊

商標註冊，是指商標使用人為了取得商標使用權，依照法定程序向國家商標管理機關提出申請，經過審核予以註冊，授予商標專用權的行為。商標註冊人有權標明「註冊商標」或者註冊標記。

（一）中國商標註冊的原則

1. 自願註冊為主、強制註冊為輔的原則

中國商標法實行自願註冊的原則。商標無論是否註冊均可使用，僅僅是註冊商標和未註冊商標的法律地位不同，註冊商標受法律保護，未註冊商標不受法律保護。但需要注意的是，中國實行商標自願註冊原則的同時，法律、行政法規又規定某些商品所使用的商標必須註冊，未經核准註冊的不得在市場上銷售，如人用藥品和菸草製品。

2. 申請在先為主、使用在先為輔的原則

申請在先的原則，是指兩個或兩個以上的商標註冊申請人在同一種商品、服務或者類似商品、服務上，以相同或近似的商標申請註冊，註冊申請在先的商標。商標局在審核時以申請日期確定提出申請的先後。商標註冊的申請日期，以商標局收到申請文件的日期為準。

兩個或者兩個以上的申請人，在同一種商品、服務或者類似商品、服務上，分別以相同或者近似的商標在同一天申請註冊的，註冊使用在先的商標，各申請人應當自收到商標局通知之日起30日內提交其申請註冊前在先使用該商標的證據。同日使用或者均未使用的，各申請人可以自收到商標局通知之日起30日內自行協商，並將書面協議報送商標局；不願協商或者協商不成的，商標局通知各申請人以抽籤的方式確定一個申請人，駁回其他人的註冊申請。

3. 優先權原則

根據《商標法》規定，享有優先權分為兩種情形：

（1）國際優先權。商標註冊申請人自商標在外國第一次提出商標註冊申請之日起6個月內，又在中國就相同商品以同一商標提出商標註冊申請的，依照該外國同中國簽訂的協議或者共同參加的國際條約，或者按照相互承認優先權的原則，可以享有優先權。商標註冊申請人要求優先權的，應當在提出商標註冊申請時提出書面聲明，並且在3個月內提交第一次提出商標註冊申請文件的副本，該副本應當經受理該申請的商標主管機關證明，並註明申請日期和申請號。未提出書面聲明或者逾期未提交商標註冊申請文件副本的，視為未要求優先權。

（2）展覽優先權。商標在中國政府主辦或者承認的國際展覽會（在中國境內舉辦的除外）展出的商品上首次使用的，自該商品展出之日起6個月內，該商標的註冊申請人可以享有優先權。商標註冊申請人要求優先權的，應當在提出商標註冊申請時提出書面聲明，並且在3個月內提交展出其商品的展覽會名稱、在展出商品上使用該商

標的證據、展出日期等證明文件，並應當經國務院工商行政管理部門規定的機構認證；未提出書面聲明或者逾期未提交證明文件的，視為未要求優先權。

4. 分類申報原則

商標註冊申請人應當按規定的商品分類表填報使用商標的商品類別和商品名稱，提出註冊申請。商標註冊申請人可以通過一份申請就多個類別的商品申請註冊同一商標。商標註冊申請等有關文件，可以以書面形式或者數據電文形式提出。

值得注意的是，除了以上原則，《商標法》還強調商標申請應當遵循誠實信用原則。

（二）商標註冊申請人

《商標法》第四條規定，自然人、法人或者其他組織在生產經營活動中，對其商品或者服務需要取得商標專用權的，應當向商標局申請商標註冊。

可見，自然人、法人或者其他組織均可作為商標註冊申請人。外國人或者外國企業也可在中國申請商標註冊，但應當按其所屬國和中華人民共和國簽訂的協議或者共同參加的國際條約辦理，或者按對等原則辦理。

（三）商標註冊的條件

商標註冊的條件分為積極條件和消極條件。

1. 積極條件

根據《商標法》的規定，商標獲准註冊應當具備兩個積極條件：

（1）商標的構成須符合法定的構成要素，即商標應由文字、圖形、字母、數字、三維標誌、顏色組合和聲音，以及上述要素的組合構成。

另外，《商標法》第十二條規定：「以三維標誌申請註冊商標的，僅由商品自身的性質產生的形狀、為獲得技術效果而需有的商品形狀或者使商品具有實質性價值的形狀，不得註冊。」《商標法》第十三條規定：「就相同或者類似商品申請註冊的商標是複製、摹仿或者翻譯他人未在中國註冊的馳名商標，容易導致混淆的，不予註冊並禁止使用；就不相同或不相類似商品申請註冊的商標是複製、摹仿或者翻譯他人已經在中國註冊的馳名商標，誤導公眾，致使該馳名商標註冊人的利益可能受到損害的，不予註冊並禁止使用。」

（2）商標具有顯著特徵，包括固有的顯著特徵和後來獲得的顯著特徵，能夠將自然人、法人或者其他組織的商品（服務）與他人的商品（服務）區別開的標誌。

2. 消極條件

（1）絕對禁止條件。這是法定的禁止條件，用絕對禁止的標記構成的商標既不可能獲准註冊，也不能作為未註冊商標使用。根據《商標法》第十條規定，下列標誌不得作為商標使用：①同中華人民共和國的國家名稱、國旗、國徽、國歌、軍旗、軍徽、軍歌、勳章等相同或者近似的，以及同中央國家機關的名稱、標誌、所在地特定地點的名稱或者標誌性建築物的名稱、圖形相同的；②同外國的國家名稱、國旗、國徽、軍旗等相同或者近似的，但經該國政府同意的除外；③同政府間國際組織的名稱、旗幟、徽記等相同或者近似的，但經該組織同意或者不易誤導公眾的除外；④與表明實施控制、予以保證的官方標誌、檢驗印記相同或者近似的，但經授權的除外；⑤同「紅十字」「紅新月」的名稱、標誌相同或者近似的；⑥帶有民族歧視性的；⑦帶有欺騙性，容易使公眾對商品的質量等特點或者產地產生誤認的；⑧有害於社會主義道德

風尚或者有其他不良影響的。

此外，縣級以上行政區劃的地名或者公眾知曉的外國地名，不得作為商標。但是，地名具有其他含義或者作為集體商標、證明商標組成部分的除外；已經註冊的使用地名的商標繼續有效。

案例 11.2
月餅包裝盒上使用奧運標誌是否侵權[1]？

案情：某年9月，某食品公司將一批月餅轉售給某銷售商銷售，但因包裝盒上的圖案侵犯了奧林匹克標誌專有權：包裝上使用了奧運「祥雲」圖案和「五環」標誌，但未經第29屆奧委會和國際奧委會許可，被工商行政部門查處，沒收違法所得並處罰款，同時扣留未銷售的貨物，共計損失35萬元。銷售商繳納上述罰款後，與食品公司、包裝裝潢公司和包裝製品公司協商，要求三方賠償其相關損失。因協商未果，銷售商遂將三家公司告上法庭。

庭審中，包裝裝潢公司辯稱，自己接受某食品公司委託向包裝製品公司定做包裝盒，約定包裝盒由包裝製品公司設計、加工、生產完成後直接將貨發給食品公司。故侵權的月餅包裝盒圖案是包裝製品公司設計和加工的，由此造成的損失理應由圖案的設計和製作者最終承擔。食品公司同樣認為月餅包裝盒是包裝製品公司生產，侵權責任應當由包裝製品公司承擔。包裝製品公司未做答辯。

法院認為，作為銷售方，應當對食品公司的月餅及包裝盒盡到檢驗義務，以避免出現問題。然而，銷售方未能盡到檢驗義務且在收到工商部門的行政處罰決定書後，也未能窮盡法律手段提出行政復議或行政訴訟進行救濟以盡量避免損失的發生，因此，銷售方應對行政處罰後果承擔一半責任。包裝製品公司理應盡到審慎注意的義務，確保加工的產品不存在瑕疵，包裝製品公司承擔一定的責任。包裝裝潢公司和食品公司作為委託方，應當對包裝製品公司加工的產品盡到檢驗、審查義務，確保其加工的產品不存在瑕疵，包裝裝潢公司和食品公司承擔相應的責任。故上海市松江區人民法院判決原告銷售商承擔50%的責任，被告包裝製品公司、包裝裝潢公司和食品公司分別承擔30%、20%、20%的責任。

（2）相對禁止條件。這是指用相對禁止的標記構成的商標，若通過使用獲得了顯著特徵並便於識別，或者獲得了他人的授權，則可能取得註冊。根據《商標法》第十一條規定，下列標誌不得作為商標註冊：①僅有本商品的通用名稱、圖形、型號的；②僅直接表示商品的質量、主要原料、功能、用途、重量、數量及其他特點的；③其他缺乏顯著特徵的。

《商標法》第十六條規定：「商標中有商品的地理標誌，而該商品並非來源於該標誌所標示的地區，誤導公眾的，不予註冊並禁止使用；但是，已經善意取得註冊的繼續有效。」所謂地理標誌，是指標示某商品來源於某地區，該商品的特定質量、信譽或者其他特徵，主要由該地區的自然因素或者人文因素所決定的標誌。地理標誌可以作為證明商標或者集體商標申請註冊，取得商標專用權。

---

[1] 資料來源：中國法院網 https://www.chinacourt.org/article/detail/2010/05/id/409814.shtml.

溫故知新

下列選項中，可以作為商標註冊的是（　　）。
A.「補血」牌營養液　　　　B.「耐穿」牌皮鞋
C.「蝴蝶」牌縫紉機　　　　D.「精粉」牌饅頭

【參考答案】C

（四）商標註冊的審核

在中國，商標註冊申請的審查一般要經過形式審查與受理，實質審查，初步審定公告，異議，核准，復審階段。

1. 形式審查與受理

國家商標局首先對送交的商標註冊申請進行形式審查，審查內容主要包括：申請人是否具備申請資格、申請文件是否齊全、手續是否完備、填寫是否符合要求等，經審查合格的，登記申請日期，編定申請號，正式受理申請。

2. 實質審查

實質審查是指商標局就商標的合法性進行的審查，審查申請註冊的商標是否符合商標獲準註冊的條件。

3. 初步審定公告、異議

對申請註冊的商標，商標局應當自收到商標註冊申請文件之日起九個月內審查完畢，符合本法有關規定的，予以初步審定公告。

在審查過程中，商標局認為商標註冊申請內容需要說明或者修正的，可以要求申請人做出說明或者修正。申請人未做出說明或者修正的，不影響商標局做出審查決定。

對初步審定、予以公告的商標，自公告之日起3個月內，在先權利人或者利害關係人可就初步審定提出異議，商標局應當聽取異議人和被異議人陳述事實和理由，經調查核實後，自公告期滿之日起十二個月內做出是否準予註冊的決定，並書面通知異議人和被異議人。有特殊情況需要延長的，經國務院工商行政管理部門批准，可以延長六個月。

商標局做出準予註冊決定的，發給商標註冊證，並予公告。異議人不服的，可以依照規定向商標評審委員會請求宣告該註冊商標無效。

4. 核准

對初步審定的商標，如在審定公告之日起3個月內無人提出異議，或者雖有異議但經裁定異議不能成立的，商標局即正式予以核准註冊，發給商標註冊證。

5. 復審

復審是指商標評審委員會對於再次申請進行復審審議的程序。中國《商標法》規定，在下列兩種情況下可以請求復審：

（1）對「駁回、不予公告的商標」的復審。中國《商標法》規定，對駁回申請、不予公告的商標，申請人不服的，可以在收到通知15日內申請復審。商標評審委員會應當自收到申請之日起九個月內做出決定，並書面通知申請人。有特殊情況需要延長的，經國務院工商行政管理部門批准，可以延長三個月。當事人對商標評審委員會的決定不服的，可以自收到通知之日起三十日內向人民法院起訴。

（2）對「不予註冊的決定」的復審。商標局做出不予註冊決定，被異議人不服的，

可以自收到通知之日起十五日內向商標評審委員會申請復審。商標評審委員會應當自收到申請之日起十二個月內做出復審決定，並書面通知異議人和被異議人。有特殊情況需要延長的，經國務院工商行政管理部門批准，可以延長六個月。被異議人對商標評審委員會的決定不服的，可以自收到通知之日起三十日內向人民法院起訴。人民法院應當通知異議人作為第三人參加訴訟。

（五）商標的國外註冊

商標權具有地域性，若要在本國享有商標權的商標在其他國家獲得法律保護，就需要在其他國家註冊。在其他國家註冊有以下兩條途徑：

1. 在馬德里協定成員國申請商標國際註冊

商標的國際註冊，指依據《商標國際註冊馬德里協定》而申請的註冊。商標權具有地域性，若要在本國享有商標權的商標在其他國家獲得法律保護，就需要在其他國家註冊。

（1）商標申請國際註冊的條件：①申請人系成員國國民或者在某一成員國內有住所或有真實有效的工商業營業場所；②申請國際註冊的商標已經在本國獲得了商標註。

（2）商標國際註冊程序。①本國階段。申請人或其代理人向本國商標註冊主管機關提交國際註冊申請書，並繳納國際註冊申請費等；本國商標註冊主管機關對國際註冊申請進行形式審查，經形式審查合格的，轉呈世界知識產權組織國際局。②國際局階段。國際局對申請案進行形式審查，審查申請是否符合協定及其議定書的要求，如果通過了形式審查，申請案就獲得了國際註冊。國際局將國際註冊登記並公布，通知申請人所指定的請求保護的國家。③指定國階段。指定國在收到國際局通知之日起1年內，根據本國法律的規定，可以聲明對國際註冊商標不予保護。指定國於1年內未做出拒絕保護聲明的，國際註冊才轉變為指定國的國內註冊。國際註冊有效期為20年，期滿可續展。

（3）國際註冊效力及有效期。商標國際註冊的生效日期從國際局註冊生效的日期開始，那些未予駁回商標的生效日期，如同商標直接在那裡獲準註冊一樣。經國際註冊的商標均享有巴黎公約所規定的優先權。國際註冊的商標，有效期為20年。期滿可以續展，續展期仍為20年。有效期屆滿前6個月，國際局應發送非正式通知，提醒商標權人注意屆滿日期。國際註冊續展，可給予6個月的寬展期。

（4）國際註冊與國內註冊的關係。根據《商標國際註冊馬德里協定》的規定，商標自獲準國際註冊之日起5年內，如該商標在其所屬國已全部或部分不再享受法律保護時，該商標國際註冊所得到的法律保護，也全部或部分不再享有。但從獲得國際註冊冊之日起滿5年以後，國際註冊與商標所有人在其所

2. 逐一國家註冊

在非馬德里協定成員國申請商標註冊，申請人可通過代理人、經銷商或者其他方式逐一提出商標註冊申請。

三、商標權的內容、期限與終止

（一）商標權的內容

商標權的內容是指商標權人依法享有的權利和應履行的義務。

1. 商標權人的權利

根據《商標法》的規定，商標權人的權利具體包括：①獨占使用權。這一權利是商標權中最基本的權利，是指商標權人在核定的商品、服務上獨占使用註冊商標的權利。②禁止權。禁止權是指商標權人有權禁止他人未經許可不正當地使用其商標。③轉讓權。商標註冊人既可通過合同方式有償轉讓其註冊商標，也可以繼承、遺贈、贈與方式無償轉讓註冊商標。④許可使用權。許可使用權是指商標權人通過簽訂註冊商標許可使用合同形式，許可他人有償使用其註冊商標的權利。⑤註冊商標標記權。使用註冊商標可以在商品、商品包裝、說明書或者其他附著物上標明「註冊商標」或者註冊標記。使用註冊標記，應當標註在商標的右上角或者右下角。

2. 商標權人的義務

根據《商標法》等相關法律的規定，商標權人的義務主要包括以下三個方面：①有固定和連續使用註冊商標的義務，即不得自行改變註冊商標的文字、圖形或者其組合；不得自行改變註冊商標的註冊人名義、地址或者其他註冊事項；不得自行轉讓註冊商標；不得連續3年停止使用註冊商標。②有保證使用註冊商標的商品質量穩定的義務，即使用註冊商標的商品不得粗製濫造、以次充好、欺騙消費者。③繳納相關費用的義務，如授權註冊費、續展註冊費、轉讓註冊費等。

（二）商標權的期限

商標權的期限是指註冊商標具有法律效力的期限。中國《商標法》規定，註冊商標的有效期為10年，自核准註冊之日起計算。註冊商標有效期滿，需要繼續使用的，應當在期滿前12個月內提出續展申請；在此期間未能提出申請的，可以給予6個月的寬展期。寬展期滿仍未提出申請的，註銷其註冊商標。每次續展註冊的有效期為10年，自該商標上一屆有效期滿次日起計算。續展註冊經核准後，予以公告。

（三）商標權的終止

商標權主要是因為註冊商標被註銷或撤銷而終止。

1. 註冊商標的註銷

註冊商標的註銷主要包括：①過期註銷。註冊商標有效期屆滿，且在6個月寬展期內，商標權人未提出續展申請。②自動申請註銷。商標權人自願申請放棄其商標權，並向商標局辦理了註銷手續。③無人繼承而註銷。作為商標權人的自然人死亡，在一定期限內無人要求繼承其註冊商標。

2. 註冊商標的撤銷

商標註冊人在使用註冊商標的過程中，自行改變註冊商標、註冊人名義、地址或者其他註冊事項的，由地方工商行政管理部門責令限期改正；期滿不改正的，由商標局撤銷其註冊商標。

註冊商標成為其核定使用的商品的通用名稱或者沒有正當理由連續三年不使用的，任何單位或者個人可以向商標局申請撤銷該註冊商標。商標局應當自收到申請之日起九個月內做出決定。有特殊情況需要延長的，經國務院工商行政管理部門批准，可以延長三個月。

值得注意的是，註冊商標被撤銷、被宣告無效或者期滿不再續展的，自撤銷、宣告無效或者註銷之日起一年內，商標局對與該商標相同或者近似的商標註冊申請，不予核准。

四、註冊商標專用權的保護

註冊商標的專用權，以核准註冊的商標和核定使用的商品為限。

（一）侵犯註冊商標專用權的行為

根據《商標法》的規定，有下列行為之一的，均屬於侵犯註冊商標專用權：①未經商標註冊人的許可，在同一種商品上使用與其註冊商標相同的商標的；②未經商標註冊人的許可，在同一種商品上使用與其註冊商標近似的商標，或者在類似商品上使用與其註冊商標相同或者近似的商標，容易導致混淆的；③銷售侵犯註冊商標專用權的商品的；④偽造、擅自製造他人註冊商標標示或者銷售偽造、擅自製造的註冊商標標示的；⑤未經商標註冊人同意，更換其註冊商標並將該更換商標的商品又投入市場的；⑥故意為侵犯他人商標專用權行為提供便利條件，幫助他人實施侵犯商標專用權行為的；⑦給他人的註冊商標專用權造成其他損害的。

案例 11.3

「有友」訴「有發」商標侵權案[①]

原告：重慶有友實業有限公司

被告：重慶香傳食品有限公司

案情：原告訴稱「有友」文字商標使用權核定使用在死家禽、泡菜、腌制蔬菜、精制堅果仁等商品上。經過多年辛苦經營，其生產銷售的「有友」牌泡鳳爪、泡椒雞翅、山椒豆干等系列產品累積了非常高的市場美譽度，並被評為重慶市著名商品、消費者信賴品牌等榮譽稱號。2010 年以來，原告發現被告在全國 27 個城市和地區大量銷售與「有友」商標非常近似的「有發」牌泡椒鳳爪、泡椒鳳翅、泡椒泉水花生、泡椒木耳、泡椒竹笋等產品。被告在相同商品上使用的「有發」商標與原告的「有友」商標字形非常近似，已經使銷售商和消費者對商品的來源產生了誤認，嚴重侵犯了原告的商標使用權，原告遂請求法院判令被告立即停止生產、銷售涉嫌侵犯「有友」文字商標的侵權產品，銷毀產品及包裝袋，並賠償原告經濟損失及合理費用 50 餘萬元。

2011 年 2 月 24 日，重慶五中法院公開開庭審理此案，法院審理查明，原告從「有友」商標專用權人處獲得「有友」商標許可使用權後，多年來從事「有友」泡鳳爪、泡椒鳳翅等產品的生產銷售，具有較高市場知名度。被告將自己註冊的「有發」商標超過其核定使用範圍大量使用在泡鳳爪、泡椒鳳翅等產品上，在全國各地 20 多個城市大量銷售。其「有發」商標與原告的「有友」商標字形相似，形狀也近似，屬於近似商標，故市五中法院依法認定被告侵權成立並做出下列判決：被告重慶香傳食品有限公司立即停止侵權行為並賠償原告經濟損失及合理開支 50 萬元。

（二）註冊商標專用權的民事保護

商標註冊人或者利害關係人對侵犯其註冊商標專用權的行為可以向人民法院提起民事訴訟，請求追究侵權者的民事責任。

中國《商標法》第六十五條規定，商標註冊人或者利害關係人有證據證明他人正在實施或者即將實施侵犯其註冊商標專用權的行為，如不及時制止將會使其合法權益

[①] 資料來源：http://finance.ifeng.com/roll/20110228/3516832.shtml。

受到難以彌補的損害的，可以依法在起訴前向人民法院申請採取責令停止有關行為和財產保全的措施。中國《商標法》第六十六條規定，為制止侵權行為，在證據可能滅失或者以後難以取得的情況下，商標註冊人或者利害關係人可以依法在起訴前向人民法院申請保全證據。

侵犯商標專用權的賠償數額，按照權利人因被侵權所受到的實際損失確定；實際損失難以確定的，可以按照侵權人因侵權所獲得的利益確定；權利人的損失或者侵權人獲得的利益難以確定的，參照該商標許可使用費的倍數合理確定。對惡意侵犯商標專用權，情節嚴重的，可以在按照上述方法確定數額的一倍以上三倍以下確定賠償數額。賠償數額應當包括權利人為制止侵權行為所支付的合理開支。

人民法院為確定賠償數額，在權利人已經盡力舉證，而與侵權行為相關的帳簿、資料主要由侵權人掌握的情況下，可以責令侵權人提供與侵權行為相關的帳簿、資料；侵權人不提供或者提供虛假的帳簿、資料的，人民法院可以參考權利人的主張和提供的證據判定賠償數額。

權利人因被侵權所受到的實際損失、侵權人因侵權所獲得的利益、註冊商標許可使用費難以確定的，由人民法院根據侵權行為的情節判決給予三百萬元以下的賠償。

（三）註冊商標專用權的行政保護

侵犯註冊商標專用權的行為引起糾紛的，當事人可以協商解決；不願協商或者協商不成的，商標註冊人或者利害關係人可以向人民法院起訴，也可以請求工商行政管理部門處理，工商行政管理部門有權依法查處；涉嫌犯罪的，應當及時移送司法機關依法處理。工商行政管理部門處理時，認定侵權行為成立的，責令立即停止侵權行為，沒收、銷毀侵權商品和主要用於製造侵權商品、偽造註冊商標標示的工具，違法經營額五萬元以上的，可以處違法經營額五倍以下的罰款，沒有違法經營額或者違法經營額不足五萬元的，可以處二十五萬元以下的罰款。對五年內實施兩次以上商標侵權行為或者有其他嚴重情節的，應當從重處罰。銷售不知道是侵犯註冊商標專用權的商品，能證明該商品是自己合法取得並說明提供者的，由工商行政管理部門責令停止銷售。

對侵犯商標專用權的賠償數額的爭議，當事人可以請求進行處理的工商行政管理部門調解，也可以依照《中華人民共和國民事訴訟法》向人民法院起訴。經工商行政管理部門調解，當事人未達成協議或者調解書生效後不履行的，當事人可以依照《中華人民共和國民事訴訟法》向人民法院起訴。

中國《商標法》第六十二條規定，縣級以上工商行政管理部門根據已經取得的違法嫌疑證據或者舉報，對涉嫌侵犯他人註冊商標專用權的行為進行查處時，可以行使下列職權：①詢問有關當事人，調查與侵犯他人註冊商標專用權有關的情況；②查閱、複製當事人與侵權活動有關的合同、發票、帳簿以及其他有關資料；③對當事人涉嫌從事侵犯他人註冊商標專用權活動的場所實施現場檢查；④檢查與侵權活動有關的物品，對有證據證明是侵犯他人註冊商標專用權的物品，可以查封或者扣押。工商行政管理部門依法行使前款規定的職權時，當事人應當予以協助、配合，不得拒絕、阻撓。在查處商標侵權案件過程中，對商標權屬存在爭議或者權利人同時向人民法院提起商標侵權訴訟的，工商行政管理部門可以中止案件的查處。中止原因消除後，應當恢復或者終結案件查處程序。

（四）註冊商標專用權的刑事保護

根據《商標法》的規定，構成犯罪的商標侵權行為主要有：①未經商標註冊人許

可，在同一種商品上使用與其註冊商標相同的商標，構成犯罪的，除賠償被侵權人的損失外，依法追究刑事責任；②偽造、擅自製造他人註冊商標標示或者銷售偽造、擅自製造的註冊商標標示，構成犯罪的，除賠償被侵權人的損失外，依法追究刑事責任；③銷售明知是假冒註冊商標的商品，構成犯罪的，除賠償被侵權人的損失外，依法追究刑事責任。

《中華人民共和國刑法》（以下簡稱《刑法》）對侵犯註冊商標的犯罪和處罰做了規定，加強了對註冊商標專用權的保護。《刑法》第二百一十三條規定，未經註冊商標所有人許可，在同一種商品上使用與其註冊商標相同的商標，情節嚴重的，處 3 年以下有期徒刑或者拘役，並處或者單處罰金；情節特別嚴重的，處 3 年以上 7 年以下有期徒刑，並處罰金。《刑法》第二百一十四條規定，銷售明知是假冒註冊商標的商品，銷售金額數額較大的，處 3 年以下有期徒刑或者拘役，並處或者單處罰金；銷售金額數額巨大的，處 3 年以上 7 年以下有期徒刑，並處罰金。《刑法》第二百一十四條規定，偽造、擅自製造他人註冊商標標示或者銷售偽造、擅自製造的註冊商標標示，情節嚴重的，處 3 年以下有期徒刑、拘役或者管制，並處或者單處罰金；情節特別嚴重的，處 3 年以上 7 年以下有期徒刑，並處罰金。

五、馳名商標認定及特別保護

（一）馳名商標的概念

中國國家工商行政管理總局在 2003 年 4 月 17 日發布的《馳名商標認定和保護規定》（以下簡稱《保護規定》）中給馳名商標下了定義：所謂馳名商標，是指在中國為相關公眾廣為知曉並享有較高聲譽的商標。相關公眾包括與使用商標所標示的某類商品或者服務有關的消費者，生產商品或者提供服務的其他經營者以及經銷渠道中所涉及的銷售者和相關人員等。

（二）馳名商標的認定

馳名商標應當在商標註冊、評審、管理等行政處理程序和商標民事糾紛訴訟程序中，根據案件當事人的請求進行認定。根據《商標法》的規定，認定馳名商標應當考慮下列因素：①相關公眾對該商標的知曉程度；②該商標使用的持續時間；③該商標的任何宣傳工作的持續時間、程度和地理範圍；④該商標作為馳名商標受保護的記錄；⑤該商標馳名的其他因素。

需要注意的是，生產、經營者不得將「馳名商標」字樣用於商品、商品包裝或者容器上，或者用於廣告宣傳、展覽以及其他商業活動中。

（三）馳名商標的特別保護

為了切實保護馳名商標所有人或者持有人的利益，根據《巴黎公約》《TRIPS 協議》的規定，中國《商標法》《中華人民共和國商標法實施條例》《馳名商標認定與保護規定》和《最高人民法院關於商標民事糾紛案件適用法律若干問題的解釋》對馳名商標做出了以下幾個方面的特別保護規定：

1. 不予註冊和禁止使用

《商標法》第十三條規定，為相關公眾所熟知的商標，持有人認為其權利受到侵害時，可以依照商標法規定請求馳名商標保護。就相同或者類似商品申請註冊的商標是複製、摹仿或者翻譯他人未在中國註冊的馳名商標，容易導致混淆的，不予註冊並禁

止使用。就不相同或者不相類似商品申請註冊的商標是複製、摹仿或者翻譯他人已經在中國註冊的馳名商標，誤導公眾，致使該馳名商標註冊人的利益可能受到損害的，不予註冊並禁止使用。

2. 撤銷已註冊的商標

已經註冊的商標，違反商標法相關規定的，自商標註冊之日起 5 年內，在先權利人或者利害關係人可以請求商標評審委員會宣告該註冊商標無效。對惡意註冊的，馳名商標所有人不受 5 年的時間限制。

3. 禁止他人將其馳名商標登記為企業名稱

根據《商標法實施條例》第五十三條和《馳名商標認定與保護規定》第十三條的規定，馳名商標所有人認為他人將其馳名商標作為企業名稱登記，可能欺騙公眾或者對公眾造成誤解的，可以向企業名稱登記主管機關申請撤銷該企業名稱登記。企業名稱登記主管機關應當依照《企業名稱登記管理規定》處理。

根據《商標法》第五十八條規定，將他人未註冊的馳名商標作為企業名稱中的字號使用，誤導公眾，構成不正當競爭行為的，依照《中華人民共和國反不正當競爭法》處理。

第五節　著作權法

一、著作權與著作權法的概念

（一）著作權的概念

著作權又稱版權，是指作者對其創作的文學、科學和藝術作品依法享有的專有權。著作權通常有廣義與狹義之分。狹義的著作權僅指著作權人對作品依法享有的權利；廣義的著作權在狹義的著作權基礎上還包括著作鄰接權，即作品傳播者依法享受的與著作權相鄰相關的權利，主要指藝術表演者、錄音錄像製作者、廣播電視組織、圖書報刊出版者享有的權利。

著作權不同於專利權和商標權，著作權是依法自動產生的，即作品一經完成，不論是否發表，均依法取得著作權。

溫故知新

關於著作權，下列表述正確的是（　　　）。
A. 是基於作品而產生的權利　　B. 僅是作者對作品享有的權利
C. 與「版權」系同義語　　　　D. 與專利權相比，它不排除對獨立創作作品的保護

【參考答案】ACD

（二）著作權法的概念

著作權法是調整著作權及相關權利的產生、行使和法律保護過程中所產生的社會關係的法律規範的總稱，在中國也稱為版權法，在歐洲大陸法系國家，則稱作者權法。

1990 年 9 月 7 日第七屆人大常委會第十五次會議通過並公布了《中華人民共和國著作權法》（以下簡稱《著作權法》），自 1991 年 6 月 1 日起施行，2001 年 10 月 27

日、2010年2月26日對其進行了兩次修正。1991年5月30日國家版權局發布了《中華人民共和國著作權法實施條例》（以下簡稱《著作權法實施條例》），自1991年6月1日起施行，2002年2月8日第359號國務院令公布了新的《著作權法實施條例》，自2002年9月15日起施行，廢止了1991年版的《著作權法實施條例》。

二、著作權的主體與客體

（一）著作權的主體

著作權的主體是指享有著作權的人，即著作權人，可以分為原始主體與繼受主體。

1. 原始主體

原始主體是指直接創作作品的作者。根據中國《著作權法》以及世界大多數國家的規定，作者是指直接創作作品的人。所謂直接創作，是指作者通過自己的獨立構思，直接創作反應自己思想與感情、個性與特定的作品。如果僅僅是為他人創作進行組織工作，提供諮詢意見、物質條件或者進行其他輔助活動（如抄稿、打字等），不視為創作。作者包括創作作品的公民和視為作者的法人或非法人單位。一般情況下，在作品上署名的公民、法人或非法人單位就是作者，有相反證明的除外。

案例11.4

《千手觀音》的作者糾紛案[①]

2005年7月，2005年中央電視臺春節聯歡晚會的舞蹈節目《千手觀音》的著作權歸屬發生分歧：北京天唱聲場文化發展有限公司舞蹈總監劉露將總政歌舞團團長張繼剛告上法院，認為張繼剛為該作品申請著作權登記時，將作者署名為張繼剛，是對劉露應享有的《千手觀音》著作權的侵犯，要求法院確認其為《千手觀音》的作者。

針對劉露的意見，張繼剛堅持認為劉露只是負責舞蹈排練的老師，自己才是《千手觀音》的創作者。由於訴訟請求被一審法院駁回後，劉露上訴至一中院。

在此案二審開庭時，《千手觀音》的領舞者邰麗華作為張繼剛的證人出庭。但是劉露的代理律師卻認為，邰麗華的手語翻譯和其有利害關係，影響了翻譯的可信性，因此邰麗華並未能於庭上做出陳述。

此案中，雙方都提交了包括鉛筆繪製的舞蹈手稿和排練草圖、照片、文章在內的大量證據和證人的證詞來證明自己才是《千手觀音》的真正創作者。法院對所有的證據進行了細緻審核後認為：無論是編創或是排練過程中，都有可能繪製上述草圖，所以僅憑草圖無法證明誰是《千手觀音》的創作者。雙方提交的照片、圖片、文章具有普遍性，可以用於證明尋求靈感、形成創意、完成構思的內心活動，但卻證明不了是誰首先將構思宣布並確立為舞蹈作品題材，進而編成舞蹈作品等問題。所以就此案而言，證人的證詞是證明創作事實的主要證據。而在大量證詞中，劉露方面的證詞均未能具體說明劉露是「如何編排」的舞蹈，編排了哪些內容，修改部分又是什麼內容；相比之下，張繼剛一方的證詞則指出了張繼鋼對《千手觀音》舞蹈動作的具體設計內容。

最終，法院認定《千手觀音》舞蹈是邊編導、邊修改、邊排練而完成的，編導與排練無法截然分開，但編導的意志決定了排練者和舞蹈表演者的意志。雖不排除排練

[①] 資料來源：http://www.wuhanlawyer.cn/ReadNews.asp? NewsID=1244.

者在排練中也要通過智力活動完成排練過程,但該過程不具有本質上體現原創意義和主導意義的編創屬性。據此,北京市第一中級人民法院終審駁回了劉露關於要求確認其為《千手觀音》作者並要求張繼剛承擔侵權責任的訴訟請求。

2. 繼受主體

繼受主體是指通過繼承、轉讓、贈與等方式取得著作權的人。在特定條件下,國家也可以成為著作權人。如國家接受著作權人的捐獻、遺贈,就可成為捐獻、遺贈作品的著作權人。

(二) 著作權的客體

著作權的客體即著作權的保護對象,指受著作權法保護的文學、藝術和科學等作品。

1. 作品取得著作權的條件

(1) 作品須具有獨創性。作品獨創性是作品取得著作權的必要條件,這是世界各國著作權法共同性的要求。何謂獨創性,各國法律未作明確規定,中國著作權法也如此,學術界也有不同的觀點。比較一致的看法是,作品的獨創性是指作者獨立創作完成的創造性勞動成果。這裡的獨創性與專利中要求的創造性不同,並不要求作品是前所未有的,而重在強調作品是作者自己獨立創作完成的,而不是抄襲他人之作。

(2) 作品須以法律允許的某客觀形式表現出來或固定下來。這樣做可以便於他人能夠直接或通過儀器設備間接地看到、聽到或觸到該作品的內容,如果僅僅是頭腦中的構思是不能享有著作權的。

(3) 作品思想內容的合法性。作品內容不得違反憲法和國家法律及社會公共利益。依法禁止出版、傳播的作品不受保護。

2. 作品的種類

根據中國《著作權法》第三條規定,作品包括以下列形式創作的文學、藝術和自然科學、社會科學、工程技術等作品:①文字作品;②口述作品;③音樂、戲劇、曲藝、舞蹈、雜技藝術作品;④美術、建築作品;⑤攝影作品;⑥電影作品和以類似攝製電影的方法創作的作品;⑦工程設計圖、產品設計圖、地圖、示意圖等圖形作品和模型作品;⑧計算機軟件;⑨法律、行政法規規定的其他作品。

3. 除外客體

根據《著作權法》第五條的規定,著作權法不適用於:①法律、法規,國家機關的決議、決定、命令和其他具有立法、行政、司法性質的文件,及其官方正式譯文;②時事新聞;③歷法、通用數表、通用表格和公式。

(三) 著作權的歸屬

《著作權法》規定,著作權屬於作者,但法律另有規定的除外。

1. 演繹作品著作權的歸屬

改編、翻譯、註釋、整理已有作品而產生的作品,稱為演繹作品,演繹作品是演繹作者在已有作品的基礎上創作出的相對獨立的新作品,演繹作者對演繹作品付出了創造性勞動,因此,演繹作者對演繹作品應享有著作權。但需要注意的是演繹作者對演繹作品行使著作權時,不得損害原作品的著作權。

2. 合作作品著作權的歸屬

合作作品是指兩個以上合作創作的作品。中國《著作權法》第十三條規定:「兩人

以上合作創作的作品，著作權由合作作者共同享有。沒有參加創作的人，不能成為合作作者。合作作品可以分割使用的，作者對各自創作的部分可以單獨享有著作權，但行使著作權時不得侵犯合作作品整體的著作權。」

3. 匯編作品著作權的歸屬

匯編作品是指匯編若干作品、作品的片段或者不構成作品的數據或者其他材料，對其內容的選擇或者編排體現獨創性的作品。根據《著作權法》第十四條的規定，匯編人對匯編作品享有著作權，但行使著作權時，不得侵犯原作品的著作權。

4. 電影作品和以類似攝制電影的方法創作的作品的著作權的歸屬

電影作品和以類似攝制電影的方法創作的作品的著作權由製片者享有，但編劇、導演、攝影、作詞、作曲等由作者享有署名權，並有權按照與製片者簽訂的合同獲得報酬。電影作品和以類似攝制電影的方法創作的作品中的劇本、音樂等可以單獨使用的作品的作者有權單獨行使其著作權。

5. 職務作品著作權的歸屬

職務作品是指公民為完成法人或其他組織工作任務所創作的作品。中國《著作權法》第十六條分別對不同職務作品，規定了其著作權的歸屬。

（1）有下列情況之一的職務作品，作者享有署名權，著作權的其他權利由法人或者非法人單位享有，法人或者非法人單位可以給予作者獎勵：①主要是利用法人或者非法人單位的物質技術條件創作，並由法人或非法人單位承擔責任的工程設計圖、產品設計圖、地圖、計算機軟件等職務作品；②法律、行政法規規定或者合同約定著作權由法人或其他組織享有的職務作品。

（2）除上述職務作品外，其他職務作品著作權由作者享有，但法人或其他組織有權在其業務範圍內優先使用。作品完成兩年（自作者向單位交付作品之日起計算）內，未經單位同意，作者不得許可第三人以與單位使用的相同方式使用該作品；職務作品經單位同意，作者許可第三人以與單位使用的相同方式使用作品所獲報酬，由作者與單位按約定的比例分配。

6. 委託作品著作權的歸屬

委託作品是指受託人按照委託人的委託而創作的作品。中國《著作權法》第十七條規定：「受委託創作的作品，著作權的歸屬由委託人和受託人通過合同約定。合同未作明確約定或者沒有訂立合同的，著作權屬於受託人。」

7. 作品原件的所有權與美術作品原件展覽權的歸屬

中國《著作權法》第十八條規定：「美術等作品原件所有權的轉移，不視為作品著作權的轉移，但美術作品原件的展覽權由原件所有人享有。」

三、著作權的內容與保護期限

（一）著作權的內容

著作權由著作人身權和著作財產權兩部分組成。

1. 著作人身權

著作人身權是指作者對其創作的作品依法所享有的以人身利益為內容的權利。該權利一般由作者終身享有，不可轉讓、剝奪和限制。根據《著作權法》第十條規定，著作權包括下列人身權：①發表權，即決定作品是否公之於眾的權利；②署名權，即表

明作者身分，在作品上署名的權利；③修改權，即修改或者授權他人修改作品的權利；④保護作品完整權，即保護作品不受歪曲、篡改的權利。

溫故知新

王某創作完成一部劇本，尚未出版時王某即去世，王某的繼承人可以繼承該作品的如下權利（　　）。

A. 修改權　　　　　　　B. 使用權
C. 署名權　　　　　　　D. 獲得報酬權

【參考答案】BD

2. 著作財產權

著作財產權是指著作權人依法使用作品、許可他人使用作品、轉讓著作權並因此獲得經濟利益的權利。根據《著作權法》第十條規定，著作權包括下列財產權：①複製權，即以印刷、複印、拓印、錄音、錄像、翻錄、翻拍等方式將作品製作一份或者多份的權利；②發行權，即以出售或者贈與方式向公眾提供作品的原件或者複製件的權利；③出租權，即有償許可他人臨時使用電影作品和以類似攝製電影的方法創作的作品、計算機軟件的權利，計算機軟件不是出租的主要標的的除外；④展覽權，即公開陳列美術作品、攝影作品的原件或者複製件的權利；⑤表演權，即公開表演作品，以及用各種手段公開播送作品的表演的權利；⑥放映權，即通過放映機、幻燈機等技術設備公開再現美術、攝影、電影和以類似攝製電影的方法創作的作品等的權利；⑦廣播權，即以無線方式公開廣播或者傳播作品，以有線傳播或者轉播的方式向公眾傳播廣播的作品，以及通過擴音器或者其他傳送符號、聲音、圖像的類似工具向公眾傳播廣播的作品的權利；⑧信息網絡傳播權，即以有線或者無線方式向公眾提供作品，使公眾可以在其個人選定的時間和地點獲得作品的權利；⑨攝製權，即以攝製電影或者以類似攝製電影的方法將作品固定在載體上的權利；⑩改編權，即改變作品，創作出具有獨創性的新作品的權利；⑪翻譯權，即將作品從一種語言文字轉換成另一種語言文字的權利；⑫匯編權，即將作品或者作品的片段通過選擇或者編排，匯集成新作品的權利；⑬應當由著作權人享有的其他權利。

著作權人可以許可他人行使以上權利，並依照約定或者著作權法有關規定獲得報酬。著作權人還可以全部或者部分轉讓以上權利，並依照約定或者著作權法有關規定獲得報酬。

（二）著作權的保護期限

著作權的保護期限是指著作權受法律保護的期限。因著作人身權和財產權兩種權利的性質不同，法律對它們規定了不同的保護期限。

根據《著作權法》第二十條的規定，著作人身權除發表權外，其他的署名權、修改權、保護作品完整權的保護期不受限制。

《著作權法》第二十一條規定了發表權和財產權的保護期限，具體包括以下三個內容：

（1）公民的作品，其發表權、上述財產權的保護期為作者終生及其死亡後50年，截止於作者死亡後第50年的12月31日；如果是合作作品，截止於最後死亡的作者死亡後第50年的12月31日。

（2）法人或者其他組織的作品、著作權（署名權除外）由法人或者其他組織享有的職務作品，其發表權、上述財產權的保護期為 50 年，截止於作品首次發表後第 50 年的 12 月 31 日，但作品自創作完成後 50 年內未發表的，著作權法不再保護。

（3）電影作品和以類似攝製電影的方法創作的作品、攝影作品，其發表權、上述財產權的保護期為 50 年，截止於作品首次發表後第 50 年的 12 月 31 日，但作品自創作完成後 50 年內未發表的，著作權法不再保護。

著作權的保護期屆滿，著作權即告終止，作品成為社會公有財富，人們可以無償使用。

四、著作權的權利限制

著作權保護的目的不僅在於保護作者的正當權益，同時還在於促進作品的傳播與使用，從而豐富人們的精神文化生活，提高人們的科學文化素質，推動經濟的發展和人類社會的進步。因此，世界各國著作權法都相應地規定了著作權人對社會所承擔的義務，這些義務主要通過對著作權的限制來體現。

1. 合理使用

所謂合理使用，是指他人依法律的明文規定，不必經著作權人許可而無償使用其作品的行為。但須注意的是即使是合理使用，使用人也應當指明作者姓名、作品名稱，並且不得侵犯著作權人依照著作權法享有的其他權利。根據《著作權法》第二十二條的規定，使用人可以在下列情況下合理使用作品：①為個人學習、研究或者欣賞，使用他人已經發表的作品；②為介紹、評論某一作品或者說明某一問題，在作品中適當引用他人已經發表的作品；③為報導時事新聞，在報紙、期刊、廣播電臺、電視臺等媒體中不可避免地再現或者引用已經發表的作品；④報紙、期刊、廣播電臺、電視臺等媒體刊登或者播放其他報紙、期刊、廣播電臺、電視臺等媒體已經發表的關於政治、經濟、宗教問題的時事性文章，但作者聲明不許刊登、播放的除外；⑤報紙、期刊、廣播電臺、電視臺等媒體刊登或者播放在公眾集會上發表的講話，但作者聲明不許刊登、播放的除外；⑥為學校課堂教學或者科學研究，翻譯或者少量複製已經發表的作品，供教學或者科研人員使用，但不得出版發行；⑦國家機關為執行公務在合理範圍內使用已經發表的作品；⑧圖書館、檔案館、紀念館、博物館、美術館等為陳列或者保存版本的需要，複製本館收藏的作品；⑨免費表演已經發表的作品，該表演未向公眾收取費用，也未向表演者支付報酬；⑩對設置或者陳列在室外公共場所的藝術作品進行臨摹、繪畫、攝影、錄像；⑪將中國公民、法人或者其他組織已經發表的以漢語言文字創作的作品翻譯成少數民族語言文字作品在國內出版發行；⑫將已經發表的作品改成盲文出版。上述規定也適用於對出版者、表演者、錄音錄像製作者、廣播電臺、電視臺的權利的限制。

2. 法定許可使用

法定許可使用是指法律明文規定，可以不經著作權人許可，以特定的方式有償使用他人已經發表的作品的行為。值得指出的是，如果著作權人聲明不許使用的，則排除在法定可以使用的範圍之外，即法定許可使用一般受到著作權人聲明的限制。此外，在使用作品時，不得影響作品的正常使用，也不得不合理地損害著作權人的合法利益。與合理使用的重要區別是法定許可使用是有償的。

根據《著作權法》第二十三條的規定，法定許可使用的情形是：為實施九年制義務教育和國家教育規劃而編寫出版教科書，除作者事先聲明不許使用的外，可以在教科書中匯編已經發表的作品片段或者短小的文字作品、音樂作品或者單幅的美術作品、攝影作品，但應當按照規定支付報酬，指明作者姓名、作品名稱，並且不得侵犯著作權人依照本法享有的其他權利。前述規定也適用於對出版者、表演者、錄音錄像製作者、廣播電臺、電視臺的權利的限制。

五、鄰接權

（一）鄰接權的概念

鄰接權，是指作品傳播者對在傳播作品過程中產生的勞動成果依法享有的專有權利，又稱為作品傳播者權或與著作權有關的權益。廣義的著作權可以包括鄰接權。狹義的著作權與鄰接權的關係極為密切。沒有作品，就談不上作品的傳播，因而鄰接權以著作權為基礎。

鄰接權與著作權的主要區別是：鄰接權的主體多為法人或其他組織，著作權的主體多為自然人；鄰接權的客體是傳播作品過程中產生的成果，而著作權的客體是作品本身；鄰接權中除表演者權外一般不涉及人身權，而著作權包括人身權和財產權兩方面的內容。

（二）鄰接權的種類

1. 出版者權

出版者權是指書刊出版者與著作權人通過訂立出版合同約定，在一定的期限內，對交付出版的作品所享有的專有出版權。

（1）出版者的權利。其權利主要包括兩個方面：①版式設計專有權。版式設計是指出版者對其出版的圖書、期刊的版面和外觀裝飾所做的設計。版式設計是出版者，包括圖書出版者（如出版社）和期刊出版者（如雜誌社、報社）的創造性智力成果，出版者依法享有專有使用權，即有權許可或者禁止他人使用其出版的圖書、期刊的版式設計。②專有出版權。圖書出版者對著作權人交付出版的作品，按照雙方訂立的出版合同的約定享有專有出版權。專有出版權是依出版合同而產生的權利而非法定權利，因而從嚴格意義上講，它不屬於鄰接權範疇。

（2）圖書出版者應承擔如下主要義務：①按合同約定或國家規定向著作權人支付報酬；②按照合同約定的出版質量、期限出版圖書；③重版、再版作品的，應當通知著作權人，並支付報酬；④出版改編、翻譯、註釋、整理已有作品而產生的作品，應當取得演繹作品的著作權人和原作品的著作權人許可，並支付報酬；⑤對出版行為的授權、稿件來源的署名、所編輯出版物的內容等盡合理的注意義務，避免出版行為侵犯他人的著作權等民事權利。

2. 表演者權

表演者權是指表演者對他人作品的藝術表演依法享有的專有權利。

根據《著作權法》第三十八條規定，表演者對其表演享有下列權利：①表明表演者身分；②保護表演形象不受歪曲；③許可他人從現場直播和公開傳送其現場表演，並獲得報酬；④許可他人錄音錄像，並獲得報酬；⑤許可他人複製、發行錄有其表演的錄音錄像製品，並獲得報酬；⑥許可他人通過信息網絡向公眾傳播其表演，並獲得報酬。

使用他人作品演出，表演者（演員、演出單位）應當取得著作權人許可，並支付報酬。演出組織者組織演出，由該組織者取得著作權人許可，並支付報酬。使用改編、翻譯、註釋、整理已有作品而產生的作品進行演出，應當取得改編、翻譯、註釋、整理作品的著作權人和原作品的著作權人許可，並支付報酬。

3. 音像製作者權

音像製作者權是指錄音錄像製作者對其製作的錄音錄像製品享有許可他人複製、發行、出租、通過信息網絡向公眾傳播並獲得報酬的權利。

音像製作者依法應承擔下列義務：①錄音錄像製作者使用他人作品製作錄音錄像製品，應當取得著作權人許可，並支付報酬；②錄音錄像製作者使用演繹作品，應當取得演繹作品的著作權人和原作品著作權人許可，並支付報酬；③錄音製作者使用他人已經合法錄制為錄音製品的音樂作品製作錄音製品，可以不經著作權人許可，但應當按照規定支付報酬；著作權人聲明不許使用的不得使用；④錄音錄像製作者製作錄音錄像製品，應當同表演者訂立合同，並支付報酬。

4. 廣播電視節目製作者權

廣播電視節目製作者權是指廣播電視組織對其播放的廣播電視節目，依法享有允許或禁止他人進行營利性的轉播、錄制和複製的權利以及獲得經濟利益的權利。廣播電視節目是指廣播電臺、電視臺通過載有聲音、圖像的信號傳播的節目。

廣播電視組織依法應承擔下列義務：①廣播電臺、電視臺使用他人未發表的作品，應當取得著作權人的許可，並支付報酬。②廣播電臺、電視臺使用他人已發表的作品，可以不經著作權人許可，但應當支付報酬。③廣播電臺、電視臺播放已經出版的錄音製品，可以不經著作權人許可，但應當支付報酬。④廣播電臺、電視臺播放他人的電影作品和以類似攝制電影的方法創作的作品、錄像製品，應當取得製片者或者錄像製作者許可，並支付報酬；播放他人的錄像製品，還應當取得著作權人許可，並支付報酬。

（三）鄰接權的保護期

出版者權的保護期是由著作權人與出版者在圖書出版合同中加以約定，但版式設計權的保護期為 10 年，截止於使用該版式設計的圖書、期刊首次出版後第 10 年的 12 月 31 日。

表演者對其表演所享有的人身權（即表明表演者身分、保護表演形象不受歪曲），著作權法永久保護。表演者享有的財產權保護期為 50 年，截止於該表演發生後第 50 年的 12 月 31 日。

錄音錄像製作者享有的財產權保護期為 50 年，截止於該製品首次製作完成後第 50 年的 12 月 31 日。

廣播電臺、電視臺對其製作的廣播、電視節目的財產權保護期為 50 年，截止於該廣播、電視首次播放後第 50 年的 12 月 31 日。

五、著作權的法律責任

（一）侵犯著作權的民事責任

根據《著作權法》第四十七條規定，有下列侵權行為的，應當根據情況，承擔停止侵害、消除影響、賠禮道歉、賠償損失等民事責任：①未經著作權人許可，發表其

作品的；②未經合作作者許可，將與他人合作創作的作品當作自己單獨創作的作品發表的；③沒有參加創作，為謀取個人名利，在他人作品上署名的；④歪曲、篡改他人作品的；⑤剽竊他人作品的；⑥未經著作權人許可，以展覽、攝製電影和以類似攝製電影的方法使用作品，或者以改編、翻譯、註釋等方式使用作品的，本法另有規定的除外；⑦使用他人作品，應當支付報酬而未支付的；⑧未經電影作品和以類似攝製電影的方法創作的作品、計算機軟件、錄音錄像製品的著作權人或者與著作權有關的權利人許可，出租其作品或者錄音錄像製品的，本法另有規定的除外；⑨未經出版者許可，使用其出版的圖書、期刊的版式設計的；⑩未經表演者許可，從現場直播或者公開傳送其現場表演，或者錄製其表演的；⑪其他侵犯著作權以及與著作權有關的權益的行為。

（二）侵犯著作權的行政責任與刑事責任

《著作權法》第四十八條規定，有下列侵權行為的，應當根據情況，承擔停止侵害、消除影響、賠禮道歉、賠償損失等民事責任；同時損害公共利益的，可以由著作權行政管理部門責令停止侵權行為，沒收違法所得，沒收、銷毀侵權複製品，並可處以罰款；情節嚴重的，著作權行政管理部門還可以沒收主要用於製作侵權複製品的材料、工具、設備等；構成犯罪的，依法追究刑事責任：①未經著作權人許可，複製、發行、表演、放映、廣播、匯編、通過信息網絡向公眾傳播其作品的，本法另有規定的除外；②出版他人享有專有出版權的圖書的；③未經表演者許可，複製、發行錄有其表演的錄音錄像製品，或者通過信息網絡向公眾傳播其表演的，本法另有規定的除外；④未經錄音錄像製作者許可，複製、發行、通過信息網絡向公眾傳播其製作的錄音錄像製品的，本法另有規定的除外；⑤未經許可，播放或者複製廣播、電視的，本法另有規定的除外；⑥未經著作權人或者與著作權有關的權利人許可，故意避開或者破壞權利人為其作品、錄音錄像製品等採取的保護著作權或者與著作權有關的權利的技術措施的，法律、行政法規另有規定的除外；⑦未經著作權人或者與著作權有關的權利人許可，故意刪除或者改變作品、錄音錄像製品等的權利管理電子信息的，法律、行政法規另有規定的除外；⑧製作、出售假冒他人署名的作品的。

本章思考

1. 理解下列術語：
知識產權　專利權　商標權　著作權　專利申請優先權
2. 簡述《保護工業產權巴黎公約》確定的基本原則。
3. 簡述《保護文學和藝術作品伯爾尼公約》的基本內容。
4. 簡述中國專利的實質性審查。
5. 簡述專利國際申請及審查程序。
6. 試述中國商標註冊的條件及國際註冊程序。
7. 試述中國馳名商標的特殊保護。
8. 試述中國對著作權予以權利限制的意義和具體規定。

第十二章

國際商事仲裁

■本章要點

1. 國際商事仲裁的概念與特點
2. 聯合國《國際商事仲裁示範法》基本內容
3. 國際商事仲裁裁決的承認與執行
4. 中國的仲裁立法與仲裁機構

第一節 概述

在國際貿易活動中，由於交易主體有著不同的經濟利益和處分方式，加上所屬國家的法律制度有著差異，發生爭議在所難免。國際貿易爭議解決的方式有四種：協商、調解、仲裁和訴訟。其中仲裁作為與訴訟並列的爭議解決方式，具有許多訴訟難以實現的優勢，其已成為最常用的選擇性爭議解決方式（alternative dispute resolution，ADR）[①]。鑒於此，很多國家都制定了相關的仲裁立法。

一、國際商事仲裁的概念與特點

（一）國際商事仲裁的概念

國際商事仲裁，是指國際商事關係的雙方當事人，根據爭議發生前或發生後所達成的協議，自願將爭議提交仲裁機構，由其做出對雙方均有約束力的仲裁裁決的一種國際商事爭議解決機制。

對國際商事仲裁中「國際性」的界定，各國有不同的理解，根據聯合國《國際商

[①] 選擇性爭議解決方式，也稱為「替代性爭議解決方式」，一般指以訴訟以外的方式解決爭議。即發生爭議後，當事人可以選擇雙方協商，或者選擇由無利害關係的第三方主持下進行的調解，還可以選擇依據當事人訂立的仲裁條款或仲裁協議，提交仲裁庭仲裁。

事仲裁示範法》的規定，下列情況下可以界定為具有「國際性」：①仲裁協議的當事人在締結協議時，營業地位於不同國。②下列地點位於當事各方營業地點所在國之外的：仲裁協議中確定的或根據仲裁協議而確定的仲裁地點，履行商事關係主要義務的地點或與爭議標的具有最密切聯繫的地點。③雙方當事人已經明確約定仲裁協議的標的與一個以上的國家有聯繫。

中國關於「國際性」的規定：凡民事關係的一方或者雙方當事人是外國人、無國籍人、外國法人的；民事關係的標的物在外國領域內的；產生、變更或者消滅民事權利義務關係的法律事實發生在外國的，均為涉外民事關係。涉中國港、澳、臺地區的仲裁也應參照涉外仲裁處理。

總之，凡仲裁當事人一方或雙方為外國人或無國籍人或合同中的仲裁條款或仲裁協議訂立時，雙方當事人的住所、營業地位於不同國家，或雙方當事人位於同一國家，但仲裁地位於該國之外，或仲裁涉及的法律關係的內容發生在國外，或爭議的標的位於國外，其仲裁均應視為國際仲裁。

（二）國際商事仲裁的特點

1. 廣泛的國際性

廣泛的國際性是有效解決國際商事糾紛的基礎。這主要表現在兩個方面：①幾乎所有的常設仲裁機構都聘用了許多不同國家的專業人員作仲裁員，許多國際仲裁案件是由不同國籍的仲裁員組成仲裁庭來進行審理；②由於已有 100 多個國家參加了 1958 年《承認與執行外國仲裁裁決公約》（簡稱《紐約公約》），仲裁裁決的承認和執行便有了可靠基礎，使仲裁裁決比較容易地在國外得到承認與執行。

2. 高度的自治性

高度的意思自治性是有效解決國際商事糾紛的優勢。這種自治性主要體現在以下四個方面：①雙方當事人可以選擇仲裁機構或仲裁的組織形式。②雙方當事人可以選擇仲裁地點。儘管常設仲裁機構一般都在其機構所在地進行仲裁活動，但雙方當事人選擇了仲裁機構，並不一定就是選擇了仲裁機構所在地作為仲裁地點。③雙方當事人可以選擇審理案件的仲裁員。雙方當事人可以合意選擇任何人作為仲裁員審理他們之間的爭議。④雙方當事人可以選擇進行仲裁的程序和適用的法律。在進行仲裁的過程中，仲裁機構、當事人和其他參與人以及仲裁庭從事仲裁活動所必須遵循的程序，都可以由雙方當事人在其仲裁協議中約定。除瞭解決爭議應予適用的實體法外，雙方當事人可以選擇仲裁適用的程序法。

3. 執行的強制性

執行的強制性是有效解決國際商事糾紛的保證。雖然國際商事仲裁具有民間性，國際商事仲裁機構是一種民間性質的組織，不是國家司法機關，但各國的立法和司法都明確承認仲裁裁決的法律效力，並賦予仲裁裁決和法院判決同等的強制執行效力。如果一方當事人不按照事先的約定自覺地履行仲裁裁決，另一方當事人可以依照有關的國際公約、協議或執行地國家的法律規定申請強制執行仲裁裁決。

4. 很強的權威性

仲裁裁決的權威性是正確處理國際商事糾紛的前提。由於仲裁員是由各行各業的專家或具有豐富實踐經驗的人組成的，因此許多仲裁案件實際都是由有關問題的專家來審理，仲裁庭做出的裁決也就具有了很強的權威性。仲裁程序結束後所做出的判決

一般都是終局的，任何一方當事人均不得向法院起訴，也不得向其他機構提出變更仲裁裁決的請求。

二、國際商事仲裁與調解、訴訟的異同

(一) 仲裁與調解的異同

仲裁與調解都是有第三者介入的民間解決糾紛的方法。但仲裁的力度比調解大，能夠比較徹底地解決糾紛。

二者的區別主要體現在以下幾方面：

1. 當事人的合意程度不同

調解的進行，自始至終必須得到雙方的同意；仲裁則只要雙方當事人合意達成了仲裁協議，即使後來一方當事人不願意，他方仍可依仲裁協議提起仲裁程序，仲裁庭所做的裁決也無須徵得雙方當事人的同意。

2. 第三人所起的作用不同

調解人主要起疏通、說服、勸解和協商的作用；仲裁員則主要起裁判的作用。

3. 法律效力不同

在調解的情況下，當事人達成了調解協議，也是可以反悔的，法院不能強制執行調解協議；仲裁則得到了國家權力的支持，即仲裁裁決具有強制執行力。

(二) 仲裁與訴訟的異同

民商事爭議通常可以採取向法院起訴和申請仲裁機構審理兩種方法。仲裁和司法訴訟的處理決定都是由第三者獨立自主做出的，並對當事人具有約束力。

二者的區別主要體現在以下幾方面：

1. 機構的性質不同

國際商事仲裁機構只具有民間團體的性質，而審理國際民商事糾紛的法院，則是國家司法機關。

2. 管轄權來源不同

國際商事仲裁機構的管轄權完全來自雙方當事人的合意，而法院審理國際民事訴訟的管轄權則來自國家的強制力。

3. 審理程序的公開性不同

國際商事仲裁程序一般都是不公開進行的，而法院審理國際民商事爭議，除極少數涉及國家秘密或個人隱私的外，原則上是必須公開進行的。

4. 當事人的自治性不同

國際商事仲裁中當事人的自治性大大超過國際民事訴訟中當事人的自治性。

5. 審級制度不同

國際商事仲裁裁決一般實行一裁終局制，而國際民事訴訟則一般實行二審終審制。

溫故知新

下列選項中關於仲裁的描述正確的是（ ）。
A. 以當事人自願為基礎　　　　B. 仲裁機構不受理沒有仲裁協議的案件
C. 排除法院對爭議案件的管轄權　D. 仲裁裁決是終局的，對雙方均有約束力

【參考答案】A、B、C、D

三、國際仲裁規則與仲裁示範法

(一) 聯合國國際貿易法委員會仲裁規則

1976年4月28日,《聯合國國際貿易法委員會仲裁規則》(UNCITRAL Arbitration Rules)由聯合國第31次大會正式通過。該規則適用於國家與私人間的投資爭議仲裁、多方仲裁、第三人加入仲裁程序、仲裁員的指定、仲裁員責任的豁免、仲裁費用的控制等問題。規則對各國並不具有普遍的約束力,僅供合同雙方當事人自願以書面方式約定。但當事人也可在書面協議中指定一個常設仲裁機構,委員會負責關於仲裁的行政管理工作。

2010年該規則做了重要修訂,主要涉及仲裁協議書面形式、仲裁規則如何更適用於國家與私人間的投資爭議仲裁、多方仲裁、第三人加入仲裁程序、仲裁員的指定、仲裁員責任的豁免及仲裁費用的控制等問題。修訂後的仲裁規則更加符合國際商事仲裁的實踐需要,並為其他仲裁機構仲裁規則的修訂起到更好的示範作用。

(二) 聯合國《國際商事仲裁示範法》

仲裁在解決各種社會糾紛和協調社會經濟關係方面,發揮著越來越重要的作用,受到世界各國和國際社會的普遍重視並得到廣泛採用。為指導各國的仲裁立法,1985年6月21日,聯合國通過了《國際商事仲裁示範法》(以下簡稱《示範法》),得到了國際社會的熱烈回應。該《示範法》共8章36條,雖然沒有強制執行力,僅供各成員國制定國內法時參考之用,但世界範圍內,出現了支持仲裁的立法和司法實踐潮流,已有俄羅斯、保加利亞等超過40個以上的國家和地區以《示範法》為藍本,修改了各自的仲裁立法。

《示範法》的主要內容包括:

1. 適用範圍

該法適用於國際商事仲裁。但須服從在本國與其他任何一國或多國之間有效力的任何協定。該法不得影響規定某些爭議不可以交付仲裁或只有根據非該法規定的規定才可以交付仲裁的本國其他任何法律。

2. 仲裁協議

仲裁協議是指當事各方同意將在他們之間確定的不論是在契約性或非契約性的法律關係上已經發生或可以發生的一切或某些爭議提交仲裁的協議。仲裁協議可以採取合同中的仲裁條款形式或單獨的協議形式。仲裁協議應是書面的。

3. 仲裁庭

(1) 根據《示範法》第十六條規定,仲裁庭有對自己的管轄權做出裁定的權力:①仲裁庭可以對它自己的管轄權包括對仲裁協議的存在或效力的任何異議,做出裁定。為此目的,構成合同的一部分的仲裁條款應視為獨立於其他合同條款以外的一項協議。仲裁庭做出關於合同無效的決定,不應在法律上導致仲裁條款的無效。②有關仲裁庭無權管轄的抗辯不得在提出答辯書之後提出。當事一方已指定或參與指定仲裁員的事實,不得阻止該當事一方提出這種抗辯。有關仲裁庭超越其權力範圍的抗辯,應在仲裁程序過程中提出越權的事情後立即提出。在這兩種情況下,仲裁庭如認為推遲提出抗辯有正當理由,均可准許待後提出抗辯。③仲裁庭可以根據案情將第②款所指的抗辯作為一個初步問題裁定或在裁決中裁定。如果仲裁庭作為一個初步問題裁定它有管

轄權，當事任何一方均可以在收到裁定通知後 30 天內要求第六條規定的法院對這一問題做出決定。該決定不容上訴，在等待對這種要求做出決定的同時，仲裁庭可以繼續進行仲裁程序和做出裁決。

（2）仲裁庭命令採取臨時措施的權力。《示範法》第十七條規定：「除非當事各方另有協議，仲裁庭經當事一方請求，可以命令當事任何一方就爭議的標的採取仲裁庭可能認為有必要的任何臨時性保全措施。仲裁庭可以要求當事任何一方提供有關此種措施的適當的擔保。」

4. 仲裁程序

仲裁中應對當事各方平等相待，應給予當事每一方充分的機會陳述其案情。

（1）程序規則的確定。①以服從該法的規定為準，當事各方可以自由地就仲裁庭進行仲裁所應遵循的程序達成協議；②如未達成這種協議，仲裁庭可以在本法的規定的限制下，按照它認為適當的方式進行仲裁。授予仲裁庭的權力包括確定任何證據的可採性、相關性、實質性和重要性的權力。

（2）仲裁地點。當事各方可以自由地就仲裁地點達成協議。如未達成這種協議，仲裁地點應由仲裁庭確定，要照顧到案件的情況，包括當事各方的方便。除非當事各方另有協議，仲裁庭可以在它認為適當的任何地點聚會，以便在它的成員間進行磋商，聽取證人、專家或當事各方的意見或檢查貨物、其他財產或文件。

（3）仲裁程序的開始。《示範法》第二十一條規定：「除非當事各方另有協議，特定爭議的仲裁程序，於應訴人收到將該爭議提交仲裁的請求之日開始。」

5. 在獲取證據方面的法院協助

仲裁庭或當事一方在仲裁庭同意之下，可以請求本國主管法院協助獲取證據。法院可以在其權限範圍內並按照其獲取證據的規則的規定執行上述請求。

第二節　國際商事仲裁機構與協議

一、國際商事仲裁機構的分類

（一）仲裁機構的組成形式

1. 臨時仲裁

又稱特別仲裁，是指根據雙方當事人的仲裁協議，在爭議發生後由雙方當事人推薦的仲裁人臨時組成仲裁庭，負責按照當事人約定的程序規則審理有關爭議，並在審理終結做出裁決後即不再存在的仲裁。

臨時仲裁與機構仲裁相比較，有自治性、靈活性更強、費用更低和速度更快等優點。

2. 常設仲裁機構

常設仲裁機構是指依國際公約或一國國內法成立的，有固定的名稱、地址、組織形式、組織章程、仲裁規則和仲裁員名單，並具有完整的辦事機構和健全的行政管理制度，用以處理國際商事爭議的仲裁機構。

（二）仲裁庭是否必須按照法律做出裁決

1. 依法仲裁

依法仲裁是指仲裁庭依據一定的法律規定對糾紛進行裁決。

2. 友好仲裁

友好仲裁也稱友誼仲裁，是指在國際商事仲裁中，允許仲裁員或仲裁庭根據公平和善意原則或公平交易和誠實信用原則對爭議實質問題做出裁決。是否進行友好仲裁主要取決於當事人的願望與授權。同時，是否能進行友好仲裁還得受「仲裁地法」或有關國際公約的制約。

二、重要的國際商事仲裁機構

國際商事仲裁機構是由國際商事關係中的當事人自主選擇，用以解決其商事爭議的民間性機構。下面介紹幾個常設的、影響較大的商事仲裁機構。

（一）國際商會仲裁院

國際商會仲裁院是附屬於國際商會的一個全球性國際常設仲裁機構，成立於1923年，總部設在巴黎。中國已於1996年參加國際商會。仲裁院於1997年4月通過了一個程序規則《國際商會仲裁規則》，該規則於1998年實施，共7章35條，規則中明確規定了仲裁申請、仲裁庭的組成、仲裁程序的進行、法律的適用、仲裁裁決的做出等事項。

國際商會仲裁院的管轄範圍很廣，就案件的性質而言，國際商會仲裁院的管轄範圍幾乎包括因契約關係而發生的所有爭議，是目前世界上每年受案最多的一個常設仲裁機構。申請主體也不限於國際商會的會員國，任何國家的當事人均可通過仲裁協議將有關商事爭議提交該仲裁院仲裁，因而在世界範圍內為各國廣為採納。

（二）世界知識產權組織仲裁中心

世界知識產權組織仲裁中心成立於1994年，總部設在日內瓦，其在仲裁程序中有一些特殊性。當事人可以利用「名單程序」選擇仲裁員。所謂名單程序，是指在各方當事人選擇仲裁員時，仲裁中心提供當事人一份候選仲裁員名單，要求當事人將其反對的仲裁員換掉，然後在剩下的候選人中按優先順序標記，仲裁中心依此選擇組成仲裁庭人員。

（三）瑞典斯德哥爾摩商事仲裁院

瑞典斯德哥爾摩商會仲裁院是目前東西方國家之間國際經濟貿易仲裁的中心。其成立於1917年，與其他仲裁機構相比，其具有特殊性，原因在於瑞典在政治上的中立地位。仲裁院除了可以適用自己的規則外，還可以根據《聯合國國際貿易法委員會仲裁規則》等其他任何仲裁規則來審理裁決當事人提交的商事爭議，當事人在指定仲裁員時也可不受仲裁員名冊的限制。

（四）倫敦國際仲裁院

倫敦國際仲裁院是成立最早的常設國際仲裁機構之一，其前身為1892年成立的倫敦仲裁廳，它的海事仲裁在國際社會享有很高的聲譽，世界各國的大多數海事案件都提請該院仲裁。

為了適應國際性仲裁的需要，該仲裁院於1978年設立了倫敦國際仲裁員名單，是由主要的貿易國家挑選出來的仲裁員組成的。仲裁庭通常依據1998年修訂的仲裁規則

來裁決，該規則相較於其他機構的規則而言更為詳盡，因而為當事人和仲裁庭提供了可靠的指引。

(五) 美國仲裁協會

美國仲裁協會成立於 1926 年，總部設於紐約。《美國仲裁協會國際仲裁規則》於 1991 年 3 月 1 日生效。仲裁庭除做出終局裁決外，亦可做出臨時裁決、中間裁決或部分裁決。

三、國際商事仲裁協議

(一) 概念

國際商事仲裁協議，是指當事人之間以解決國際商事爭議為目的，在爭議發生前或者爭議發生後，達成的一致同意採取仲裁形式解決相互間商事爭議的書面意思表示。

國際商事仲裁協議是國際商事仲裁的基石。通常仲裁協議涉及仲裁地點、仲裁機構、仲裁規則、裁決的效力和提交仲裁的事項五個方面的內容。

(二) 種類

仲裁協議有兩種形式：

1. 仲裁條款

仲裁條款一般是雙方當事人在爭議發生之前訂立的，包含在主合同中，作為主合同的一項條款而存在。仲裁條款一般較短，因為是事前制定的，不知道之後會發生什麼爭議，所以不可能擬定詳細的仲裁條文。

2. 仲裁協議書

仲裁協議書是雙方當事人在爭議發生之後訂立的，表示同意將已經發生的爭議提交仲裁解決的協議，這是獨立於主合同之外的一個單獨的協議。

(三) 仲裁協議的法律效力

1. 對當事人的效力

仲裁協議一經成立即對當事人產生法律效力：①當爭議發生時，任何一方當事人都有權將爭議提交仲裁；②當事人只能採取仲裁方式解決商事爭議。如果一方當事人就仲裁協議規定範圍內的商事爭議向法院提起訴訟，另一方當事人可以仲裁協議為抗辯事由要求法院終止司法訴訟程序並將案件發還仲裁解決。

2. 對仲裁庭和仲裁機構的效力

仲裁協議對仲裁庭和仲裁機構的法律效力體現在：①仲裁協議是仲裁庭或仲裁機構行使仲裁管轄權的依據。如果沒有仲裁協議，其就無權受理商事爭議案件。②仲裁庭或仲裁機構的受案範圍受到仲裁協議的嚴格限制。對任何超出協議範圍的事項均無權受理。

3. 對法院的效力

仲裁協議排除了法院對商事爭議案件的司法管轄權，即一旦雙方當事人達成了仲裁協議，並且爭議發生後一方當事人向法院提起訴訟，法院不應受理，或者根據另一方當事人的請求停止司法訴訟程序，將案件發還仲裁庭或仲裁機構審理。

第三節　國際商事仲裁裁決的承認與執行

一、國際仲裁裁決承認與執行的三種情況

一般商事仲裁裁決的承認與執行分為三種情況：國內仲裁裁決、涉外仲裁裁決、外國仲裁裁決：

（1）國內仲裁裁決和涉外仲裁裁決。這兩種都是中國仲裁機構做出的仲裁裁決，前者是對沒有涉外因素的案件做出的仲裁裁決，後者是對具有涉外因素的案件做出的裁決。

（2）外國仲裁裁決。外國仲裁裁決是指外國仲裁機構做出的仲裁裁決，對於外國仲裁裁決，中國法院無權撤銷，只能在符合法定事由的情況下拒絕承認和執行。而拒絕承認與執行外國仲裁裁決的法定事由，與涉外仲裁裁決的撤銷理由是相同的。

二、《紐約公約》

（一）《紐約公約》的制定背景

1958年6月10日在紐約召開的聯合國國際商業仲裁會議上簽署了《承認及執行外國仲裁裁決公約》（the New York Convention on the Recognition and Enforcement of Foreign Arbitral Awards），又稱《紐約公約》。該公約處理的是外國仲裁裁決的承認和仲裁條款的執行問題。截止到2018年3月，加入這個公約的國家和地區有158個。中國於1986年12月正式加入該公約，1987年4月22日該公約對中國生效。

（二）《紐約公約》的主要內容

1. 相互承認與國民待遇

締約國有義務相互承認仲裁裁決具有約束力，並應依照承認與執行地的程序規則予以執行，執行時不應在實質上比承認與執行本國的仲裁裁決規定更繁瑣的條件或更高的費用。

2. 中國的兩項保留

中國根據《紐約公約》第一條第三款提出了兩項保留：

（1）互惠保留，即中國只對在另一締約國領土內做出的裁決適用該公約。根據公約第一條，公約適用於在一個國家做出的而在另一個國家要求承認與執行的仲裁裁決，只要該裁決是因自然人或法人間的爭執而引起的衝裁裁決即可。公約並不要求該裁決做出地是公約締約國，這就意味著對來自非締約國的裁決，締約國也有義務適用公約承認執行。而中國只希望對在公約締約國做出的裁決適用公約，因為這樣中國的裁決在那個國家承認與執行也可以適用該公約，所以中國提出了互惠保留。這就意味著非締約國的裁決在中國申請承認與執行時，中國不負有適用公約的義務。

（2）商事保留，即中國僅對那些按照中國法律屬於契約性或非契約性商事法律關係所引起的爭議所做的裁決適用公約。對於針對非商事性爭議所做的仲裁裁決在中國的承認執行，中國不適用公約。如離婚協議、家庭事宜等方面的問題所做的仲裁裁決，或就國家間的爭端所作的仲裁裁決等，不適用公約。

3. 拒絕承認與執行外國仲裁裁決的理由

拒絕承認與執行外國仲裁裁決的理由有兩類情形：

（1）應由被申請執行人證明的五項理由。《紐約公約》第五條第一款規定，被請求承認或執行裁決的主管機關只有在被申請執行人提出有關下列情況的證明的時候，才可以根據該當事人的請求，拒絕承認和執行該項裁決：①仲裁協議無效；②未給予適當通知；③仲裁庭超越權限；④仲裁庭的組成或仲裁程序不當；⑤仲裁裁決不具有約束力或已被撤銷或停止執行。

（2）主管機關依職權主動審查的兩項理由。《紐約公約》第五條第二款規定，被請求承認和執行仲裁裁決的國家的主管機關如果查明有下列情況，也可以拒絕承認和執行：①爭議事項不具有可仲裁性；②違反主管機關所在國的公共秩序。

三、中國涉外仲裁裁決在中國的承認與執行

（一）管轄法院

根據中國《民事訴訟法》第二百五十七條的規定，當事人可以向被申請人住所地或者財產所在地的中級人民法院申請執行。

（二）拒絕執行的事由

根據《民事訴訟法》第二百五十八條第一款的規定，被申請提出證據證明仲裁裁決有下列情形之一的，經人民法院組成合議庭審查核實，裁定不予執行：①當事人在合同中沒有定有仲裁條款或者事後沒有達成書面仲裁協議的；②被申請人沒有得到指定仲裁員或者進行仲裁程序的通知，或者由於其他不屬於被申請人負責的原因未能陳述意見的；③仲裁庭的組成或者仲裁程序與仲裁規則不符的；④裁決的事項不屬於仲裁協議的範圍或者仲裁機構無權仲裁的。該條第2款規定：人民法院認定執行該裁決違背社會公共利益的，裁定不予執行。

《民事訴訟法》第二百五十八條的兩款都是拒絕執行的事由，兩款的區別在於：第一款的情形由被申請人舉證證明；第二款是法院認定，無須當事人舉證。

根據中國《民事訴訟法》第二百五十九條的規定，仲裁裁決被人民法院裁定不予執行的，當事人可以根據雙方達成的書面仲裁協議重新申請仲裁，也可以向人民法院起訴。

四、中國涉外仲裁的報告制度

（一）報告制度概述

人民法院在受理在定有仲裁協議的涉外爭議的當事人起訴之前，以及在撤銷或不予執行中國涉外仲裁裁決、拒絕承認與執行外國仲裁裁決之前，應將其審查意見報告所轄區高級法院審查，如高級法院也同意下級法院的做法，則須報最高人民法院批准。在最高法院未做答復前，有關下級法院暫不予受理相關起訴或不發出撤銷仲裁裁決、不予執行做出裁決的制度。

（二）報告制度的主要內容

1. 涉外仲裁協議

法院認為涉外仲裁協議無效、失效或內容不明無法執行的，在決定受理一方當事人起訴前，必須報本轄區高級法院審查，如果高級法院同意受理，應將其審查意見報

最高人民法院。在最高法院答復前，法院可暫不予受理。

2. 不予執行中國涉外仲裁裁決

對當事人的仲裁執行申請，如受理案件的法院認為具有不予執行理由的，在裁定不予執行前，必須報轄區高級法院審查，如高級法院同意不予執行的，應當將其意見報最高法院，待最高法院答復後，方可裁定不予執行的仲裁裁決。

3. 承認與執行外國仲裁裁決

法院拒絕承認與執行外國仲裁裁決前，應當報轄區高級法院審查，如高級法院同意拒絕承認與執行的，應將其意見報最高法院，待最高法院答復後，方可拒絕承認與執行。

4. 撤銷涉外仲裁機構裁決

受理申請撤銷裁決的人民法院如認為應予撤銷裁決或通知仲裁庭重新仲裁的，在受理申請後 30 日內報其所屬高級法院，高級法院同意後，15 日報最高法院。

第四節 中國的仲裁立法與仲裁機構

一、中國國際商事仲裁立法

（一）立法的基本情況

改革開放之前，中國並存著兩種截然不同的仲裁制度——涉外仲裁和國內仲裁。涉外仲裁由中國國際貿易促進會組建，包括國際經濟貿易仲裁和海事仲裁。涉外仲裁機構按國際慣例設立和運行，在設立之初是一套比較完善、科學的仲裁制度。而國內仲裁制度的發展情況則要複雜得多，其主要以經濟合同仲裁為主，使仲裁的民間性、自願性等特點無法體現。國內仲裁制度具有較濃的行政色彩，本質上是以行政手段解決經濟合同糾紛，是國家實行嚴格的計劃經濟體制的產物。

改革開放政策確立後，隨著市場經濟體制及法制的不斷完善，中國的國際商事仲裁立法逐步走向成熟和完善，具體表現為：

1. 制定並頒布了單行的仲裁立法

為了適應改革開放和建立市場經濟體制的新形勢，統一中國仲裁立法，以國際通行的做法仲裁，中國權力機關於 1994 年 8 月 31 日討論通過了《中華人民共和國仲裁法》（以下簡稱《仲裁法》），並於 1995 年 9 月 1 日起正式施行。這部法律確立了協議仲裁、或裁或審、獨立仲裁和一裁終局的基本原則，恢復了仲裁的本來面目。

2005 年 1 月 11 日，中國國際貿易促進委員會、中國國際商會修訂並通過了《中國國際經濟貿易仲裁委員會仲裁規則》（以下簡稱《仲裁規則》），為仲裁提供了切實可行的規制。

2. 參加重要的國際公約

中國仲裁制度一直重視國際化的發展問題和與國際的接軌。1986 年，中國加入《紐約公約》，為中外締約方相互承認和執行仲裁裁決提供了堅實的法律基礎，標誌著中國在國際商事仲裁方面開始走上國際化和統一化的道路。1989 年，CIETAC 新仲裁規則施行，進一步推動了中國國際商事仲裁的現代化與國際化。1992 年，全國人大常委

會還批准了《關於解決國家和他國國民之間投資爭端公約》。

(二) 中華人民共和國仲裁法

《中華人民共和國仲裁法》(以下簡稱《仲裁法》) 於 1994 年 8 月 31 日通過，自 1995 年 9 月 1 日起施行，2009 年 8 月 27 日和 2017 年 9 月 1 日進行了兩次修正，其基本內容如下：

1. 適用範圍

平等主體的公民、法人和其他組織之間發生的合同糾紛和其他財產權益糾紛，可以仲裁。當事人採用仲裁方式解決糾紛，應當雙方自願，達成仲裁協議。沒有仲裁協議，一方申請仲裁的，仲裁委員會不予受理。當事人達成仲裁協議，一方向人民法院起訴的，人民法院不予受理，但仲裁協議無效的除外。

下列糾紛不能仲裁：①婚姻、收養、監護、扶養、繼承糾紛；②依法應當由行政機關處理的行政爭議。

2. 基本原則

仲裁的基本原則有：①仲裁委員會應當由當事人協議選定。仲裁不實行級別管轄和地域管轄；②仲裁應當根據事實，符合法律規定，公平合理地解決糾紛；③仲裁依法獨立進行，不受行政機關、社會團體和個人的干涉；④仲裁實行一裁終局的制度。裁決做出後，當事人就同一糾紛再申請仲裁或者向人民法院起訴的，仲裁委員會或者人民法院不予受理；⑤裁決被人民法院依法裁定撤銷或者不予執行的，當事人就該糾紛可以根據雙方重新達成的仲裁協議申請仲裁，也可以向人民法院起訴。

3. 仲裁委員會和仲裁協會

仲裁委員會可以在直轄市和省、自治區人民政府所在地的市設立，也可以根據需要在其他設區的市設立，不按行政區劃層層設立。

仲裁委員會應當具備下列條件：①有自己的名稱、住所和章程；②有必要的財產；③有該委員會的組成人員；④有聘任的仲裁員。仲裁委員會獨立於行政機關，與行政機關沒有隸屬關係。仲裁委員會之間也沒有隸屬關係。

中國仲裁協會是社會團體法人，是中國仲裁協會的會員。這是仲裁委員會的自律性組織，根據章程對仲裁委員會及其組成人員、仲裁員的違紀行為進行監督。

4. 仲裁協議

仲裁協議包括合同中訂立的仲裁條款和以其他書面方式在糾紛發生前或者糾紛發生後達成的請求仲裁的協議。仲裁協議應當具有下列內容：①請求仲裁的意思表示；②仲裁事項；③選定的仲裁委員會。

有下列情形之一的，仲裁協議無效：①約定的仲裁事項超出法律規定的仲裁範圍的；②無民事行為能力人或者限制民事行為能力人訂立的仲裁協議；③一方採取協迫手段，迫使對方訂立仲裁協議的。

仲裁協議對仲裁事項或者仲裁委員會沒有約定或者約定不明確的，當事人可以補充協議；達不成補充協議的，仲裁協議無效。仲裁協議獨立存在，合同的變更、解除、終止或者無效，不影響仲裁協議的效力。仲裁庭有權確認合同的效力。

當事人對仲裁協議的效力有異議的，可以請求仲裁委員會做出決定或者請求人民法院做出裁定。一方請求仲裁委員會做出決定，另一方請求人民法院做出裁定的，由人民法院裁定。當事人對仲裁協議的效力有異議，應當在仲裁庭首次開庭前提出。

5. 仲裁的申請與保全措施

當事人申請仲裁應當符合下列條件：①有仲裁協議；②有具體的仲裁請求和事實、理由；③屬於仲裁委員會的受理範圍。

仲裁申請書應當載明下列事項：①當事人的姓名、性別、年齡、職業、工作單位和住所，法人或者其他組織的名稱、住所和法定代表人或者主要負責人的姓名、職務；②仲裁請求和所根據的事實、理由；③證據和證據來源、證人姓名和住所。

當事人達成仲裁協議，一方向人民法院起訴未聲明有仲裁協議，人民法院受理後，另一方在首次開庭前提交仲裁協議的，人民法院應當駁回起訴，但仲裁協議無效的除外；另一方在首次開庭前未對人民法院受理該案提出異議的，視為放棄仲裁協議，人民法院應當繼續審理。

一方當事人因另一方當事人的行為或者其他原因，可能使裁決不能執行或者難以執行的，可以申請財產保全。當事人申請財產保全的，仲裁委員會應當將當事人的申請依照民事訴訟法的有關規定提交人民法院。申請有錯誤的，申請人應當賠償被申請人因財產保全所遭受的損失。

6. 仲裁員迴避制度

仲裁員有下列情形之一的，必須迴避，當事人也有權提出迴避申請：①是本案當事人或者當事人、代理人的近親屬；②與本案有利害關係；③與本案當事人、代理人有其他關係，可能影響公正仲裁的；④私自會見當事人、代理人，或者接受當事人、代理人的請客送禮的。

7. 仲裁的開庭與證據保全

仲裁應當開庭進行。當事人協議不開庭的，仲裁庭可以根據仲裁申請書、答辯書以及其他材料做出裁決。仲裁不公開進行。當事人協議公開的，可以公開進行，但涉及國家秘密的除外。

當事人應當對自己的主張提供證據。仲裁庭認為有必要收集的證據，可以自行收集。證據應當在開庭時出示，當事人可以質證。在證據可能滅失或者以後難以取得的情況下，當事人可以申請證據保全。當事人申請證據保全的，仲裁委員會應當將當事人的申請提交證據所在地的基層人民法院。

8. 和解與調解

當事人申請仲裁後，可以自行和解。達成和解協議的，可以請求仲裁庭根據和解協議做出裁決書，也可以撤回仲裁申請。當事人達成和解協議，撤回仲裁申請後反悔的，可以根據仲裁協議申請仲裁。

仲裁庭在做出裁決前，可以先行調解。當事人自願調解的，仲裁庭應當調解。調解不成的，應當及時做出裁決。調解達成協議的，仲裁庭應當製作調解書或者根據協議的結果製作裁決書。調解書與裁決書具有同等法律效力。調解書經雙方當事人簽收後，即發生法律效力。在調解書簽收前當事人反悔的，仲裁庭應當及時做出裁決。

9. 仲裁裁決的撤銷

裁決書自做出之日起發生法律效力。當事人提出證據證明裁決有下列情形之一的，可以向仲裁委員會所在地的中級人民法院申請撤銷裁決：①沒有仲裁協議的；②裁決的事項不屬於仲裁協議的範圍或者仲裁委員會無權仲裁的；③仲裁庭的組成或者仲裁的程序違反法定程序的；④裁決所根據的證據是偽造的；⑤對方當事人隱瞞了足以影

響公正裁決的證據的；⑥仲裁員在仲裁該案時有索賄受賄，徇私舞弊，枉法裁決行為的。另外人民法院認定該裁決違背社會公共利益的，也應當裁定撤銷人民法院經組成合議庭審查核實裁決有前款規定情形之一的，應當裁定撤銷。人民法院認定該裁決違背社會公共利益的，應當裁定撤銷當事人申請撤銷裁決的，應當自收到裁決書之日起6個月內提出。

10. 裁決的執行

當事人應當履行裁決。一方當事人不履行的，另一方當事人可以依照民事訴訟法的有關規定向人民法院申請執行。受申請的人民法院應當執行。一方當事人申請執行裁決，另一方當事人申請撤銷裁決的，人民法院應當裁定中止執行。人民法院裁定撤銷裁決的，應當裁定終結執行。撤銷裁決的申請被裁定駁回的，人民法院應當裁定恢復執行。

11. 涉外仲裁的特別規定

涉外仲裁委員會可以由中國國際商會組織設立。涉外仲裁委員會可以從具有法律、經濟貿易、科學技術等專門知識的外籍人士中聘任仲裁員。

涉外仲裁的當事人申請證據保全的，涉外仲裁委員會應當將當事人的申請提交證據所在地的中級人民法院。涉外仲裁委員會做出的發生法律效力的仲裁裁決，當事人請求執行的，如果被執行人或者其財產不在中華人民共和國領域內，應當由當事人直接向有管轄權的外國法院申請承認和執行。涉外仲裁規則可以由中國國際商會依照本法和民事訴訟法的有關規定制定。

涉外經濟貿易、運輸和海事中發生的糾紛的仲裁，適用以上規定。

資料卡 12.1

中國商事仲裁的一般程序

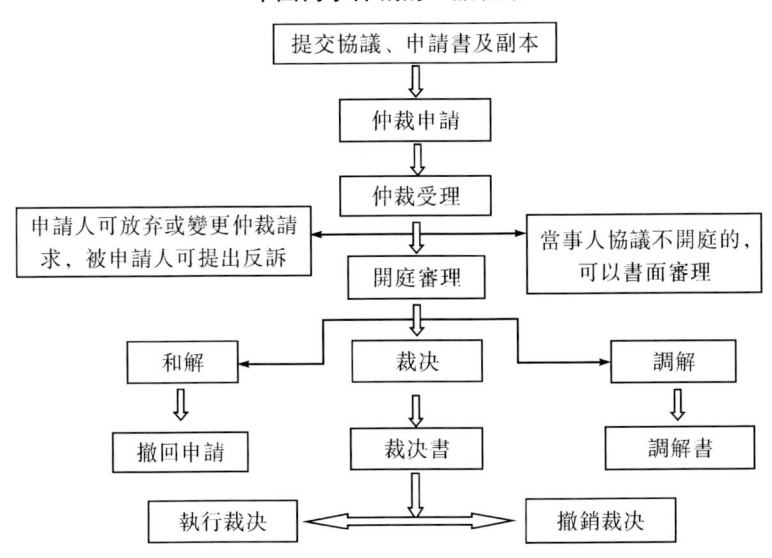

```
         提交協議、申請書及副本
                 ⇓
              仲裁申請
                 ⇓
              仲裁受理
                 ⇕
申請人可放棄或變更仲裁請求，    ←→    當事人協議不開庭的，
   被申請人可提出反訴              可以書面審理
                 ⇓
              開庭審理
         ┌───────┼───────┐
        和解     裁決     調解
         ⇓       ⇓       ⇓
       撤回申請  裁決書   調解書
                 ⇓
         執行裁決 ⇔ 撤銷裁決
```

二、中國國際經濟貿易仲裁委員會

（一）設立背景

中國國際經濟貿易仲裁委員會（英文簡稱 CIETAC，中文簡稱「貿仲委」）是世界上主要的常設商事仲裁機構之一。根據 1954 年 5 月 6 日中央人民政府政務院第 215 次會議通過的《關於在中國國際貿易促進委員會內設立對外貿易仲裁委員會的決定》，貿仲委於 1956 年 4 月由中國國際貿易促進委員會（簡稱「中國貿促會」）組織設立，當時名稱為對外貿易仲裁委員會。中國實行對外開放政策以後，為了適應國際經濟貿易關係不斷發展的需要，根據國務院發布的《國務院關於將對外貿易仲裁委員會改稱為對外經濟貿易仲裁委員會的通知》，對外貿易仲裁委員會於 1980 年改名為對外經濟貿易仲裁委員會，又於 1988 年根據《國務院關於將對外經濟貿易仲裁委員會改名為中國國際經濟貿易仲裁委員會和修訂仲裁規則的批復》，改名為中國國際經濟貿易仲裁委員會。2000 年，中國國際經濟貿易仲裁委員會同時啟用中國國際商會仲裁院的名稱。

貿仲委以仲裁的方式，獨立、公正地解決國際國內的經濟貿易爭議及國際投資爭端。貿仲委在香港特別行政區設立貿仲委香港仲裁中心，在加拿大溫哥華設立北美仲裁中心，在奧地利維也納設立歐洲仲裁中心。

（二）CIETAC 仲裁的特點

1. 受案範圍寬，程序國際化

貿仲委既可受理涉外案件，也可受理國內案件；同時，其受理案件的範圍也不受當事人行業和國籍的限制。自從 2007 年貿仲委年受案數量突破千件以來，受案數量逐年上升，2019 年達到了 3,333 件，其中涉外案件受案量為 617 件，始終位居世界知名仲裁機構前列，其裁決在美國、加拿大、日本、以色列、法國、新西蘭、澳大利亞和香港等國家和地區得到承認和執行。

從《仲裁規則》和仲裁員的角度而言，貿仲委也實現了國際化。貿仲委第一套《仲裁規則》制定於 1956 年，之後進行了數次修改，其現行有效的《仲裁規則》自 2015 年 1 月 1 日起施行。貿仲委現行的《仲裁規則》與國際上主要仲裁機構的仲裁規則基本相同，在現行《仲裁法》允許的範圍內最大限度地尊重了當事人意思自治。截止到 2020 年 1 月，貿仲委的《仲裁員名冊》中有 1,439 名仲裁員，均為國內外仲裁或相關行業的知名專家，其中 300 多名外籍仲裁員分別來自近百個國家或地區[①]。

2. 獨立公正

作為國際上主要的仲裁機構，貿仲委獨立於行政機關，其辦案不受任何行政機關的干涉。貿仲委的仲裁員，包括當事人選定的仲裁員，均不代表任何當事人，必須保持獨立和公正。在仲裁程序中，各方當事人均有平等的機會陳述自己的意見。在過去幾十年中，貿仲委的獨立、公正、廉潔以及裁決的質量得到了國內外當事人的廣泛讚譽。

3. 仲裁程序快捷高效

在貿仲委的仲裁中，當事人可以約定仲裁程序如何進行。對當事人提交的證據和陳述，貿仲委將以書面形式在當事人之間進行充分的交換，貿仲委的開庭審理一般只

---

① 資料來源：http://www.cietac.org.cn/，中國國際經濟貿易仲裁委員會

需 1~3 天。因此，貿仲委的仲裁程序具有快捷高效的特點，其受理的仲裁案件絕大多數均在仲裁庭組成之後 6 個月內結案。

4. 仲裁費用相對低廉

作為國際仲裁機構，貿仲委的仲裁收費標準在世界主要仲裁機構中相對較為低廉。與國內其他仲裁機構相比，同等條件下收費基本相同。與訴訟相比，由於仲裁一裁終局、程序快捷等特點，使得採用仲裁這種爭議解決方式對當事人而言更為經濟。

5. 仲裁與調解相結合

仲裁與調解相結合是貿仲委仲裁的顯著特點。該做法將仲裁和調解各自的優點緊密結合起來，不僅有助於解決當事人之間的爭議，而且有助於保持當事人的友好合作關係。

仲裁和調解相結合可以在仲裁程序中進行，即經當事人請求或在徵得當事人同意後，仲裁庭在仲裁程序進行過程中擔任調解員的角色，對其審理的案件進行調解，以解決當事人之間的爭議。如果任何一方當事人認為調解沒有必要或者不會成功，可以隨時要求終止調解，恢復仲裁程序。

此外，當事人在貿仲委之外通過調解達成和解協議的，可以憑當事人達成的由貿仲委仲裁的仲裁協議和他們的和解協議，請求貿仲委主任指定一名獨任仲裁員，按照和解協議的內容做出仲裁裁決。此時，貿仲委可以視工作量的大小和實際開支的多少，減少仲裁收費。

案例 12.1

能否僅憑涉外仲裁條款未明確約定仲裁機構而認定無效[1]？

案情：3 月 26 日，中國廈門象嶼集團有限公司（買方，下稱「象嶼公司」）與瑞士米歇爾貿易公司（Mechel Trading AG）（賣方，下稱「米歇爾公司」）簽署一份鋼材買賣合同。合同就法律適用規定：「與本合同相關的一切法律爭議應當受 1980 年 4 月 11 日制定的《聯合國國際貨物銷售合同公約》管轄並據以解釋。上述公約未規定的事項，則應參照國際統一私法協會 1994 年頒布的《國際商事合同通則》。如上述公約及通則仍未有規定的，則應當根據國際慣例及出賣方主要營業地的法律進行管轄和解釋。」合同仲裁條款內容：「與本合同相關或由本合同引起的任何爭議應根據國際商會仲裁院仲裁規則，並由依據可從網址 www.iccwbo.org 獲得的上述規則指定的一名或多名仲裁員進行最終裁決。仲裁地點為中國北京，仲裁語言為中文或英文。」

當年 8 月 13 日，國際商會仲裁院受理由米歇爾公司作為申請人與象嶼公司作為被申請人的買賣鋼材合同仲裁糾紛案。

9 月 14 日，象嶼公司向廈門市中級人民法院提出申請，要求判定米歇爾公司簽訂合同中的仲裁條款無效。

本案爭議的焦點是：有關裁定其與仲裁條款效力爭議應如何適用法律？訟爭仲裁條款對於仲裁機構有無約定及其對仲裁條款效力的影響？對此，申請人認為，訟爭仲裁條款約定仲裁地點為北京，依照最密切聯繫地的法律適用原則，本案爭議應適用中國法律。根據中國仲裁法以及最高人民法院有關司法解釋的規定，仲裁條款必須約定

---

[1] 資料來源：http://china.findlaw.cn/falvchangshi/guojizhongcai/shangshi/anli/77741.html。

明確的仲裁機構，否則仲裁條款無效。被申請人則認為，訟爭仲裁條款系依照國際商會仲裁院推薦的條款製作，該條款依照仲裁慣例應當被認定為有效。即使依照中國法，該條款亦應認定為有效。

小結：中國承認國際性的臨時仲裁。在涉外仲裁合同或合同中的仲裁條款的文字表達清楚，不會讓人產生任何歧義，無須當事人補充約定就能推導出對雙方之間的仲裁案有管轄權的唯一仲裁機構的情況下，根據誠實信用原則和通行的國際仲裁理論，法院不能僅憑訟爭仲裁條款未明確約定仲裁機構而認定該條款無效。

本章思考

1. 理解下列術語：
   仲裁　　仲裁協議　　涉外民事訴訟
2. 試述仲裁與訴訟的區別，並說明仲裁的優勢。
3. 試述聯合國《國際商事仲裁示範法》的主要內容與影響。
4. 簡述中國商事仲裁的主要程序。
5. 試述中國承認與執行外國法院判決的基本規定。

參考文獻

[1] 田東文. 國際商法 [M]. 2版. 北京：機械工業出版社, 2014.
[2] 曹祖平. 新編國際商法 [M]. 5版. 北京：中國人民大學出版社, 2018.
[3] 韓玉軍. 國際商法 [M]. 2版. 北京：中國人民大學出版社, 2017.
[4] 李秀芳. 國際商法 [M]. 北京：中國人民大學出版社, 2017.
[5] 陳安. 國際經濟法 [M]. 7版. 北京：北京大學出版社, 2017.
[6] 餘勁松, 吳志攀. 國際經濟法 [M]. 4版. 北京：北京大學出版社, 2014.
[7] 沈四寶, 王軍, 焦津洪. 國際商法 [M]. 北京：對外經濟貿易大學出版社, 2003.
[8] 徐康平. 國際商法 [M]. 北京：機械工業出版社, 2007.
[9] 施新華. 國際商法 [M]. 成都：西南財經大學出版社, 2010.
[10] 鄒建華. 國際商法 [M]. 5版. 北京：中國金融出版社, 2006.
[11] 司玉琢. 海商法 [M]. 4版. 北京：法律出版社, 2018.
[12] 張聖翠. 國際商法 [M]. 7版. 上海：上海財經大學出版社, 2016.
[13] 寧燁, 杜曉君. 國際商法 [M]. 北京：機械工業出版社, 2011.
[14] 劉惠榮. 國際商法學 [M]. 2版. 北京：北京大學出版社, 2009.
[15] 鄧瑞萍. 國際經濟法 [M]. 2版. 重慶：重慶大學出版社, 2005.
[16] 張旭. 國際商法理論與實務 [M]. 北京：科學出版社, 2005.
[17] 理查德·謝弗, 貝弗利·厄爾, 菲利伯多·阿格斯蒂. 國際商法 [M]. 鄒建華, 譯. 北京：人民郵電出版社, 2003.
[18] 克利夫·M 施米托夫. 施米托夫論出口貿易：國際貿易法律與實務（上冊）[M]. 11版. 冷相軍, 譯. 北京：中國人民大學出版社, 2014.
[19] 倪受彬, 等. 國際貿易法論叢（第8卷）[M]. 北京：中國政法大學出版社, 2018.
[20] 雷·奧古斯特, 唐·邁耶, 邁克爾·比克斯比. 國際商法（英文版）[M]. 6版. 高瑛瑋, 譯註. 北京：機械工業出版社, 2018.
[21] 高晉康. 經濟法 [M]. 8版. 成都：西南財經大學出版社, 2018.

[22] 於向平, 邱艷, 趙敏燕. 經濟法理論與實務 [M]. 3版. 北京: 北京大學出版社, 2009.

[23] 卓武揚, 彭景, 柳秋紅. 經濟法 [M]. 3版. 成都: 西南財經大學出版社, 2019.

[24] 卓駿. 國際貿易理論與實務 [M]. 3版. 北京: 機械工業出版社, 2012.

[25] 楊志剛. 國際貨運代理實務與法規指南 [M]. 北京: 化學工業出版社, 2014.

[26] 黎孝先, 王健. 國際貿易實務 [M]. 6版. 北京: 對外經濟貿易出版社, 2016.

[27] 鄧旭. 國際貿易術語解釋與國際貨物買賣合同 [M]. 北京: 經濟管理出版社, 2012.

[28] 餘慶瑜. 國際貿易實務: 原理與案例 [M]. 北京: 中國人民大學出版社, 2014.

[29] 王傳麗. 國際經濟法 [M]. 4版. 北京: 中國人民大學出版社, 2015.

[30] 王利明, 房紹坤, 王軼. 合同法 [M]. 北京: 中國人民大學出版社, 2002.

[31] 李永軍. 合同法 [M]. 2版. 北京: 法律出版社, 2005.

[32] 劉曉霞. 合同法學 [M]. 蘭州: 蘭州大學出版社, 2006.

[33] 崔建遠. 合同法 [M]. 6版. 北京: 法律出版社, 2016.

[34] 劉瑋. 海上保險 [M]. 天津: 南開大學出版社, 2006.

[35] 楊巧. 知識產權國際保護 [M]. 2版. 北京: 北京大學出版社, 2015.

[36] 吳漢東. 知識產權法 [M]. 北京: 北京大學出版社, 2006.

[37] 劉春田. 知識產權法 [M]. 2版. 北京: 高等教育出版社, 2003.

[38] 世界知識產權組織. 保護文學和藝術作品伯爾尼公約指南 [M]. 劉波林, 譯. 北京: 中國人民大學出版社, 2002.

[39] 鄧杰. 商事仲裁法 [M]. 北京: 清華大學出版社, 2008.

[40] 劉東根, 謝安平. 民事訴訟法與仲裁制度 [M]. 北京: 法律出版社, 2007.

[41] 加里·B 博恩. 國際仲裁: 法律與實踐 [M]. 白麟, 陳福勇, 等, 譯. 北京: 商務印書館出版社, 2015.

[42] 林一. 國際商事仲裁中的意思自治原則: 基於現代商業社會的考察國 [M]. 北京: 法律出版社, 2018.

新編國際商法

作　　者：彭景，卓武揚 著	**國家圖書館出版品預行編目資料**
發 行 人：黃振庭	新編國際商法 / 彭景，卓武揚著. --
出 版 者：財經錢線文化事業有限公司	第一版. -- 臺北市：財經錢線文化，
發 行 者：財經錢線文化事業有限公司	2020.11
E-mail：sonbookservice@gmail.com	面；　公分
粉 絲 頁：https://www.facebook.com/sonbookss/	POD 版 ISBN 978-957-680-479-3(平裝) 1. 國際商法
網　　址：https://sonbook.net/	579.94　　109016755
地　　址：台北市中正區重慶南路一段六十一號八樓 815 室	

Rm. 815, 8F., No.61, Sec. 1, Chongqing S. Rd., Zhongzheng Dist., Taipei City 100, Taiwan (R.O.C)

電　　話：(02)2370-3310
傳　　真：(02) 2388-1990

總 經 銷：紅螞蟻圖書有限公司
地　　址：台北市內湖區舊宗路二段 121 巷 19 號
電　　話：02-2795-3656
傳　　真：02-2795-4100

印　　刷：京峯彩色印刷有限公司（京峰數位）

- 版權聲明 -
本書版權為西南財經出版社所有授權崧博出版事業有限公司獨家發行電子書及繁體書繁體字版。若有其他相關權利及授權需求請與本公司聯繫。

定　　價：480 元
發行日期：2020 年 11 月第一版
◎本書以 POD 印製

官網

臉書